口絵1　ヨルダンの砂漠にあるクサイル・アムラの壁画(8世紀前半). ウマイヤ朝期の浴場広間の奥にあるニッチの天井部. 地中海のキリスト教美術からの影響を示す.

口絵2　ナイーン(イラン)の大モスク(10世紀)の漆喰浮彫製のミフラーブ. 帯状の幾何学文様のアーチ内に様式化された流麗な植物文様. サーサーン朝美術からの影響を示す.

口絵３　ゴルドバ(スペイン)の大モスク，ミフラーブ前のドームで，アーチをネットのように用いる(961-76年)．二つの正方形を45度ずらした形にアーチを架け、花弁形のドームを載せる．

口絵４　カイロ(エジプト)のアズハル・モスクの礼拝室内部．細身の円柱が林立する多柱室．柱にアーチを架け渡してアーケードの列を造り，その上部に木造の平天井を戴く．

口絵５　イスファハーン(イラン)の大モスク．創建は９世紀，12世紀初頭に中庭にイーワーン(アーチ開口広間)を付加．その後，15世紀に２本のミナレット，17世紀末にタイル装飾とイーワーン内のムカルナス(鍾乳石飾り)が付加された．

口絵６　ウズゲン(キルギスタン)のカラハン朝の君主たちの墓建築(左から1152年，1012/3年，1186年)．手の込んだ煉瓦装飾が入口面を飾る．

口絵７　レイ（イラン）のセルジューク朝君主トゥグリル・ベクの墓塔（1139/40 年）．煉瓦造で 20 稜の縦条（フリンジ）で分節される．

口絵８　カイセリ（トルコ）のデネル・キュンベット（1275/6 年）．トルコの墓塔（キュンベット）の代表例．石彫で，幾何学文様に交えて椰子や動物が描かれる．

口絵９　アルディスタン（イラン中部）の大モスクのタイル装飾（1158-60 年）．植物文様の中に，文字文様の部分だけに青いタイルを用いる．

口絵 10　コンヤ（トルコ中部）のカラタイ・マドラサ（1251/2 年）のドームを飾るタイル．単色タイルをカットし集成するモザイク技法を用いる．

口絵 12　バグダード(イラク)のアッバース朝宮殿の回廊部(13 世紀初頭). 煉瓦造のムカルナスで，それぞれの曲面にも浮彫を施す.

口絵 11　ダマスカス(シリア)のヌールッディーン病院入口(1154/5 年). 入口上部をムカルナスが飾り，背後に玄関広間のムカルナスドームが見える.

口絵 14　デリー(インド)のクトゥブ・ミナール(1198-1215 年). 赤砂岩造のミナレットのバルコニーがムカルナスのような 2 層のアーチで支えられる.

口絵 13　テルメズ(ウズベキスタン南部)のミナレット(1108/9 年). 煉瓦文様積みで，塔身をフリンジ(縦条)で分節する.

口絵 15　カイロ(エジプト)，スルタン・サーリフ・ナジムッディンの墓(1250 年)の天井．ムカルナスによって円形ドームを導く．

口絵 17　スーサ(チュニジア)のクッバ・ビン・レカウィ(11-12 世紀)．正方形の部屋の四隅にアーチを架けてリブ・ドームを戴く．

口絵 16　セビリア(スペイン)のミナレット(1184 年)．現在は教会堂の鐘楼として使われる．左は大聖堂(1519)．

口絵 18　ヤズド(イラン中部)の大モスクの入口(1364-1470 年)．背丈の高い入口イーワーンの上部に対のミナレットを建て，煉瓦造総タイル張り．

口絵 19　スィヴァス(トルコ東部)のチフテ・ミナーレ・マドラサの入口(1271 年)．石造のイーワーンの上に煉瓦造の対のミナレット．

口絵 20　チャンパニール(インド，グジャラート地方)の大モスク(1485-1513 年)．石造で，礼拝室前に位置する．室内の梁と柱や出窓はヒンドゥー的造形．

口絵 21　カイロ(エジプト)のアズハル・モスクに付加されたミナレット．左からムハンマド・ベイ(1774 年)，カイト・ベイ(1495 年)，アクブガ(1339 年)が建立．

口絵 22　ゴウル(インド東部，ベンガル地方)のグンプティ・ダルワザ(1512 年)．塔の部分に残る釉薬タイル装飾．青，緑，白，黄の 4 色を用いる．

口絵 23　泉州(中国沿岸部)の清真寺(モスク)の入口．石造でイーワーンを模した造形．イーワーンの内部，半ドームにリブ，その下にムカルナスのような層状のアーチを彫り込む．

口絵 25　同，シャーヒ・ズィンダ墓廟群にあるシーリーン・ビカ・アガー廟(1385/6 年)のファサードを飾るモザイク・タイルでイランからの影響が窺える．細い流麗な線を表現した作品．

口絵 24　サマルカンド(ウズベキスタン)のシャーヒ・ズィンダ墓廟群にあるシャーディ・ムルク・アガー廟(1372 年)．陶板のような浮彫タイルが特色．

口絵 27　フェズ(モロッコ)，サハリジ・マドラサ(1321 年)の腰壁タイル．多色のモザイク・タイルで，幾何学文様に組紐文様を採用して複雑化する点が特色．

口絵 26　ナタンズ(イラン)のシェイフ・アブー・サーマッドのハーンカー入口脇を飾るタイル(1316 年)．表面に凹凸があり，煉瓦色の地が残るのが特色．

口絵 28　カイロ(エジプト)のスルタン・ハサン複合建築(1356 年)の入口前室の天井を飾るムカルナス．手の込んだ石彫細工で赤い色石がアクセントとなる．

口絵 29　グラナダ(スペイン)，アルハンブラ宮殿(1362-91 年)のアベンセラーヘスの間を飾るムカルナス．漆喰製のムカルナスは非常に細かくなり，蜂の巣のように見える．

口絵 30　イスタンブル(トルコ)のトプカプ宮殿の割礼の間(1640 年)の壁タイル．中央パネルにはアーモンド，両脇には植物文様に 2 頭の獣と鳥たちが描かれる．

口絵 31　イスタンブルのスルタン・アフメト・モスク(1609-17 年)．左手のドームの下が礼拝室，右手が中庭で，その周囲に 6 本のミナレットが屹立する．

口絵 33　イスファハーンのハシュト・ベヘシュト(八天宮，17 世紀)のムカルナスドーム．美しい彩色で飾られ，ところどころに鏡細工が挿入される．

口絵 32　イスファハーン(イラン)の聖職者長のモスク(1602-18 年)．モザイク・タイルで飾られたミフラーブ．下部に，絵付けタイルの部分が見える．

口絵 34　イスファハーンの王のモスク(1611-38 年)の礼拝室前のイーワーン．総絵付けタイル張りで，20 頂点のアーチ・ネットが使われている．

口絵 36　アグラのタージ・マハル(1631-47 年)のモスクの天井. 赤砂岩に白色が対比的に用いられ, ムカルナス, アーチ・ネット, 天井文様を駆使した作品.

口絵 35　アグラ(インド)のイティマッド・ダウラー廟(1622-28 年)の大理石象嵌. 白大理石を母石として, 黄, 黒, 灰 3 色の色石が埋め込まれる.

口絵 37　北インドのファテプル・スィークリー宮殿の私的謁見室(1572-75 年). 軒, 持ち送り, チャトリ(上部のパヴィリオン)など木造建築のように赤砂岩を使用.

口絵 38　ビジャプール(南インド，デカン地方)のイブラヒム・ラウザ(1620 年)．左がモスク，右がアーディル・シャー朝スルタンの墓廟．宝珠のような葱花形のドームが特徴．

口絵 39　サマルカンド(ウズベキスタン)のティッラ・カーリ・モスク(1646-60 年)．ドーム内部は，金箔を型押しする技法で飾られ，モスクの名は金細工を意味する．

口絵 40　イスタンブル(トルコ)のオルタキョイ・モスク(1854/5 年). 西欧の古典様式から派生したバロック様式やロココ様式とオスマン朝様式の折衷.

口絵 41　テヘラーン(イラン)のゴレスタン宮殿(19 世紀)のタイル細工. 画題と画法にヨーロッパからの影響がみられ, 今までのタイル細工にない当時流行したピンク色を採用する.

口絵 42　タリーム(イエメン)のミフダール・モスク(1823 年)．日乾煉瓦と木材を併用した伝統的構法．高さ 38 m のミナレットの極端な先窄まりの形は近代的灯台を思わせる．

口絵 43　ヴァローダ(インド)にあるラクシュミー・ヴィラス宮殿(1890 年)．イギリス人建築家チャールズ・マンの設計によるインド・サラセン様式．

岩波セミナーブックス S 11

イスラーム建築の世界史

深見奈緒子

岩波書店

はじめに

なぜイスラーム建築の世界史か？

イスラーム建築とは、狭義には、イスラーム教徒が日に五回礼拝を行う場であるモスク（礼拝堂）を指す。しかし、広義には彼らが使う、造るなど、イスラーム教に関連をもつ建物をいう。

イスラーム教とは、七世紀はじめに預言者ムハンマドによって説かれた一神教で、アラビア半島に生まれた思想である。その後多くの信徒を獲得し、世界中に一三億人もの信徒を抱える世界宗教の一つとして現代に至る。イスラーム教は、単に哲学的な思想だけではなく、日常の規律や道徳にいたる生き方を説いた宗教で、宗教によって規定された社会的行動が、時代を経て世界へと広がっていった。それゆえ、イスラーム教に関連した建造物には、広い地域や長い期間にわたって、共通する機能や、理想像が盛り込まれた。

建築は、旧石器時代の洞窟や樹上住居を考えれば、本来は人間が住まうための場所として存在し始めた。ところが、こうした原始的な建築が宗教や権力と出会うことによって「住む」という要求を超えて、記念碑的な性格を獲得し、美に固執するようになる。建築の基盤は土地に根ざした材料や技術であるが、人の移動や宗教の広がりとともに、技法や様式とともに美に対する理想は別の地域に伝播し、既存の建築文化を変容させる。特にイスラーム建築の場合、乾燥地域であるアラビアに生まれた宗教とその理想が、既存の建築文化をもつ多様な地域に伝わったので、そこでの衝突、折衷、変容という興味深い側面が観察できる。

イスラーム教に関連する建築の歴史を読み解くには、イスラーム建築史で事足りるのであろうか。広域でしかも多様で、動的なイスラーム建築の歴史を考える場合、世界を視野に入れ、世界建築史の中でイスラーム建築史を把握することで、より理解が深まる。加えて、ほとんどの建築物は動かないので、イスラーム建築が世界に広がった理由として、人・モノ・情報の動きや為政者の変遷など、建築以外の歴史も読み解くことが必要となる。グローバルな歴史の中にイスラーム建築を位置付けることによって、今まで見えなかった諸側面が浮かび上がることを本書の目的としたい。

開かれた体系として考える

従来のイスラーム建築史においては、中東を中心に、スペインから中央アジアに及ぶ地域、遺構が現存する七〇〇年から西洋建築と顕著な関わり合いをもつ以前の一七〇〇年ころまでを対象に語られることが多い。しかし、イスラーム建築の全体像をとらえるためには、その誕生の状況を見極め、拡張の後を追い、現代にまで続く長い時代、広い地域を対象に、イスラームという宗教が、モノとしての建築にどのような影響力をもったのかを考え直すことが必要だと考える。

建築形態の背後にある宗教思想、異宗教や異民族との交流、歴史的事件との繋がりなど、モノとしての建築を、人や情報と関係付けていくことも試みたい。形態の変容や持続には、何らかの意味があるので、その理由を追究することも課題としたい。

建築史という立場において、文化交流の相互関係性を考えていく場合、石の積み方やドームの架け方、装飾のモチーフや技法などを見て判断していく。ただし、こうしたモノの世界で難しいのは、似ていることは指摘できるが、そこにどのような交流があったのかということを証明していかねばならない。似ていても全く関係性がないことは世界中に多々あるので、どのような可能性から影響関係を及ぼしあったのかを示すことが、建築史を学ぶ者の課題になる。

とはいえ、日本の現状においては建築史は東洋、西洋、日本、近代と四つに分かれている。そして、それぞれの研究が進むにつれ、対象とする地域や時代が絞り込まれ、広範な比較が難しくなりつつある。本書ではイスラーム教の地理的歴史的広がりの大きさを利点とし、さらに視野を周囲に広げていくことによって、証明にまでは至らないものの、その端緒として、いくつかの関係性の可能性を提示できるのではないかと思う。

私たち日本人がイスラーム建築史をとらえるとき、西洋建築やインド建築など他の地域の建築史とは全く関わりをもたない、一つの閉じた体系であるかのように認識しがちである。しかしイスラーム教の時間的、地理的広がりから考えても、イスラーム建築と同時期に存在した周辺の建築文化との関係から見定めなければならないことは明らかである。本書においては、同時代のイスラーム建築以外の建築も取り上げ、比較する。後述するようにイスラーム建築という枠組み自体は近代西欧の所産であるが、その枠組みを逆手にとって、今なお強い影響力をもつ宗教であるイスラーム教という窓から建築文化を問い直すことは意味をもつ。イスラーム建築史という枠組みから抜け出し、世界建築史の基盤となるような側面を追究するとともに、建築史の新たな枠組みを模索する機会としたい。

目次

装丁＝後藤葉子

第一章　イスラーム、誕生とその前夜——紀元七〇〇年以前

一　イスラーム以前の建築文化

生態系と文化から見た建築

建築とは、人間が自然に抗って人工的に住まう場所を造っていくことから始まるので、人を取り巻く自然環境と大きな関係をもつ。加えて建築の素材は、大帝国の建築の場合などでは、はるか遠隔地から運ばれてくることもあったが、普通は身近にある材料が使われる。このように建築文化は風土や生態系と切り離せない。

建築文化と生態系の対応という意味からモニュメンタルな建造物の概要を記せば、地中海周辺の石積文化、西アジアから中央アジアの土と煉瓦の文化、南アジアの石彫文化、東アジアの木造併用の土文化に括ることができるだろう。その原型は、紀元前三〇〇〇年の古代文明にまで遡る。古代文明の大きな中心、エジプト文明、メソポタミア文明、インダス文明、黄河・長江文明という核は、地中海世界、オリエント世界、インド世界、中華世界という形で、かなり後まで連なる大きな文化の枠組みとなったばかりではなく、建築文化にもその影を留める。

建築は宗教と出会うことによって、より壮大なモニュメントを残すようになる。エジプト文明、エーゲ海文明、ギリシア文明、ローマ文明がはぐくまれた古代地中海世界では、多神教からユダヤ教、キリスト教という一神教が生まれる。ティグリス川・ユーフラテス川地域を中心とするメソポタミア文明から興ったアッシリア帝国、ペルシア帝国というオリエント世界では、多神教に加え、善と悪の二元論を唱えたゾロアスター教が広まる。インダス文明は一旦途切れるが、インド亜大陸でバラモン教からヒンドゥー教が生まれ、仏教やジャイナ教もインド世界の産物である。そして、黄河・長江文明から道教や儒教を生んだのが中華世界である。

それぞれの圏域間の交流によって、宗教や民族が移動し、新たな文化が上書きされる。アレキサンダー大王の遠征の後のヘレニズム世界では、ギリシアの建築文化が東方に伝わり、インドにまで至った。また、キリスト教が東進し、唐の長安に景教(ネストリウス派キリスト教)の教会堂が造られたことも有名である。インド起源の仏教が東南アジアばかりでなく、中央アジア、中国を経由して日本に届いたことを考えれば、文化の交流はとても身近な事象といえる。いわゆる広義の「イスラーム建築」とは、アラブから始まった文化が、西はスペインへ、東は中国、東南アジア、北はカザフスタン、南は東アフリカへと広大に普及する中で、イスラームという宗教と何らかの関係で結び付いた建築文化の総体だととらえられるだろう。

預言者ムハンマドは五七〇年ころにアラビア半島のメッカに生まれる。このころメッカにいたのは大半が多神教の人たちで、ムハンマドは迫害されメディナに逃れる。メディナは一神教を奉じるユダヤ教徒が多く住む町で、この地でイスラーム共同体が大きく育つ。イスラーム教の啓典コーランには、ユダヤ教徒とキリスト教徒のことが、同じく唯一神を信じる人々として頻繁に描かれている。イスラーム教は、オリエント世界と地中海世界の間の片隅から、ユダヤ教とキリスト教の宗教改革として生まれた。このような背景から、イスラーム教の建築が誕生する際に、一神教の建築から大きく影響を受けたことが想定される。イスラーム教誕生の前段階を知るために、本章ではまず、地中海世界における当時の一神教の建築の様相を、ユダヤ教とキリスト教の建築文化から眺め、次にオリエント世界の様相、そしてイスラーム教の誕生したアラブの建築文化を把握してみたい。

一神教建築のエッセンス——ユダヤ教の建築文化

ユダヤ教の建築として一番有名なのは、エルサレムのソロモンの神殿である。ソロモンの神殿はローマ軍によって破壊され、その跡地に後述する岩のドームが建つ（図1-1）。ユダヤ神殿だった当時の姿は、復元図でしか知ることができない。ヨルダンには、カスル・アブドという紀元前二世紀ころの遺構が残る（図1-2）。これはユダヤ教徒の宮殿、あるいは神殿だったといわれる巨大な石造建築で、高さ二メートル、幅七メートルもの巨石を高度な石造技術で積み上げており、ヘレニズム建築の影響が見てとれる。ユダヤ教徒が住んだとされる洞窟住居のある山裾に近い、風光明媚な場所に位置し、広い池の中に建っていたらしい。しかしここにみられる技法や意匠は、ユダヤ教特有のものではなく、古代に大シリア地方に広まっていた建築文化の一端としてとらえられる。

図 1-2　カスル・アブド

図 1-3　ドゥラ・ユーロポスから移築されたシナゴーグの壁

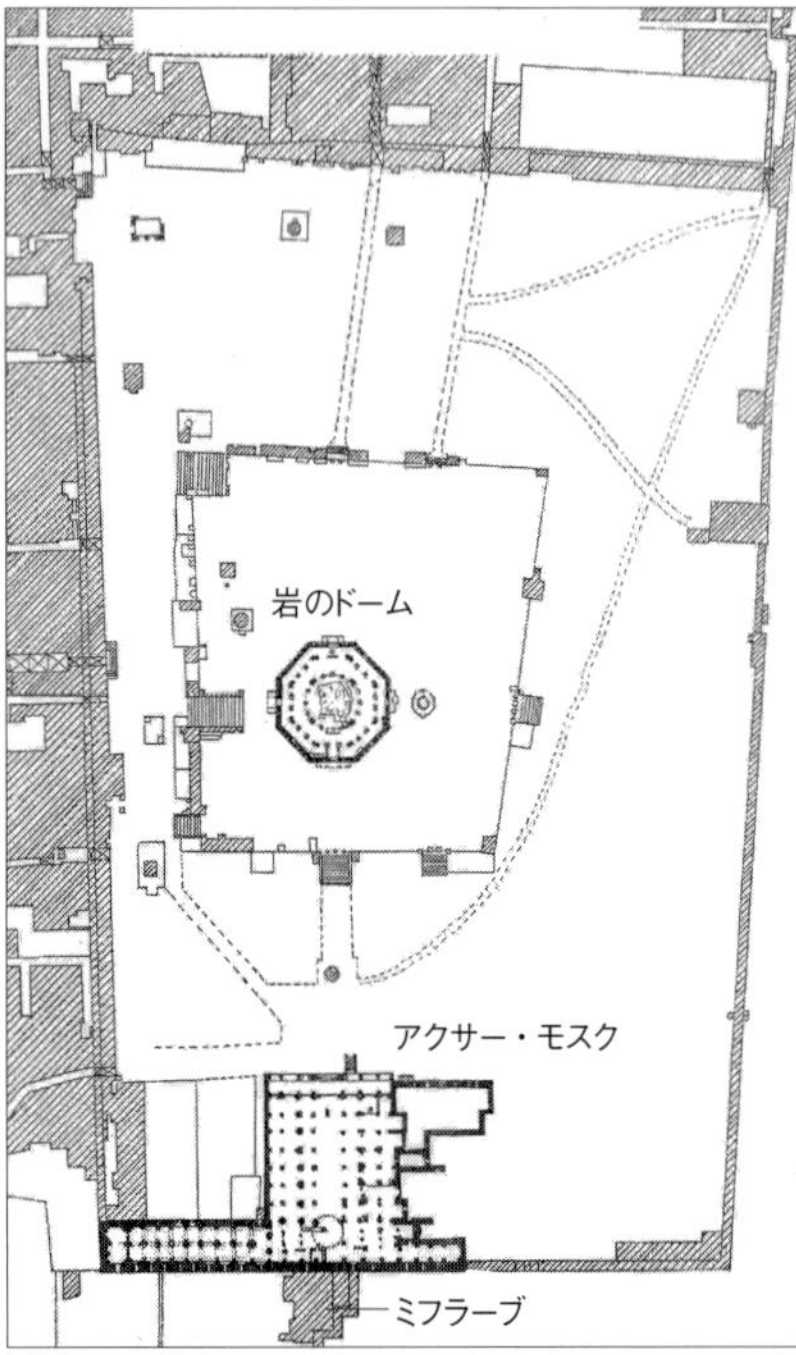

図 1-1　エルサレムの岩のドーム，敷地配置図

ユダヤ教徒は、会堂（シナゴーグ）に集まり、聖職者（ラビ）に従って儀式を執り行う。ドゥラ・ユーロポスというシリアの遺跡から、ダマスカスの博物館にシナゴーグの日乾煉瓦造の壁が移築されている（図１－３）。これは三世紀ころのもので、壁面は矩形に分割され、それぞれの桝目に具象的な絵画が描かれる。壁面中央下部にアーチ状にへこんだニッチがあり、聖櫃（アーク）が置かれ、その中には律法（トーラー）の巻物が納められた。律法はキリスト教の旧約聖書の一部に当たる。ニッチの隣に説教壇（ビーマ）があり、ここに聖職者が上り信徒たちに説教をした。

ユダヤ教の建築は、その後の歩み

を見ても、定形をもたず、さまざまな建築文化に依拠していく。ただし、聖櫃を納める場所と説教壇はどのシナゴーグにも設置される。イスラーム建築がモスクの奥壁に仏像や神像のようなものを置かず、メッカの方角を指し示すミフラーブ（壁龕《へきがん》）と、宗教指導者が説教を行うミンバル（説教壇）を置くことは、シナゴーグに学んだ可能性が高い。また、シナゴーグとモスクが、信徒たちの集会所である点も共通する。

天をめざす建築――キリスト教の建築文化

先述したドゥラ・ユーロポスのシナゴーグの近くから、迫害時代のキリスト教の施設が発掘された。中心にホール、その周りに部屋がある邸宅で、礼拝に使用されていた。迫害時代には、各地のシナゴーグがキリスト教の礼拝に使用された可能性もあるという。

四世紀に入り、ローマ帝国によってキリスト教が公認されると、各地に教会堂が建てられるようになる。信徒たちは地中海一帯に広がり、エルサレムに加え、ローマ、コンスタンティノープル、アンティオキアが中心地となった（図1－4）。イスラーム教が地中海世界に拡がる前には、キリスト教が地中海世界を覆い、支配的な宗教であった。

教会堂（図1－5）は、通例では西から入り、東側に聖職者席や内陣（アプス）を置き、西側に一般のキリスト教徒が入り儀式を行う。教会堂には三つの形式がイスラーム以前に成立している（図1－6）。

第一のバシリカ式は、長軸に沿った細長い中央廊（身廊）の両側に廊（側廊）を加えていく形式で、古代

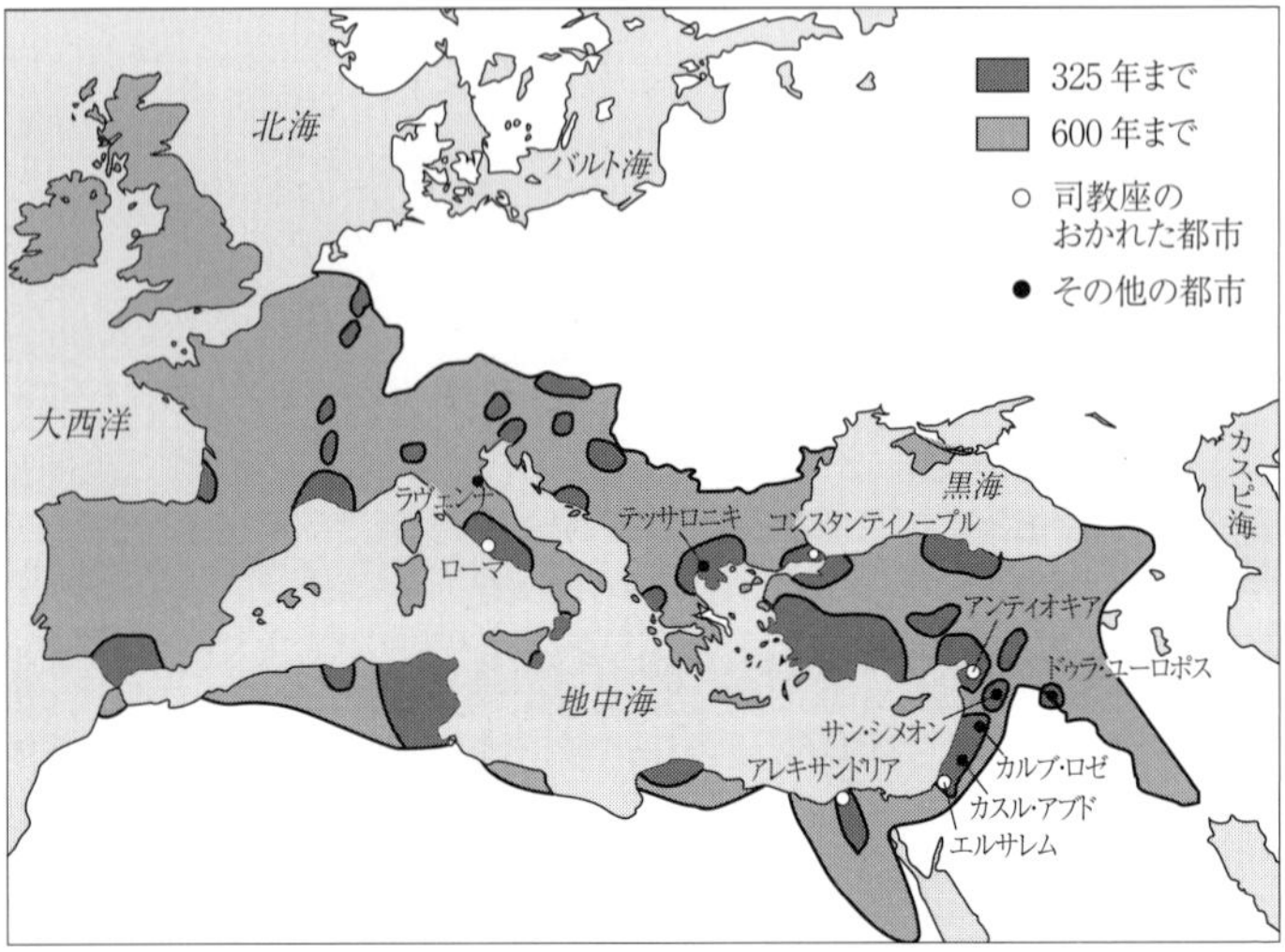

図 1-4　地中海周辺におけるキリスト教の拡張

ローマ建築では、裁判所などに使われていた。天井が一段高い身廊と、その両脇に一段低い側廊がある三廊式が一般的だが、身廊だけの単廊式、あるいは側廊の数を増やした五廊式などもある。西側から入り、東奥には聖職者席を置くためにアプスと呼ばれる半円形の窪みを付け、アプスの上には半ドームが架かる（図1－5下）。西から東へ向かう軸線を半ドームを用いることによって上方へ向かう軸線へと変換する。身廊部分には木造の切妻屋根、側廊部分には傾斜屋根が架けられる。

第二の集中式は、洗礼堂や聖者を祀る教会堂に使われる。中央にドームを載せ、周廊をめぐらす形である。ドームは組積造と木造の場合がある。外観は高く浮かび上がり、内部空間としても象徴的なドームによって、天へと向かう垂直軸線がより際立ち天国を想起させる効果を持つ。この形式は、古代ローマ建築では、神殿、泉の施設や市場などに使われて

図1-5　上：サン・シメオン教会堂入口．下：カルブ・ロゼ教会堂の身廊からアプスを見る

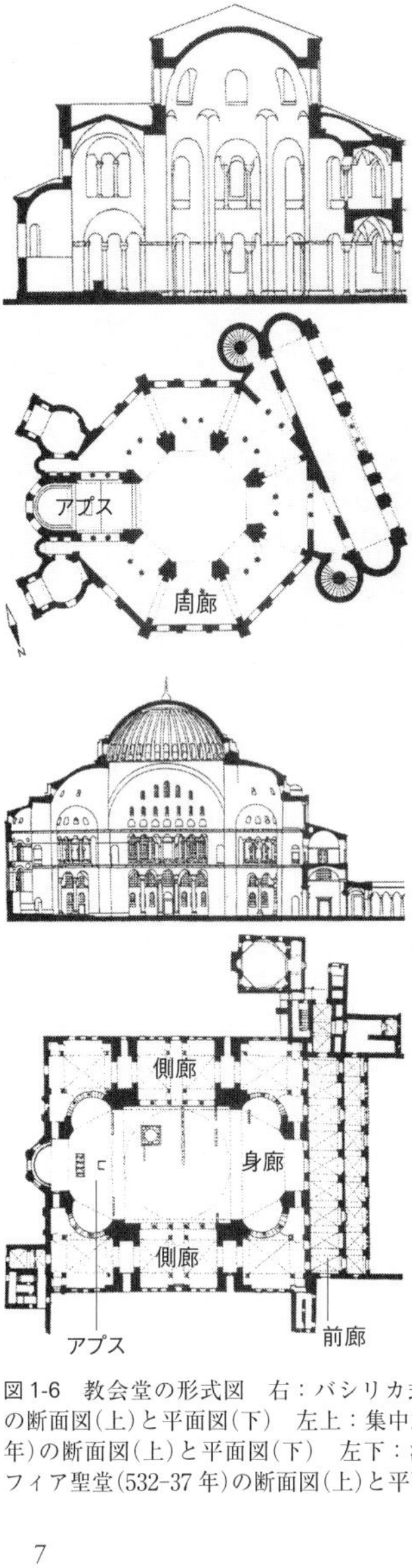

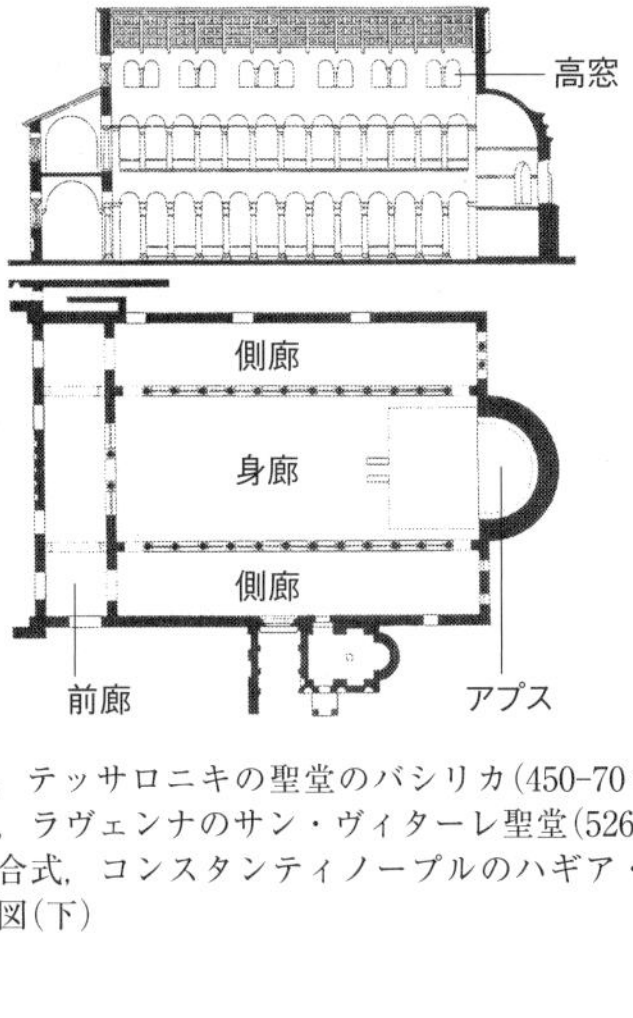

図1-6　教会堂の形式図　右：バシリカ式，テッサロニキの聖堂のバシリカ(450-70年)の断面図(上)と平面図(下)　左上：集中式，ラヴェンナのサン・ヴィターレ聖堂(526-47年)の断面図(上)と平面図(下)　左下：混合式，コンスタンティノープルのハギア・ソフィア聖堂(532-37年)の断面図(上)と平面図(下)

いた。

第三に、より壮麗な教会堂を建設するために、バシリカ式と集中式をミックスさせた混合式が登場する。現在のイスタンブル(古くはコンスタンティノープル)のハギア・ソフィア聖堂がその一つである。六世紀の地中海世界を牛耳ったユスティニアヌス帝のもとで、バシリカ式の身廊をドームで覆った形をとり、入口から東に向かう軸線と、頭上を覆う象徴的なドーム(図1-7)という双方の長所が実現した。混合式は、エジプトのコプト教会(図2-56)や、ビザンツ教会の内接十字型教会堂(図2-53)へと姿を変えていく。

図1-7　ハギア・ソフィア聖堂のドーム内部，ペンデンティブ方式

イスラーム教の誕生以前の地中海世界では、古代多神教があり、さらに後にユダヤ教やキリスト教という一神教が広まっており、それぞれの宗教建造物を造っていた。町に宗教が積層していく様相が、ヨルダンにあるジェラシュという都市遺跡で顕著に見てとれる。ジェラシュは、ローマ時代に植民都市として造られ、栄えたが、七四九年の大地震の後、町が捨て去られてしまったので、都市の宗教施設の状況がそのままに残された。最初は神殿が立ち並ぶローマ都市だったが、後にたくさんの教会堂が造られた。キリスト教公認後も、神殿と教会堂は共存しており、ユダヤ教のシナゴーグもあった。やがて七世

紀にはモスクも造られた。都市の形は維持したまま、おそらく住民もそれほど変わらずに、いくつもの宗教的モニュメントが造られ、伴存しているというのが、地中海世界の一般的な姿であった。

ペルシア宮殿とドーム——オリエント世界の建築文化

サーサーン朝ペルシアの国教はゾロアスター教で、火を神聖視することから拝火教とも呼ばれる。世界が始まってから消えることのない永遠の火を、アーテシュガー(火の場所)と呼ばれる神殿で燃やし続ける。そこから儀式のために火がチャハール・ターク(図1－8)という神殿に運ばれる。四つのアーチという意味で、矩形の平面の四方にアーチを架け、その上部にドームを戴く。当時、周廊をもち、対をなした状態で、山間地に建てられていた。鳥葬の習慣をもつゾロアスター教徒は、沈黙の塔(ダフメシャハン)という郊外にある囲い地に遺体を置き、猛禽類に死肉

図1-8　ジェッレのチャハール・ターク(上)とその内部(下)

を啄ばませ、骨を集めて洗い、オスアリという骨容器に収めるという。

サーサーン朝の建築文化で特に発達したのは、宮殿建築（図4－2）である。宮殿建築は神殿を内包することがある。南イランのシーラーズ周辺、南イランからイラクにかけての一帯、そしてクテシフォンをはじめとするティグリス川流域に宮殿の遺構が残る。宮殿建築は前面に庭園を併設し、あたかも地上の楽園のような空間構成をもつ。

南イランのフィールーザーバードにある宮殿（図1－9）には、四世紀の直径一〇メートルに達する

図1-9　フィールーザーバードの宮殿

図1-10　同ドーム内部，スクインチ方式

図1-11　ターキ・キスラー宮殿（クテシフォン）のイーワーン

ドームが三つ架かる。小石をコンクリートで一体化する技法を用い、部屋の四隅にアーチを架け渡すようにして、厚い壁の上に部屋に内接するドームを架ける。地中海世界にもローマのパンテオンやコンスタンティノープルのハギア・ソフィア聖堂に見られるような大ドームがあったが（図1－7）、架け方の流儀が異なる。ハギア・ソフィア聖堂の架け方をペンデンティヴ方式、フィールーザーバードの架け方をスクインチ（トロンプ）方式と呼び（図1－10）、前者は地中海世界に、後者はオリエント世界に広まっていった。

クテシフォンのターキ・キスラー宮殿（図1－11）に、幅二三メートルの巨大なアーチを架け、トンネル状の天井を架けた開放的な広間がある。この空間はイーワーンと呼ばれ、サーサーン朝の建築文化の一つの特色である。

イーワーンやドーム、庭園などオリエント世界に根付いた要素や技法を、のちにイスラーム建築は取り入れていくことになる。加えて、正倉院御物に顕著なサーサーン朝期の工芸における装飾化された繁縟な文様などの特色も、イスラーム文化の下地となる。

無装飾の矩形——アラブの建築文化

有名なシヴァの女王と関連するといわれる遺跡が、イエメンのマーリブにある。ここには楕円形の大きな囲いの隅に矩形の神殿があり、神殿と列柱廊の部分（図1－12）が発掘された。列柱の柱は羊羹のような切石で、何の装飾や分節ももたない。

アラビア半島出身のナバタイ人たちがヨルダンに残したペトラもアラビア半島と大きく関わりをもつ。ペトラは、紀元前二世紀にはナバタイ王国の首都となり隊商交易の拠点であったが、ローマ帝国に編入される。岩窟墓であったとされるハズィーナ(宝庫)やダイル(修道院)と呼ばれる建造物の外観ファサードは、ヘレニズムの血を引く古代ローマ建築(図1-13)だが、中に入ると何もなく、四角い無装飾の空間が広がる。ペトラの神殿からはドゥシャーラの神像が発掘されたが、矩形に目鼻が描かれた変わった像である。ヘレニズム風に人の形をかたどった神像もたくさん出土しているが、四角い顔だけの神像は特異である。

イスラーム教の中心となったメッカのカーバ神殿は、もともとはムハンマドが生まれる前からあった多神教の矩形の神殿である(図1-17)。カーバというアラビア語はキューブ(立方体)の語源となった言葉で、神殿は当時から立方体だった。

イエメンのハドラマウト地方にあるシバームは摩天楼都市と呼ばれる。小さな窓だけが並ぶ、七層から八層の日乾煉瓦造の矩形平面の住宅が林立する(図1-14)。現存する建造物は一九世紀以後のものが多いが、こうした高層建築文化は、ハドラマウト地方に普及した伝統的な姿である。アラビア半島の乾燥地域では、日乾煉瓦で分厚い壁を作って暑さをしのぐことが必要で、それには矩形の住宅が最も合理的であり、それを高さ方向に重ねていったことから、集約的な住宅が生まれた。

これらを考え合わせると、アラブの建築文化の素地には、無装飾な矩形への執着があったのではないかという結論が導かれる。アラビア半島は、砂漠に囲まれた乾燥地帯で、水が得られるオアシスに都市が営まれる。乾燥に加え温度の年較差と日較差が大きく、自然環境は苛酷な地である。このような風土の中で、人間が自然に対して介入していくために、人工的な形として矩形が選ばれ、装飾なしの立方体あるいは直方体が象徴的な理想形へと転化していったのではないだろうか。世界各地の造形において、円やドームは天空を想起させるものであり、一方四角形は人間が構築した建造物に現れる。大昔、建築は無装飾で、装飾された建築が装飾を捨て去り単純化されることによって力強さを得る。無装飾の矩形が意味したのは、原初的な人工の形態であったのだろう。

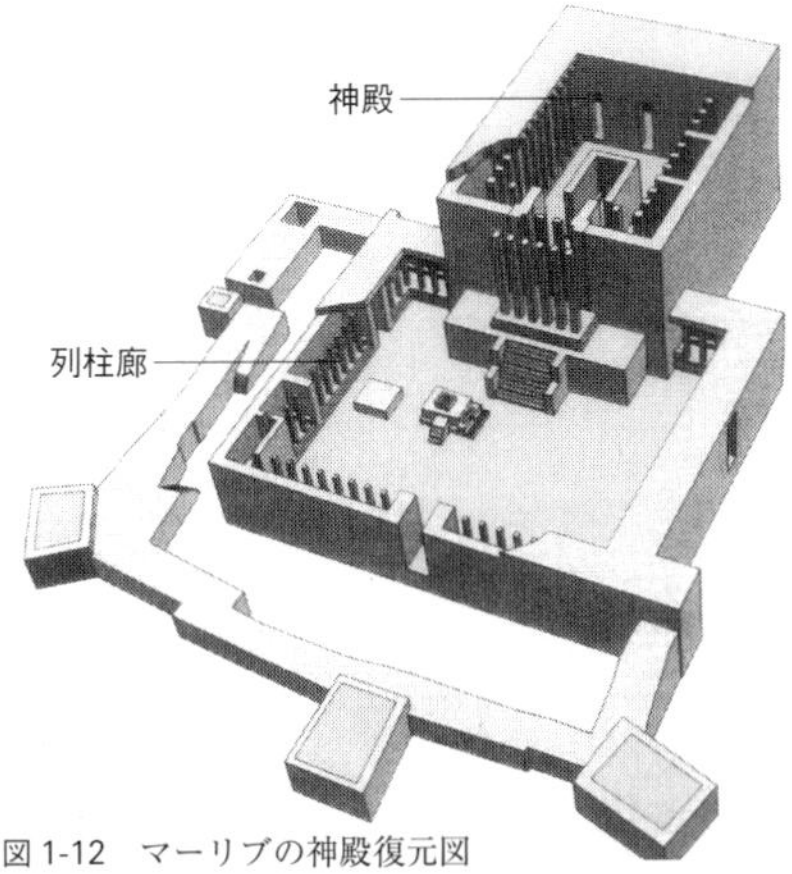

図1-12　マーリブの神殿復元図

図1-13　ペトラのダイル(修道院)と呼ばれる岩窟墓

図1-14　シバームの高層住宅外観

二　イスラームの誕生と世界観

預言者ムハンマドの事跡

ムハンマドは五七〇年ころにメッカに生まれた。彼の家系はクライシュ族で、メッカで多神教のカーバ神殿を管理し、東アフリカや地中海交易を独占する富裕な商人層であった。少年時代には隊商に参加し大シリアを訪問したこともあったので、壮麗な教会堂やシナゴーグを目にしていたかもしれない。

六一〇年ころ、彼は初めて神の言葉を預かり、イスラームを布教するようになる。唯一神アッラーが彼に言葉を預け託したことから、預言者ムハンマドと呼ばれる。当時のメッカは、多神教のカーバ神殿のある宗教都市で、唯一神を説くイスラーム教は迫害を受ける。彼に賛同する七〇余名の人々は、六二二年にメディナに移住する。この年がイスラーム暦の元年になり、ヒジュラ(移住)暦と呼ばれる。

移住の理由は、一神教のユダヤ教を奉ずるユダヤ人と多神教を奉ずるアラブのコミュニティーがメディナにあり、両者の調停のためにムハンマドたちが招かれたという。メディナに住んでいたアラブ人たちは、次第にイスラーム教に改宗し、メディナのユダヤ教徒からも影響を受ける。当初、礼拝の方向はエルサレムで、断食もユダヤ教の慣習を取り入れた。

八年後の六三〇年に故郷メッカを征服し、ここをイスラーム教の中心地とした。新興のイスラーム勢力はビザンツ帝国とサーサーン朝ペルシアと覇権を争うまでに成長する(図1－15)。わずか二年後、彼

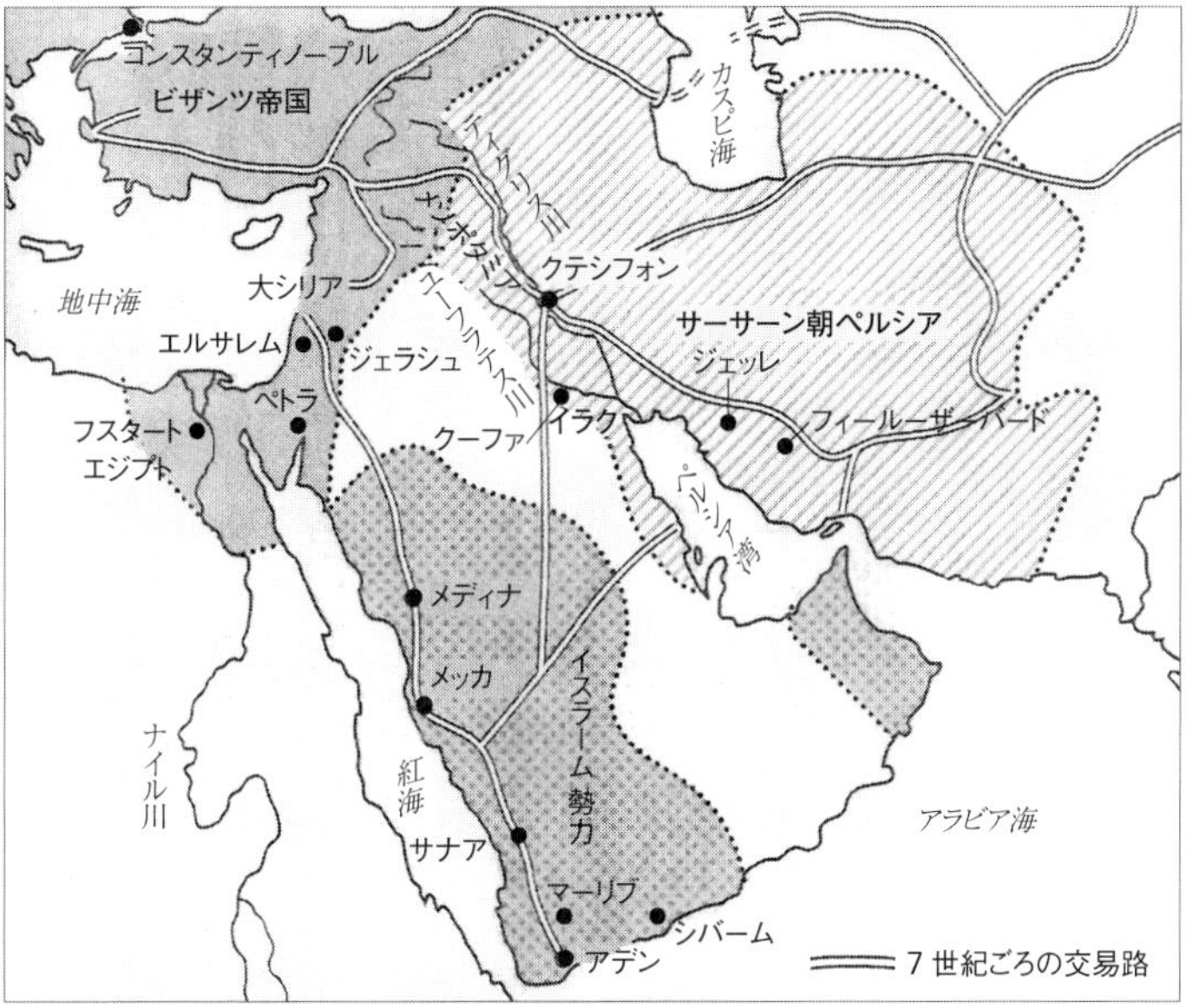

図 1-15　アラビア半島とその周辺，ムハンマドの晩年のころ

は六三二年にメディナで亡くなる。六〇歳を超えたムハンマドは、四三歳も年下の愛妻アーイシャの膝の上で息を引き取り、彼女の部屋に埋葬された。

イスラームの中核――カーバ神殿

イスラーム教の啓典はコーランで、ムハンマドが神から預かった言葉を書き記したものである。また彼が生きていたころの言葉や行いを書き記したものがハディースと呼ばれて伝承される。コーランとハディースからカーバ神殿を位置付けてみよう。

天上の神の玉座の下には、天使たちの巡る館があり、神が人類の祖であるアダムとイブのために地上にも同じ天使たちの巡る館を与えたのが、カーバの始まりだとされる[1]。カーバは洪水で失われた後、イブラーヒーム（聖書のアブラハム）に神がその位置を教え、イブラーヒームとその子イスマーイールがカーバを再建した。

カーバはムハンマドの青年時代、壁の高さが背丈ほどで屋根も床もなかったが、四角い囲いがあって、その周囲にはたくさんの多神教の偶像が置かれ、その中には、三体の神像が安置された。ムハンマドが三五歳のころ、カーバが火災に遭い再建され、壁の高さが二倍になり、床と屋根をもつ形になったという。

イスラーム教徒にとって、一日五回の礼拝が義務で、すべての信徒がメッカの方向に向かって礼拝する。カーバ神殿が神と人間世界の最初の接点で、両者を繋ぐ極と位置付けられるからである。

巡礼もカーバの重要性を表す儀礼である。イスラーム教徒は、一生に一回はこのカーバ神殿に巡礼月に詣で、多くのイスラーム教徒と一緒に巡礼の儀式に参加せねばならない。これは巡礼月以外の巡礼とは別にハッジ（大巡礼）と呼ばれ、ムハンマドも、亡くなる年にメディナからメッカへ巡礼月にハッジを行った。カーバ神殿は、毎日の礼拝と毎年のハッジを通して、イスラーム教徒の中核となった。

カーバ神殿自体は、七世紀以来ほとんど変わっていない。変容したのはカーバ神殿を取り巻く聖モスクと呼ばれる回廊部分である。近世にはメッカはオスマン朝の支配下に組み込まれ、ミニアチュールや木版画、タイルなどに、数多くのメッカの都市図像が残る。岩山に囲まれたメッカの町に、カーバ神殿を取り囲むように、大きな中庭をもつ矩形の建造物が描写される。古い絵画には、その中庭にたくさんの建造物が建っている状況が描かれるが、それらは、聖者の墓建築であった。これらの墓建築は、ワッハーブ派による一九世紀の原理主義的な運動によって一掃される。二〇世紀には二層のアーケードが取り巻いていたが、二〇世紀末にサウジアラビアのサウド家がメッカを整備して、すっかり現代建築に置き換わり、巨大な宗教の中心として現代に至っている(図１－16)。

カーバ神殿は、幅一二メートル、奥行一〇メートル、高さ一五メートルの直方体の石造建築である(図１－17)。地上二メートルまで花崗岩の基壇、その上が部屋となる。部屋には入口が一か所あるほかは、石壁で囲まれる。部屋の中には木の柱が三本立ち、平らな根太天井が張られ、部屋には特に何も置

図 1-16　カーバ神殿を取り巻く聖モスク

図 1-17　カーバ神殿

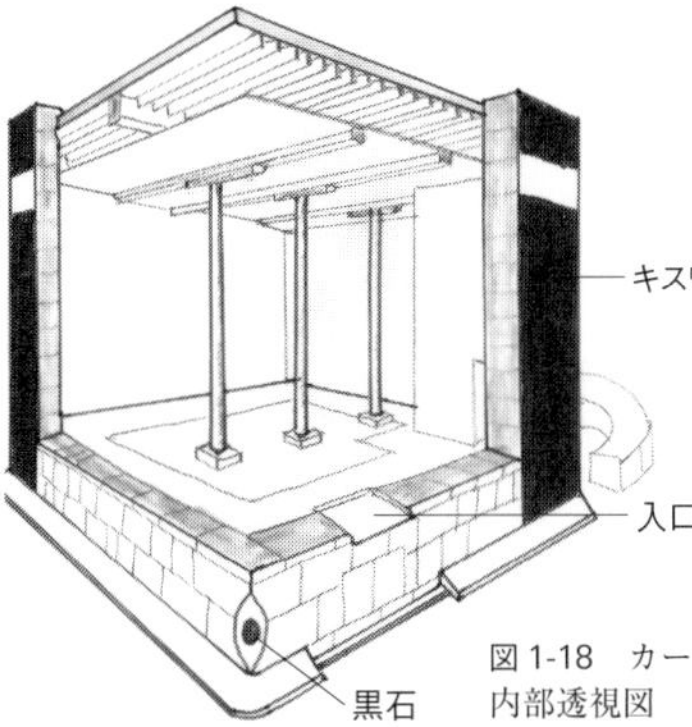

図 1-18　カーバ神殿の内部透視図

かれていない（図1－18）。カーバ神殿に入るときには、高い入口に向かって階段を架ける。内部に入ることは儀礼には組み込まれておらず、許された人たちだけが入る。

カーバ神殿の東の角に、黒く光る石が埋め込まれている。隕石ではないかといわれ、カーバ神殿のことを黒石神殿と呼ぶ所以である。ただし、カーバ神殿自体は灰色の花崗岩で造られ、その上にキスワと呼ばれる黒い布が掛かる。キスワは、金糸や銀糸で美しく装飾され、毎年掛けかえられる。

大きな矩形の囲い庭に置かれた直方体の建造物という形は、先述したようなアラブの持つ建築文化の中から生まれ、アラブに根ざした聖性を獲得したのではないかと思われる。

モスクの原形――メディナの預言者の家

メディナはメッカから北に三〇〇キロメートルほど離れたオアシスの町である。ムハンマドは、自分が住むためだけの家ではなく、メッカから移住した七〇余名が集まって、コミュニティーとして礼拝できる場を建設し（図1－19）、ここで教育、合議、共同作業、裁判などさまざまなことが行われた。間口三五メートル、奥行三〇メートルほどの矩形の土地を日乾煉瓦の壁で囲い、北側の辺と、南側の辺にナツメヤシの柱を立て、ナツメヤシの葉を編んだ上に土を置いて屋根を葺いていた。これがメディナの預言者の家である。ナツメヤシは、栄養豊かな果実が有用なだけではなく、一五年くらいで成樹になり、柱や天井の梁など建築用材にも使われる。ムハンマドと家族の住まいとして、壁の東の外側に小さな部屋が造られた。

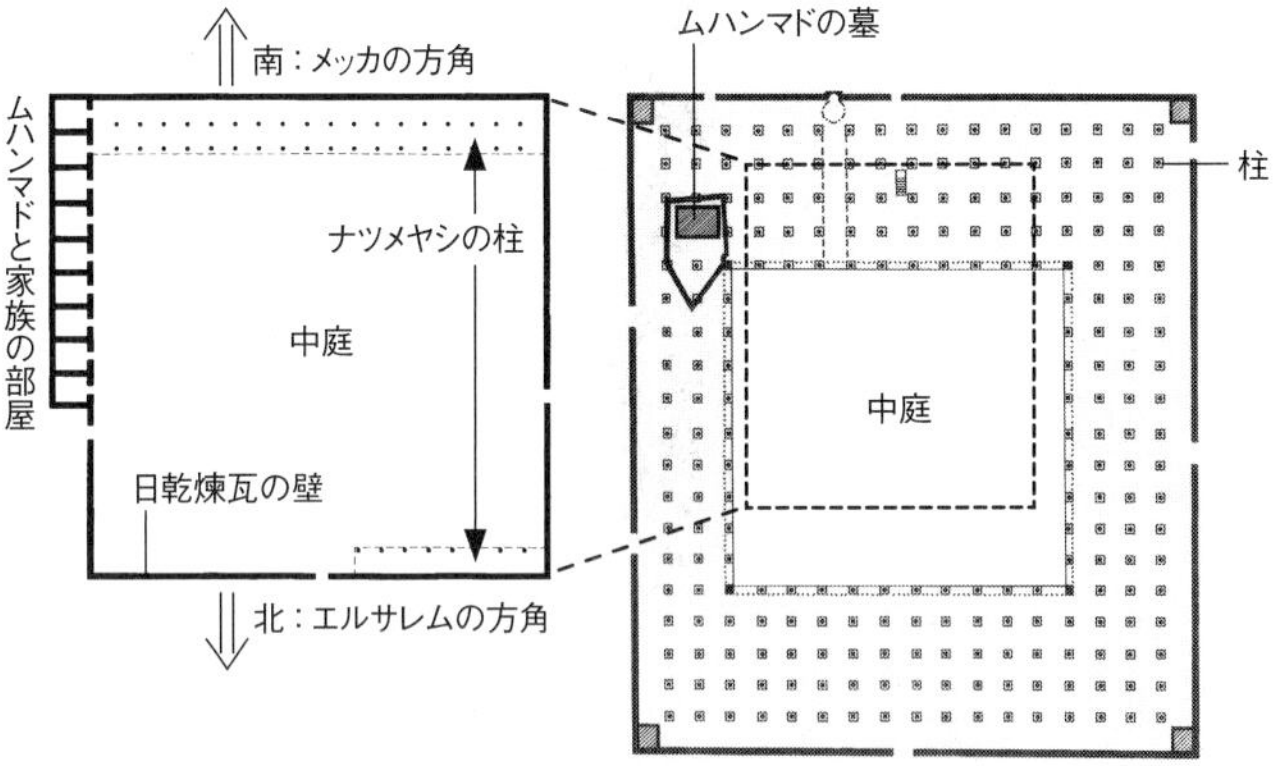

図1-19　メディナの預言者の家の復元図(左)およびウマイヤ朝期に拡大した預言者のモスク(右).（点線はムハンマドの時代の規模）

移住当時、礼拝はユダヤ教の慣習に倣い、エルサレム、すなわちメディナからみると北側の方角に向って行われていた。しかし、六二四年にムハンマドが礼拝の方向をメッカのカーバ神殿、メディナでの南側の方角に変更した。彼が生きているころは、大きな石を置き、壁に槍を立てかけて礼拝の方角を示していた。礼拝の方角のことをキブラ（向かう方向）と呼び、七世紀にはキブラ側の壁（キブラ壁）に木の絵を描くこともあった。八世紀にはモスクにおいて礼拝の方角を示すミフラーブ（図2－40）が確立する。ミフラーブはアーチ形で、キリスト教会堂のアプスや、シナゴーグのニッチが手本になった[2]（図1－3、5）。

ムハンマドは三段の踏み台に腰かけて信者たちに説教を行った。これが起源となり、八世紀ころまでにミンバルが確立する。その過程には、シナゴーグの説教壇や教会堂の聖職者席などからの影響が考えられる[3]。

キリスト教など他の宗教では礼拝の呼びかけに鐘やラッパが使われたが、ムハンマドは肉声で行うことを決める。礼拝の呼びかけはアザーンといい、最初は屋根に上って唱えられたが、八世紀にはミナレット（図2－8）という塔が確立し、日に五回の礼拝の前に、高いミナレットからアザーンが美しい肉声で唱えられる。ミナレットはアラビア語ではマナーラといい、ヌール（光）やナール（火）の派生形であることからも灯台との関係は深く、日本語で光塔と訳される。またミナレットの成立にも、灯台やキリスト教会堂の鐘楼が大きく影響した。

ムハンマドが存命中には、現在モスクに必須の設備といえる、ミフラーブ（壁龕）、ミンバル（説教壇）、ミナレット（光塔）は、萌芽的な要素が存在したのみで、形をなしておらず、彼の没後一〇〇年ほどの間に、既存の異教建築から影響を受け、次第に確立した。

礼拝は立った姿勢から、跪き、額を地面につけるという所作を繰り返す。おそらく現在と同様に敷物か絨毯を敷き、その上で執り行われていたと推察される。礼拝を行う前に流れる水、もし得られない場合は砂漠の砂で身を清めねばならないので、その装置も用意されていたであろう。

預言者の家は、彼が住み、葬られた場であったので、聖地としてあがめられ、預言者のモスクと呼ばれるようになる。一二世紀には墓の上にドームが架けられ、モスクは拡張と改修を重ねて現代に至る。メディナの預言者のモスクは、モスク建築の原形となり、矩形の中庭建築というアラブの伝統がイスラーム建築の土台の一つになった。加えて聖なる人の墓所という、イスラーム建築において重要なジャンルとなる墓建築の根源もここにある。

今日の預言者のモスクは、二〇世紀末にサウド家が整備して、当時の大きさの六〇倍にも拡大している。メッカへハッジに巡礼する人々は、メディナも訪ねてムハンマドの墓所に参詣することが慣例である。ただし、イスラーム教徒以外の人は聖なるメッカやメディナに入ることはできない。

大モスクと支配拠点——正統カリフ時代

ムハンマドがメディナに移住した時、年上の妻ハディージャはすでに亡くなっていた。一番下の娘のファーティマは一五歳くらいで、ムハンマドの従兄のアリーと結婚し、ハサンとフセインという男の子を授かる。彼らは、いわゆるイスラーム主流派のスンナ派と袂をわかち、シーア派として分派していく家系である。メディナでは、年の離れた愛妻アーイシャをはじめ、一〇名ほどの妻がいたというが、子ども達は夭折し、ムハンマドの血統は娘ファーティマを通してだけ子どもたちに伝わっていく。

ムハンマドの死後、イスラーム共同体の長は、彼の代理という意味からカリフと呼ばれる。初代のカリフには、共同体の長老アブー・バクル(在位六三二－三四年、以下同)が指名された。彼は、ムハンマドの年若い妻アーイシャの父にあたる。その後、ウマル(六三四－四四年)、ウスマーン(六四四－五六年)、アリー(六五六－六一年)までの時代を正統カリフ時代と呼ぶ。

メディナはムハンマドの死後も、第四代カリフのアリーがイラクのクーファを拠点とするまでは、イスラーム共同体の中心地であった。初代カリフ、アブー・バクルと二代カリフ、ウマルも預言者ムハンマドと同じ場所に葬られた。

この時代、イスラーム共同体はメディナを中心として、周辺に拡張しはじめ、各地に金曜日の昼の集

図 1-20　サナアの大モスクの中庭

団礼拝が執り行われる大モスクが建設される。現存するイエメンのサナア(図1－20)、エジプトのフスタート、イラクのクーファのモスクの祖形は正統カリフ時代に遡るとされる。それらは、メディナの預言者のモスクの形式を踏襲するものである。

　壮麗な建造物は残さなかったものの、イスラーム教を布教し、既存の町、あるいは新たに建設したミスル(軍営地)に、共同体の拠り所となる大モスクと支配者としての出先機関を構築していくというイスラームの伝統は、すでにこの時代に成立していた。そして、礼拝とハッジ、数多くのモスクを通して、天と地を結ぶカーバ神殿から水紋のように広がる同心円状の世界観もこの時代に成立した。

注

(1)『岩波イスラーム辞典』岩波書店、二〇〇二年、二三六頁。

(2)*E.I.2* (*Encyclopedia of Islam, 2nd edition*, 1954-2003, Brill. 以下同様に略記), mihrab. Eva Baer, 'The mihrab in the cave of the Dome of the Rock', *Mugarnas vol.3*, Brill, 1985

(3)*E.I.2*, minbar.

第二章　アラブ統一様式の創出——七〇〇‐一〇〇〇年

一　イスラーム帝国の躍進

ムハンマドの死後、アリーまで続いた正統カリフ時代が終わると、大シリア（レバノン、ヨルダン、パレスチナ、イスラエルを含む歴史的シリア）を本拠地としたウマイヤ朝がカリフ位を継承し、西はイベリア半島から東は中央アジアまで広がる大イスラーム帝国を建てる。最初期にはさまざまな混乱があったが、岩のドーム（図2‐23、24）を建設したカリフ・アブドゥルマリクのころには政情も安定し、首都ダマスカスは繁栄期を迎える。しかし、七四九年には現在のイスラエルとヨルダンの境界あたりで、未曽有の大地震が起こる。続いて大帝国になりながらあまりにもアラブを重用したウマイヤ朝が滅亡、アッバース朝がとってかわる。アッバース朝は、拠点を大シリアからイラクに移し、帝都バグダードを建設した。それにつれて地中海世界に置いていた文化の軸足が、次第にオリエント世界へ移行していく。九世紀のバグダードの人口は、一〇〇万人にも達したといわれ、当時は、中国の唐の長安とアッバース朝のバグダードが都市文化の中心であったといえる。

アッバース朝によって滅ぼされたウマイヤ家は、イスラーム帝国の西の果てのイベリア半島に逃れ、

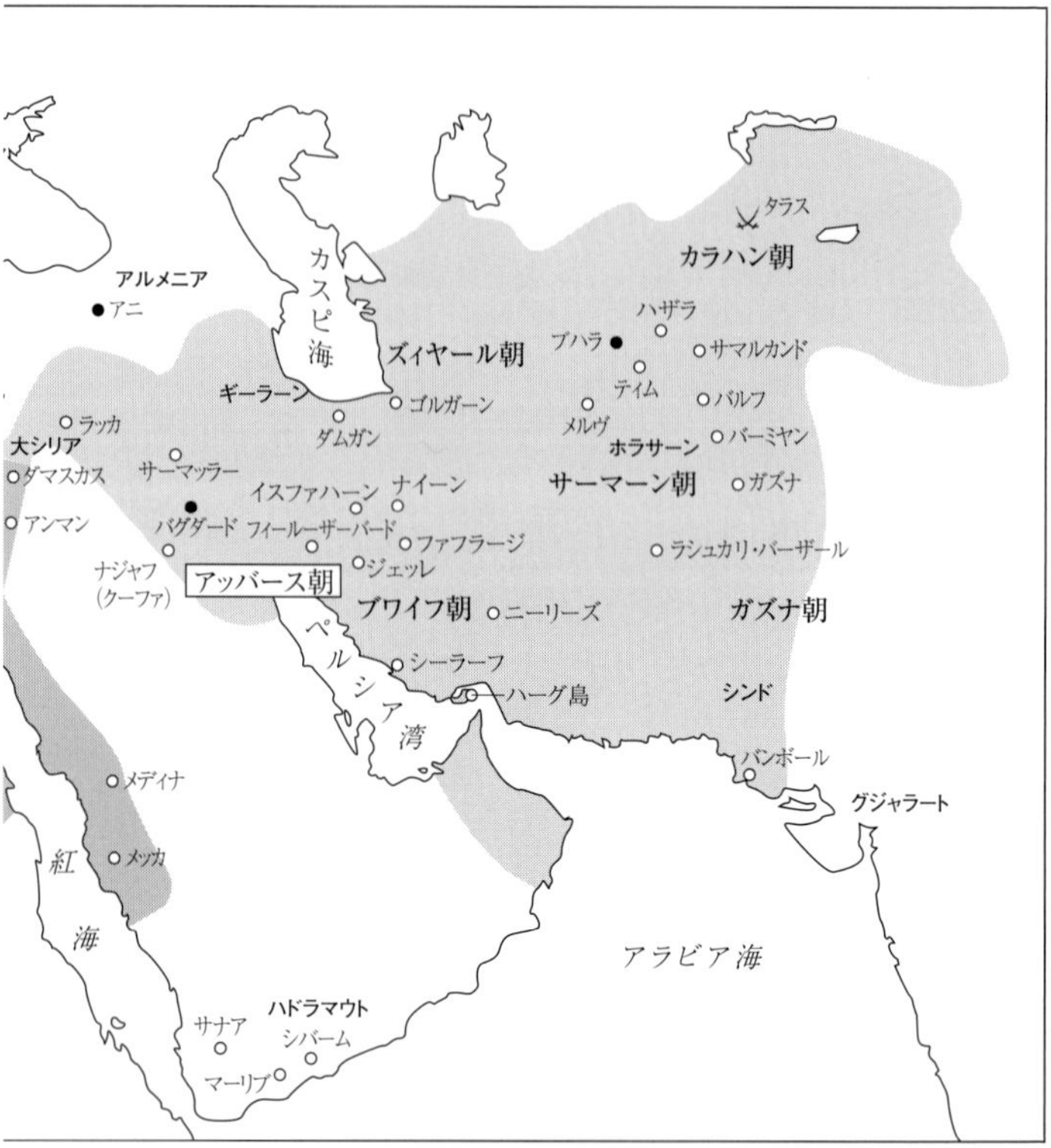

コルドバを首都とし、後ウマイヤ朝を創設する。当初はイスラーム帝国の統括者としてのカリフを名乗らなかったが、アブドゥッラフマーン三世の時代九二九年に、カリフ位を名乗る。また、北アフリカのチュニジアを本拠としたファーティマ朝はアリーの末裔で、シーア派を奉じ、九〇九年にカリフを名乗り、九六九年にはエジプトに侵攻し、カイロ(カーヒラ)を建設する。こうして、イスラーム帝国にバグダード、コルドバ、カイロという三つの中

図2-1　10世紀の地中海世界とオリエント世界．遺構所在地

心地が創出された。加えて東方では、九世紀後半になると、ブハラを首都としたサーマーン朝が独立する(図2-1)。

バグダードは一〇世紀にも繁栄を続けていたが、広大な領域をもつアッバース朝に次第に翳りがさす。中央アジアから遊牧トルコ族が、サハラ砂漠から遊牧ベルベル族が新たにイスラーム世界に組み入れられる。イスラーム教徒に改宗した彼らはその軍事力で支配者となっていく。彼らの建造物に対する嗜好は、次の時代への画期をもたらす契機にもなった。

二　集団礼拝の場としてのモスク

教会堂から生まれたモスク――ダマスカスのウマイヤ・モスク

大シリアを本拠地としたウマイヤ朝は、八世紀のはじめに首都の大モスクを造営する。ダマスカスは古い町で、六三五年にイスラーム教徒がここを占領すると、聖ヨハネ教会堂(古くはローマ時代のジュピター神殿が建っていた)の隅の土地をキリスト教徒から借りうけ、モスクとし、両者が並び立つ。最終的に聖ヨハネ教会堂の全体を接収し、敷地一杯に大モスクを建てる(図2-2〜4)。

このウマイヤ・モスクは東西一五八メートル、南北一〇〇メートルの敷地の南側を礼拝室とし、北側の中庭に周廊を回す(図2-3)。礼拝室は横長平面で、中庭に向かって妻を見せる中央部とその両翼の三部からなる。礼拝室のファサード(図2-2)は、ビザンツ宮殿を描いたラヴェンナのサンタポリナーレ・ヌオヴォ聖堂(四九〇年頃)にあるモザイクに酷似する。中央部がバシリカ式の身廊のように一段高く作られ、両翼は東西方向に長い廊を重ねた三廊式で、東西に長い三本の切妻屋根が架かる。

礼拝室のキブラ壁の中央にメッカの方角を指し示すミフラーブが、その隣にカリフがキブラ壁裏手の宮殿から直接礼拝室に出入りする入口が作られた。教会堂時代に敷地の四隅に配されていた塔に加え、中庭手前の中軸線上に四角形平面のミナレットが九世紀初頭に付加される。四角形平面のミナレットは、教会堂の鐘楼を模したもので、アッバース朝期に広く伝播し、北アフリカでは近年までこの形が採用される（図2－8）。

礼拝室ファサードや周廊壁面には、ガラス・モザイクで滔々と流れる川、繁る木々、軒を連ねた町の様子が描かれ、コーランの楽園の様相を伝える（図2－45）。具象的な情景が描かれることは偶像崇拝を否定したイスラーム教においては稀で、地中海世界のモザイクの伝統を見せる。大理石を壁パネルとして用いる手法は、コンスタンティノープルのハギア・ソフィア聖堂の壁面と同じである。中庭の周囲と

図2-2　ダマスカスのウマイヤ・モスク（706-14年）中庭

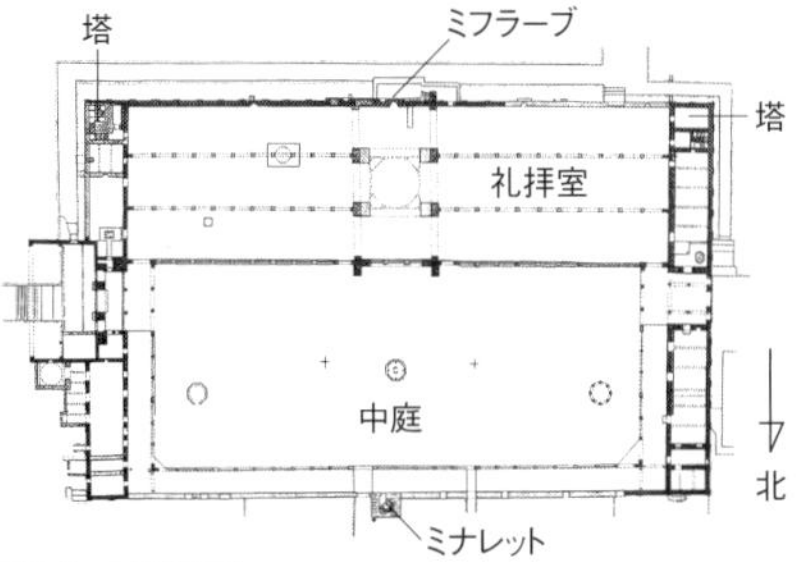

図2-3　同平面図

図2-4　同礼拝室内部．翼部から中央部を見る．右手がミフラーブの設けられたキブラ壁

礼拝室には、二層のアーケードが用いられ、バシリカ式教会堂を思わせる。イスラーム教徒が集団で礼拝するための施設であるが、実際の建設はキリスト教会堂や古代地中海の様式や技法によって成し遂げられた。

この建築はカリフ・ワリードによって七〇六年着工、七一四年に完成する。彼の父はエルサレムに光輝く岩のドーム(図2-23)を建設していたので、彼が帝都の大モスクとしての自らのモニュメントに託した思いは、並々ならぬものだったと推察される。荘厳な建築を造り出すためにキリスト教徒の文化を借りることに、父同様、躊躇はなかった。父の偉業を意識していた点は、彼が岩のドームの軸線上に、ダマスカスのウマイヤ・モスクの礼拝室ファサードを踏襲する形で、のちにアクサー・モスクを建設したことにも表れている(図1-1)。

しかし、建築物として現存最古のモスクともいえるダマスカスのウマイヤ・モスクの構成は、その後のモスクで必ずしも踏襲される形式ではなかった。[1] この時代、イスラーム世界により広く普及した大モスクは多柱式のモスクで、メディナのムハンマドの家(図1-19)に近い形式である。

アラブ統一様式——多柱式モスク

多柱式モスクとは、キブラに向かう矩形の敷地において、周囲を厚い壁で囲み、キブラ側に柱を碁盤目状に林立させた礼拝室を設ける建築である。礼拝室の手前に中庭(サハン)を配し、その周囲に柱を配して周廊(リワーク)とする。柱を林立させて空間を作るので、多柱式モスクと呼ぶ。

正統カリフ時代、ウマイヤ朝時代に創建された大モスクは、大多数が多柱式を採用した。大シリアのローマ都市にも多柱式モスクが建設され、ナツメヤシの木の柱の代わりに石の円柱が立ち並ぶ。古代ローマ遺跡から運んだ石の円柱の上にアーチを架ける(図2－5)。地中海世界に既存の建築から石材を転用材として活用し、イスラーム教徒の礼拝空間が作られた。

アッバース朝に入り、文化の中心はダマスカスから東のバグダードへ移る。カリフ・マンスールが計画したバグダードの円城では、遺構は未発掘ながら半径一キロに達する円形広場の中央に、モスクとカリフの宮殿(金門宮)が配されたとされる(図2－41)。帝都バグダードの繁栄と退廃から逃れるため、九世紀になるとカリフは新都サーマッラーを計画したが、六〇年足らずで捨て去られ、再び宮廷はバグダー

図2-5　ボスラのモスク(720/1年)の内部

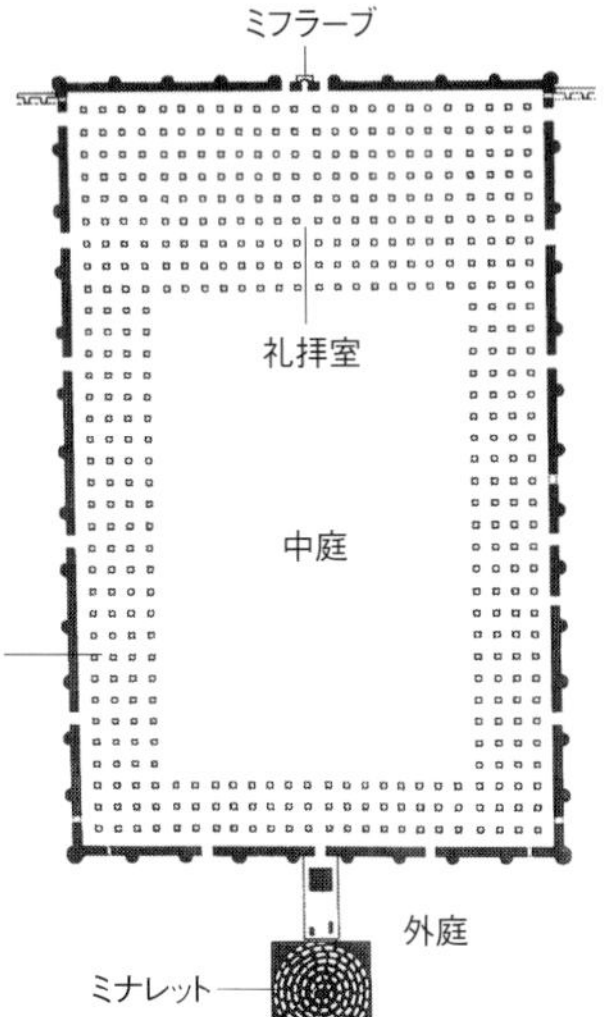

図2-6　サーマッラーのムタワッキル・モスク(847-61年)平面図

ドに戻ったので、サーマッラーには九世紀の都市遺跡が残る。そこに瓜二つともいえる二棟の多柱式モスクがある[2](図2－6)。煉瓦造で、周囲を分厚い壁で囲み、南西辺を礼拝室とし、矩形の中庭に周廊を設ける。礼拝室の奥行が深いので有蓋面積が広く、周廊部も複数廊とする。礼拝室と周廊には、煉瓦造の太い柱(ピア)が林立し、その間にアーチが架かり、アーケード壁を作る。アーケード壁間に木梁を渡し、平天井を戴いていたらしい。

建造物の周囲は、外庭(ズィヤーダ)で囲まれる。街の喧騒からモスクを静かに保つための工夫であるが、モスクの歴史の中で外庭を持つ例は少数である[3]。外庭に巨大な渦巻き形のミナレットが建つ(図2－7)。バベルの塔を彷彿とさせる渦巻き形は、サーマッラーの二例と、次に述べるエジプトの例にの

図2-7　同ミナレット(847-61年)

図2-8　カイラワーンの大モスクのミナレット(836年)

み残り、この時代、角塔が一般的である（図２－８）。

ほぼ同じころ、アッバース朝に仕えたトルコ系の軍人であるアフマド・イブン・トゥールーンは、エジプトに赴任し統治者となった。彼はフスタート（現カイロ）の町の北にモスクを建設した（図２－９～11）。九世紀になると東方支配に重点を置いたアッバース朝では、中央アジア出身のトルコ系軍人が軍事的実権を握る。彼らは、中央アジアの草原からイスラーム世界へ傭兵として連行され、教育を受け、イスラーム教徒に改宗した。イブン・トゥールーンもその一人である。

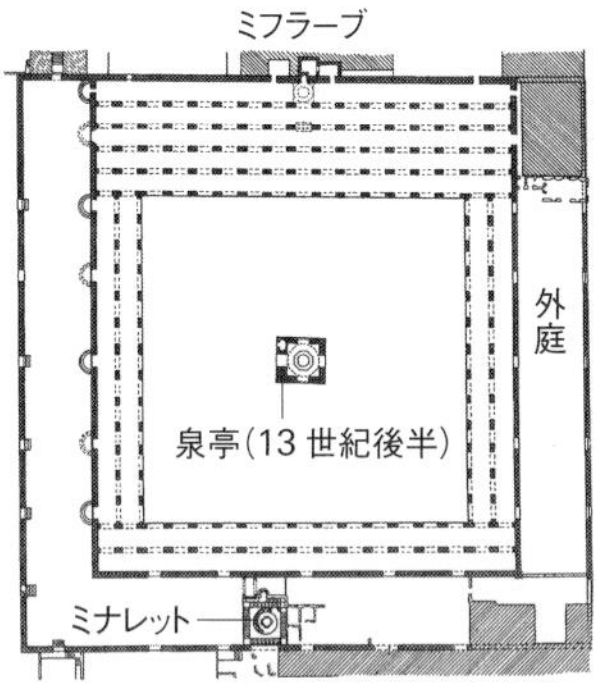

図 2-9　イブン・トゥールーン・モスク(876 年)の平面図

図 2-10　同ファサードのアーチ，ピアの付け柱，軒飾り，奥の打ち抜き窓は建設当時のもの

図 2-11　同内部．煉瓦造のピアにアーチを架けてアーケードを作り，木造の平天井とする

図2-13　同内部．白大理石と赤煉瓦の層を交互に重ねて縞模様を呈する(784-86年)

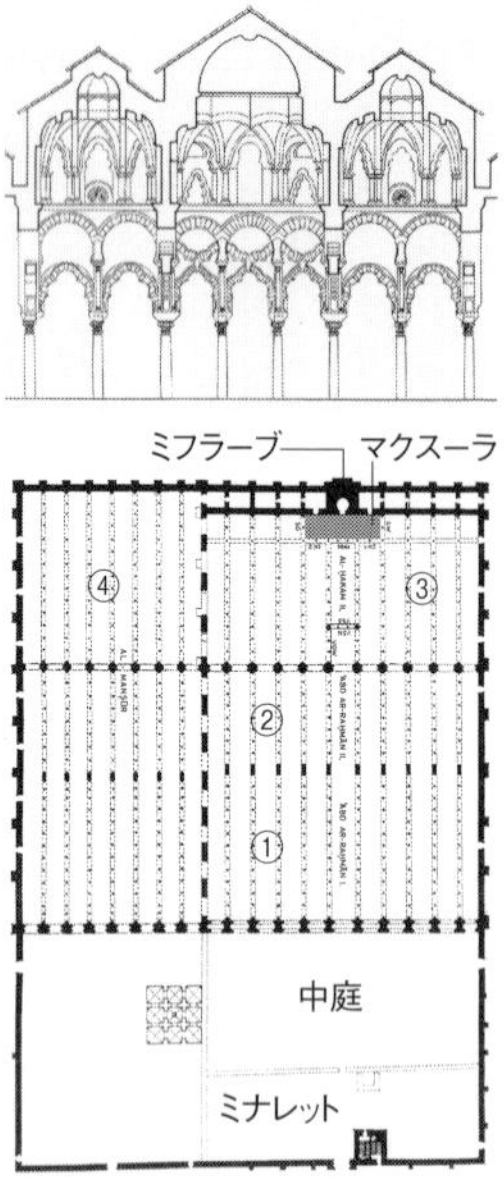

図2-12　コルドバの大モスク．マクスーラの断面図(上)とモスクの平面図(下)．(① 784-86年，② 833-52年，③ 961-76年，④ 987年)

図2-14　同アーチ・ネットの天井．マクスーラの両脇のベイ(区画)に用いられている(961-76年)

イブン・トゥールーン・モスクは、サーマッラーの二棟のモスクとほとんど同じ形式だが、天井部分まで残り(図2-11)、中庭が正方形である。一般に多柱式モスクは地中海世界では横長中庭、オリエント世界では縦長中庭となる傾向があり、正方形にすることは稀である。

　多柱式モスクは、増築にも便利である。後ウマイヤ朝の首都コルドバでは、王宮とスークの間に大モスクが七八六年に完成した(図2-12、13)。ローマ時代の円柱を転用し林立させ、白大理石と赤煉瓦を交互に使ったアーチを二段に重ね（図2-13）、他に類のない多柱式モスクである。おそらく岩のドームの縞のアーチ[4]（図2-24）、あるいはダマスカスのウマイヤ・モスクの二層のアーケード（図2-4）がモデルにあったと推察されるが[5]、特有の斬新なデザインを生み出した。

九世紀前半に人口増加に伴い拡張され、九五二年にはカリフ位を宣言したアブドゥッラフマーン三世が四角形平面のミナレットの位置を移し、中庭を拡張する。続いて九六一年から九六七年に、息子のハカム二世によって、さらに奥行方向に拡張される。

この時、ミフラーブへと続く中央廊の壮麗化と、マクスーラの形成という新機軸が採用される。マクスーラとは、中央のミフラーブ近くに仕切られた特別の空間で、支配者や貴人のための礼拝空間である。多弁形アーチを交差させたアーケード（図2-12上）を挿入し、アーチを交差させたドーム（アーチ・ネット）を架け（口絵3）、馬蹄形アーチのミフラーブへと続く。一般的に古代ローマ建築では半円形アーチが主流であったが、イスラーム時代になると、多弁形アーチ、尖頭アーチ、馬蹄形アーチなど形も多様になる。どのモスクもミフラーブには必ずアーチを用いた。また、アーチを交差させる装飾も好まれ、単に平面的にアーチを交差させるだけでなく、三次元の交差によって籠を編むように空間を作っていく手法が出現する。広くイスラーム世界に広まる技法で、アーチ・ネットと呼ぶ（図2-14）。

さらに九八七年の拡張で、礼拝室は建設当初から四倍を超える広さとなった。日に日に増加するイスラーム教徒を収容する施設として、多柱式モスクがうまく適応し、同時に権力の象徴ともいえるミナレットやマクスーラが整備され、大モスクは支配の象徴となる。

コルドバの大モスクに顕著な中央廊の強調や、軸線上に立つ四角形の高いミナレットは、北アフリカやエジプトのモスクに共通する(図2-8)。礼拝室中央廊の中庭側と最奥に高いドームを載せ(図2-15)、中庭の中軸線上に高いミナレットが位置し、より中軸線の強調が明らかになる。また、サーマッラーのモスクやイブン・トゥールーン・モスクのような太い柱(ピア、図2-11)ではなく、古代ローマ時代の建築から転用した細い円柱が使われる(図2-13)。煉瓦造のピアはオリエント、石の円柱は地中海の伝統として位置付けられる。

図2-15　チュニジアのカイラワーンの大モスク(9世紀). ミフラーブ前に架かるドーム

図2-16　カイロのハーキム・モスク(990-1013年). 左手が礼拝室で中央廊が高く, キブラ壁の中央と両端にドームを載せる

図2-17　ナイーンの大モスク(10世紀)中庭

一〇世紀に、北アフリカに建国されたファーティマ朝がマフディーヤに造ったモスク（九一六年）も、中央廊を強調したものであった。ファーティマ朝が地中海岸を東進し、エジプトで首都カーヒラ（現カイロ）を建設し、アッバース朝に対抗するシーア派勢力として権力を増すと、アズハル・モスクに始まる首都のモスク建築（口絵4）はさらに進化する。中央廊の幅だけではなく高さも増し、さらにキブラ壁の前の廊が高くなり、T字形をなす。そしてTの字の結節点と端点にドームを架ける（図2-16）。

多柱式モスクは、オリエント世界にも伝わり（6）（図2-17）、煉瓦造のピアに、蒲鉾形のトンネル・ヴォールトを架けるようになる。円形のピアや礼拝室の中央廊が広く高い点は、サーサーン朝建築の影響を示す。室内には葡萄唐草などの漆喰浮彫細工が用いられ（図2-46）、後の植物文様の発展へと繋がる。ミナレットが、四角柱形から先すぼまりの円筒形や八角柱形になることも、東方イスラーム世界で次の時代へと引き継がれる新たな傾向の一つである（図2-17）。

大モスクとしての多柱式モスクでは、アーチの使用、素材が木から石や煉瓦に置き換わる、中央廊の強調、ミナレットやミフラーブの設置など、壮麗化が進んでいく。言い換えれば、アラブ統一様式のモスク建築が、広くイベリア半島からおそらく中央アジアまで広がり、イスラーム為政者の権力の象徴となっていく。

珠玉の名品――小規模モスク

金曜礼拝を行う大モスクばかりでなく、小規模なモスクもいくつか現存し、中庭をもたないモスクもある。町に唯一の大モスクとは異なり、支配者や富裕な階層が私的な礼拝所を構築した。ヨルダンには八世紀前半の小さなモスクが遺跡として多く残る。古代ローマ時代からの荒野の要塞をウマイヤ朝期にイスラーム教徒が再利用し、要塞の中にモスクを建設した。荒野に点在するこれらの要塞は権力者が灌漑農業の拠点として使ったもので、小モスクはそこに住む王侯貴族の礼拝室だった（図2－34、36）。

アッバース朝の小規模モスクでは、間口三間奥行三間の構成が目立つ。小規模モスクは各地にあり、天井の架け方や柱の形がそれぞれの地域の特色を表す。オリエント世界では、格子状に配された太い円形のピアの上に、同形同大の九つの小ドームを載せるバルフの九ドーム・モスクと、中央に大きなドーム、四隅に小ドームとし、五の目平面をとるハザラのモスク（図2－18）がある。

地中海世界の西にも小規模モスクがある[7]。トレドには、中央のベイ（区画）が高く、九つそれぞれに工夫を凝らしたアーチ・ネットの曲面天井（図2－19）を架けたモスクがあり、コルドバの大モスクとならぶ注目すべき技法を有する。キリスト教世界で教会堂に壁画が描かれるように、モスクでは幾何学文様のバリエーションがイスラームの美を表す要素となる。ハザラやトレドでは、九ベイから成る小規模のモスク空間の中央を一段高くし、キブラに向かう水平軸を要としてきたモスク空間に、垂直軸が持ち込まれた。

イラン高原にも新傾向が現れる。サーサーン朝建築に根付いていたイーワーン（図1－11）をモスクとして利用する例である（図2－20）。トンネル形の大空間は、奥に向かう軸線を設定するので、奥壁にミフラーブを付けることで、礼拝空間に適当である。また、チャハール・ターク（図１－８）であった建物の一方に壁を設けミフラーブを設置し、ドーム室を礼拝室とすることもあった。

現存する小モスクは限られるが、それぞれ素晴らしい建築である。小ささゆえに、高い技術が試され、一〇〇〇年以降、より顕著になる地方独自の特色の萌芽が確認される。またイスラーム教徒が増えた町に、おそらく簡単な小屋のような小モスクも数多く造られただろうと推察される。

図 2-18　ハザラのモスク（10 世紀）の内部

図 2-19　トレドのバーブ・マルドゥーム・モスク（1000 年ころ）の天井

図 2-20　ニーリーズのモスク（973 年）

三　記念建造物としての墓建築

集中式教会堂の系譜――岩のドームとクッバ・スライビーヤ

エルサレムはユダヤ教の聖地で、キリストを葬った聖墳墓教会もあるキリスト教の聖地である。新興の一神教であるイスラーム教は、一神教の聖地エルサレムに岩のドームを建設することで、イスラーム教の聖地として位置付けた。

エルサレムの歴史を辿れば、ローマ軍の進攻によって紀元七〇年にソロモン神殿が破壊され、ユダヤ教徒は離散する。二世紀にアエリア・カピトリーナと名を変えて栄え、ソロモン神殿の丘にジュピター神殿が建てられた。三二五年にはキリスト磔刑の地に聖墳墓教会堂が建設され、ムハンマドのころにはキリスト教の聖地として賑わう都市だった。ハディースには、ムハンマドがある夜、遠隔地（アクサー）の礼拝堂に導かれ、天馬にまたがり天国への旅に出かけたとあり、遠隔地の礼拝堂とはエルサレムの神殿の地であるとされる。夜の旅をイスラー、昇天をミーラージュと呼び、地上から天に向かってムハンマドが飛び立った岩がエルサレムのソロモン神殿の跡地の岩だとする。

イスラーム軍はエルサレムを六三八年に征服、カリフ・ウマルはエルサレムに赴き、ソロモンの丘でその聖なる岩を発見、傍らで礼拝したといわれ、矩形のモスクが建立された。ウマイヤ朝期に、カリフ・アブドゥルマリクが聖なる岩を囲う岩のドーム（六九一年、図2-21、23、24）を、彼の息子のワリードがアクサー・モスク（七〇五－一五年、図1－1）を建設する。

岩のドームは、聖なる岩を覆う直径二〇メートルを超えるドームを架け、二重の周廊で取り巻き、全体を八角形平面に納める（図2－21）。これには集中式教会堂[8]（図1－6左上）との類似性が指摘される。最初のドームは木造で、船大工の技術が使われた。ドームの内側には煌めくガラス・モザイクの装飾が残り（図2－24）、アラビア語で銘が記されている。文字を通して意図を伝える装飾化された文字文様は、幾何学文様と並んでイスラーム装飾の基本となる。集中式の構成、ガラス・モザイク、大理石装飾などの技法は、エルサレムあるいは大シリアに住んでいたキリスト教徒の工人たちの参加を物語る。

岩のドームは、聖なる岩を記念する建物で、多くの信徒が集まって礼拝を行うモスクではない。記念

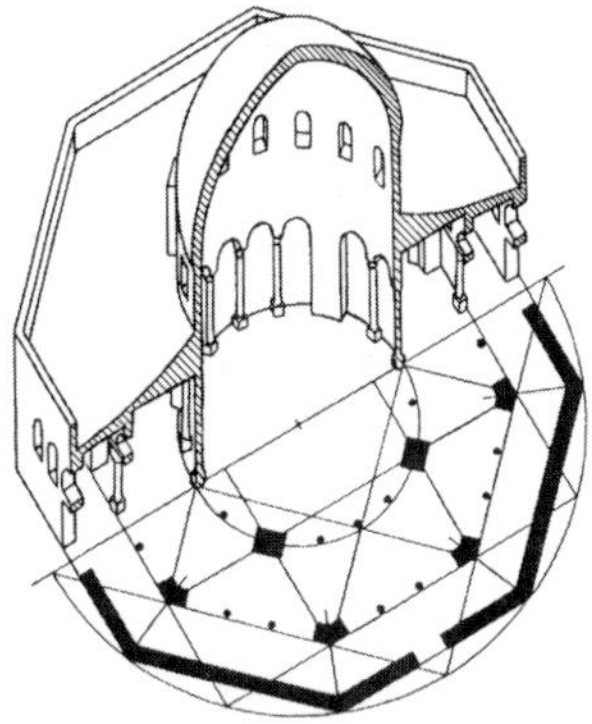

図2-21　エルサレムの岩のドーム（691年）の構造

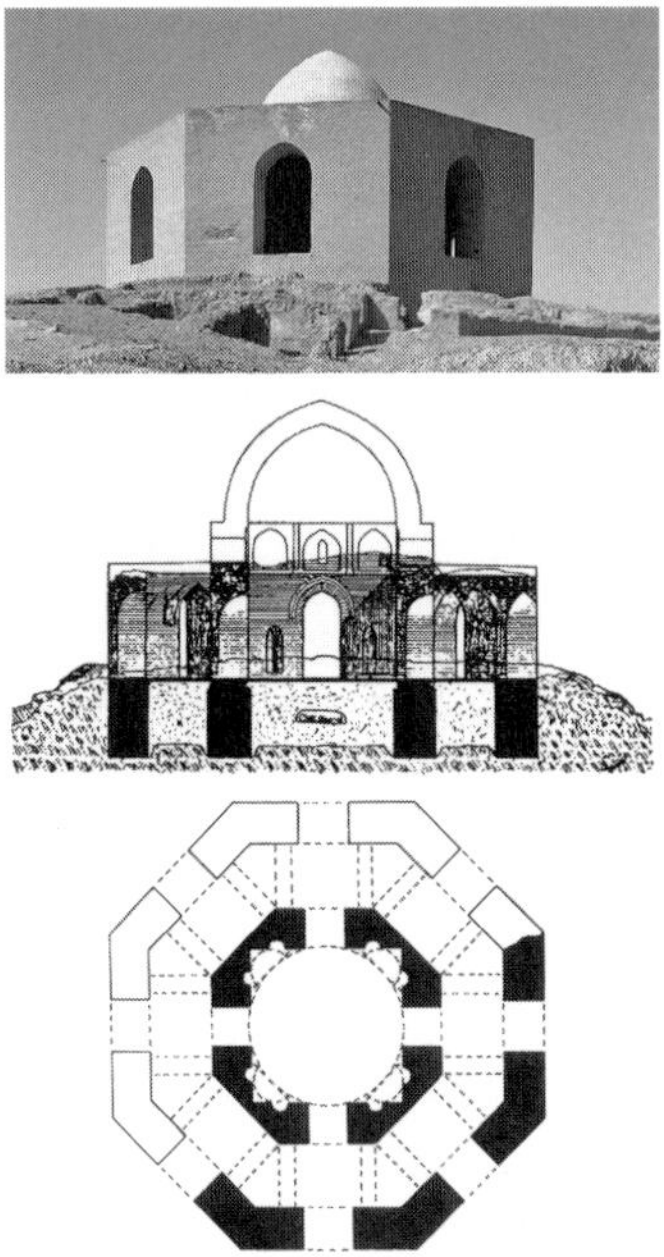

図2-22　サーマッラーのクッバ・スライビーヤ（上），断面図（中），平面図（下）（862年）

図2-23　岩のドーム

図2-24　同内部

建造物の伝統はサーマッラーのクッバ・スライビーヤと呼ばれる墓建築へと繋がる（図2－22）。これは岩のドームと比べるとドームの直径が三分の一ほどで、四角い部屋にドームを架け、その周囲に八角形の周廊を回す。このような墓建築を八角形周廊墓と呼ぶ。

　ここに葬られた人物は、あるカリフの母（ギリシア出身のキリスト教徒といわれる）、あるいはシーア派のイマーム（指導者）と考えられている。シーア派では預言者ムハンマドの娘婿アリーの血族が、イマームを継承する。アリーから一二代までをイマームと認める一二イマーム派では、一一番目のイマームが没した八七四年に、息子である一二番目のイマームが姿を消した状態（ガイバ）に入り、いつの日か救世主となって現れると信じられている。

　ドームは建造物に象徴性と中心性を与え、周廊は、カーバ神殿を巡回する儀礼から、聖化を意味するようになる。八角形周廊墓は両者を有する形だが、広く普及する墓建築の形式にはならず、のちに周廊が退化する。一〇〇〇年まではイランに一例だけ類例(9)が残る。ハディースは、墓を造る時、華美な建築で飾ってはいけない、土中に葬り簡単な印を付けるだけにせよ、と伝える。ところが、イスラーム建築の中で最も発達した建築ジャンルの一つが墓建築（墓廟または廟とも呼ぶ）で、その素地はこの時代から始まる。

イスラームの墓建築は、岩のドームにその起源を辿ることができ、記念建造物という機能及び形態に共通性が見いだせる。一方、岩のドームの原形となった集中式教会堂には、聖墳墓教会堂をはじめ、殉教者や聖人の遺骨を納めたものが多く、宗教は異なるが墓建築という機能が共通する。

イスラームにおける墓建築は、生者には死者を記念する建築だが、死者には最後の審判を待つ死後の宮殿となり、次第に墓建築が発達を極める。イスラーム教では、亡くなってすぐに天国か地獄に行くことが決まるわけではなく、亡くなった状態でいつ訪れるかもしれない最後の審判まで待たねばならないのである。

死者の天蓋――キャノピー墓

イスラーム教徒は没後、遺体を清められ、白い布で巻かれて地中に葬られる。遺体は右脇腹を下に、顔をメッカの方角に向けて安置される。墓石は棺形のものが多い。それを覆うように建つのが墓建築で、通例ドームを戴く。メッカの方角を表すミフラーブを備えることもあり、地下室を設け、棺を安置する場合もある。

図 2-25　ブハラのサーマーン廟(914-43 年)

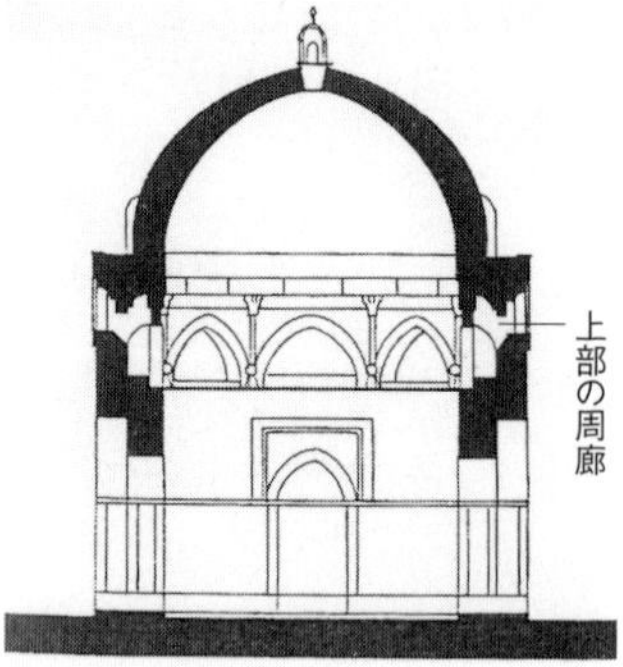

図 2-26　同断面図

クッバ・スライビーヤに次ぐ古い現存墓建築は、ウズベキスタンのブハラにあるサーマーン廟である(図2－25、26)。サーマーン朝の第二代イスマーイール・サーマーン(八九二－九〇七年在位)の名を冠するが、実際には彼の王子たちの墓で、第四代ナスル二世(九一四－四三年)治世期に建設された。

サーマーン家は、イスラーム化以前からブハラ周辺を治める地主階級で、八世紀中頃にイスラーム教に改宗し、アッバース朝政権のもとで中央アジアを治める家柄に成長する。八七三年にはアッバース朝から独立し、ペルシア文化を復興させた。当時、ブハラはサーマーン朝の首都として賑わった。

サーマーン廟は四角い平面に半球形のドームを架けた焼成煉瓦造の建築で、内外とも煉瓦の文様積みで覆われる。イスラームの装飾の特色の一つは、余すところなく文様を施すことであるが、これはその祖形ともいえる様態で、工芸品のように手の込んだ仕上げである。

外観では四隅に円形の付け柱を備え、その上部にアーチ形を連ねた水平帯を載せ、ファサードのアーチ開口部をコの字に取り囲む意匠となる(図2-25)。水平帯の内側にはドームの周囲を巡る廊が設けられ、八角形周廊墓の周廊が退化した形といえる。中央のドームの四隅に小さなドームを載せ、近くのハザラのモスク(図2-18)と同じく、五の目の配置とする。

墓室の内側では、ドーム下の四隅にアーチを架けることによって正八角形が作られ、八角筒が構成される。この背後が上層の周廊となる。四隅のアーチの内側は半アーチ曲線によって区分され、次の時代に進化するムカルナス(鍾乳石飾り)の萌芽的な形とも捉えられる[10](図2-27)。

図2-27　サーマーン廟内部

図2-28　ティムのアラブ・アター廟(978年)

図2-29　同内部

サーマーン廟の形は、オリエント世界に流布していたゾロアスター教のチャハール・ターク(図1－8)、あるいは納骨容器(オスアリ)に由来するという説がある。このような四角形の平面にドームを架けた形式をキャノピー墓と呼び、イベリア半島から中国に至る広い範囲で多用される。ドームを戴く簡単な形状からか、一一世紀以降になると数え切れないほどの実例がある。一〇世紀に造られた、ウズベキスタンのティムにあるアラブ・アター廟(九七八年、図2－28、29)は、ファサードが高く立ち上がり文様積み煉瓦で装飾され、他の三面は無装飾である。正方形の部屋から円形のドームを導く部分(移行部)でアーチが二段になり、サーマーン廟(図2－27)よりムカルナスに近い形になる(図2－29)。ムカルナスはアーチ・ネット(図2－14)とともにイスラーム建築が生みだした架構法の双璧ともいえる存在である。アーチの立体的工夫が西の端のコルドバやトレドでアーチ・ネットを、東の端の中央アジアではムカルナスを生み出し(図2－27、29)、それらは次世代へ継承されることになる。

そびえる建築——墓塔

一〇〇六年建設のゴンバディ・カーブースは、時代の画期を象徴する塔状の高い墓建築(墓塔)で(図2－30～32)、以後中央アジアからアナトリアにかけてたくさんの墓塔が建設される。ズィヤール朝の君主カーブースを葬ったこの墓はカスピ海近くのゴルガーン郊外にある。ズィヤール朝はイラン北部ギーラーン地方の山岳地帯に住むダイラム人の王朝で、彼らは以前はゾロアスター教徒だったが、イスラーム化以後、山岳民族の特性を発揮して歩兵勢力として有名になる。ズィヤール朝はゾロアスター教の伝統を引き継いで太陽暦を使い、太陽信仰をもった。

カーブースは先のサーマーン朝や、同じくダイラム出自のブワイフ朝と抗争を繰り返し、アフガニスタンを領土としたトルコ系ガズナ朝の君主マフムードの力を借りて、権力を維持する。カーブースはマフムードの娘を妻とし、亡くなる六年前に首都ゴルガーンの三キロ北の高台に、この墓塔を建設した。

高さ五五メートルにも達する塔で、円錐状の屋根を戴く。屋根の真東に小さな開口部があり、春分の日、天井から鎖でつるしたガラスの棺にその開口部を通して太陽光が照射し、遺体を浄化したといわれる。[11] 塔身の部分を垂直に走る鰭《ひれ》状のフリンジが分節し、塔身の下部と上部だけにインスクリプション(銘文)が入り(図2-31)、シンプルで現代的造形に近い。アラビア語のインスクリプションはこの建築

図2-30　ゴルガーン近くのゴンバディ・カーブース(1006/7年)

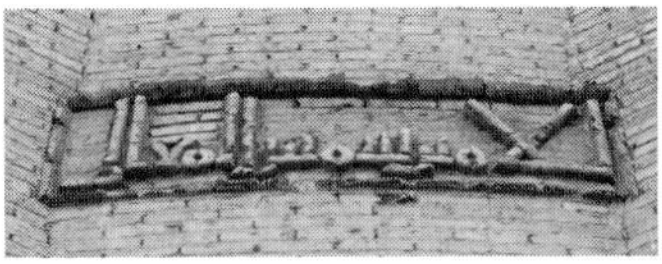

図2-31　同インスクリプション

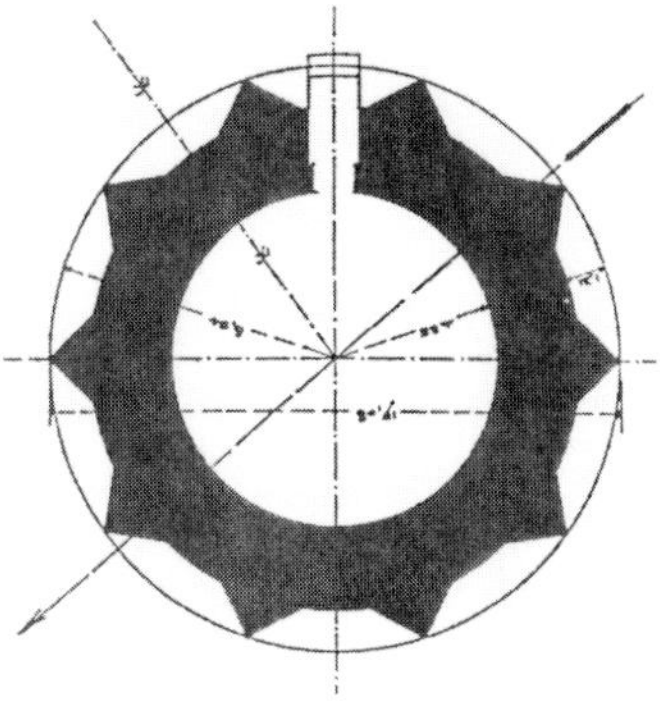

図2-32　同平面図

を「広壮な宮殿」と形容し、カーブースの名と建立年のイスラーム暦に加え、イスラーム太陽暦が記されている。室内は円形だが、外側に一〇本のフリンジを設けているため、平面は十点星となる（図2－32）。内部も無装飾である。

ゴンバディ・カーブース以後の墓塔の建設は、トルコ系遊牧民王朝の広がりと重なる。墓塔の誕生と浸透には、トルコ系遊牧民が故地において多神教を奉じた時のトーテム・ポールのような柱への信仰、あるいは彼らが住んでいたテントの造形が影響を及ぼしたともいわれる。十点星のフリンジは、太陽や彗星の光芒を象徴したとされる。(12) 武力を重んじるダイラム人、ゾロアスター教に根ざす太陽信仰、トルコ王家から嫁いだ妻など、いろいろな要因が重なって、この塔の造形が選ばれたと推察される。

墓塔は墓と塔という二重の象徴性をもつ。八角形周廊墓、キャノピー墓、墓塔は、いずれも集中式の建造物である。墓建築は死者の宮殿であると同時に、被葬者の生を記念する。死者にとっても現世の人々にとっても、最後の審判の後に訪れる天国がその理想にあり、天の象徴としてドームや塔を用いた集中式が使われた。

一一世紀以降、イスラーム教の墓建築ではキャノピー墓と墓塔が各地へと広まり、モスクのミナレットも西アジアでは断面が円形になり、さらに高くなる。アジア各地に伝播した仏教建築においても塔建築が盛んになり、日本でも木造の塔が数多く建てられる。インドのヒンドゥー教でも本殿の上にたつ塔（シカラ）が強調される。ボロブドゥールやアンコール・ワットを加えると、九世紀ころから一二世紀ころまで、このような塔文化が宗教を超えて、東アジアから西アジアまでアジア一帯を包んでいた。塔の思想の背景には、天を希求する思想があり、こうした思想が一二世紀のフランスでゴシック建築を生みだす原動力となったのではないだろうか。イスラームの墓建築やミナレットもその一端を担う存在として位置付けられよう。

四　王侯の住まい――中庭建築の集合体

町の中心の宮殿から宮殿都市の造営へ

預言者ムハンマドは共同体の首長だったので、メディナの預言者の家は、宮殿の役割をも果たした。彼の後継者であるカリフたち、あるいは各地へと派遣された支配者たちも政務を司り私生活を営む場を町の中心の大モスクに接して造った。

地中海世界、オリエント世界の住様式には中庭を用いる伝統があり、紀元前三〇〇〇年のウルの住居にまで遡る。宮殿でも中庭は重要な要素で、特にサーサーン朝宮殿では、数多くの中庭を対称配置する大建築が構築された。イスラーム教徒はこれを踏襲し、中庭を宮殿のユニットとする。この時代、すなわちウマイヤ朝からアッバース朝期、宮殿は壮大な中庭建築の複合体となる。中庭の大きさによって公的な大中庭から私的な小中庭までの位置付けを辿ることができる。

ウマイヤ家によるカリフ世襲制の結果、贅を尽くした多数の宮殿建設が推進されていく（図2－33）。大シリアでは、現在も機能している都市(13)ばかりでなく、砂漠に孤立する城砦宮殿の遺構も多い。宮殿の

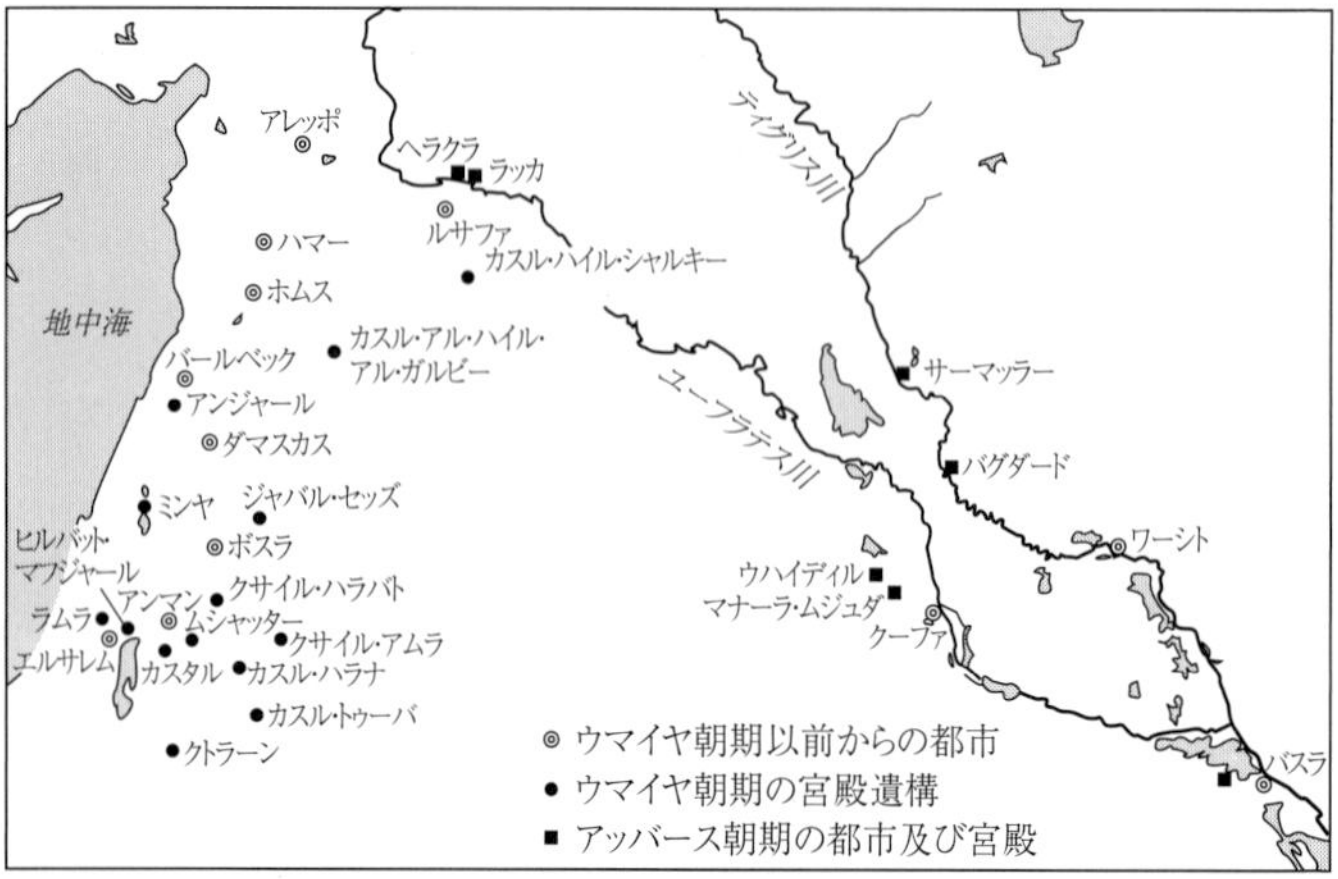

図2-33　大シリア及びメソポタミアの都市と宮殿遺構

周りからは灌漑設備や囲い地の跡が発掘され、城砦宮殿は荘園経営のための本拠地であったことが判明した。イスラーム以前の地中海世界で、キリスト教修道院が農園経営を盛んに行ったのに倣い、カリフや家臣たちが宮殿を建て、農場経営、荘園経営を行っていた。

ウマイヤ朝の宮殿建築は、浴場と三廊式の玉座の間《ま》をもつことが特色である。砂漠にある宮殿の多くが浴場を併設した（図2－34、35）。浴場は単に体を清めるためだけの施設ではなく、特別な客人を迎え、楽しむ施設でもあった。西欧中世のキリスト教圏では浴場文化は次第に退化し、古代ローマの浴場文化の直接の後継者となったのはウマイヤ朝の宮殿浴場であろう。これは次第にハンマーム（公衆浴場）という形でイスラーム教圏の都市施設に転化していく。一方の玉座の間（図2－36）は、バシリカ式キリスト教会堂のように奥に向かう三廊構成をとる[14]点が特色である。奥に向かう軸線の終点に天に向かう垂直な軸線を設定するという空間構成は、キリスト教の教

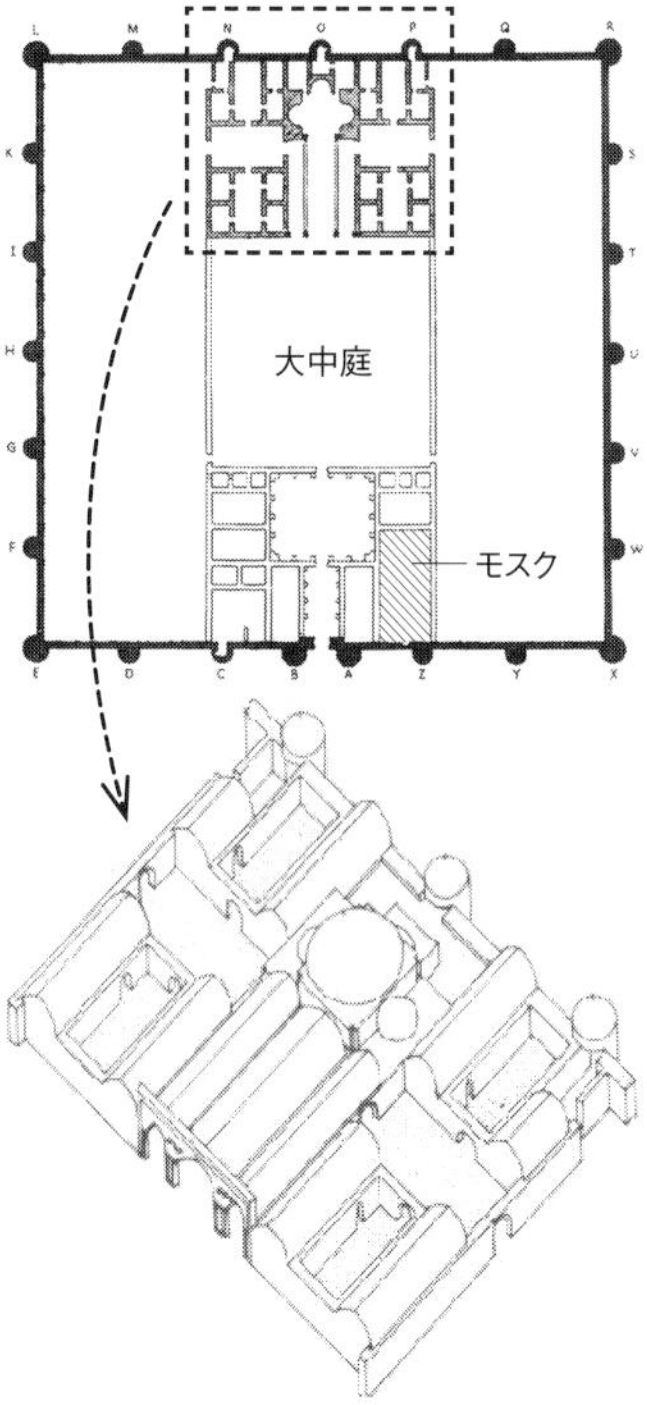

図2-36　ムシャッター(8世紀)の平面図(上)と玉座の間の拡大復元図(下). 敷地は148 m四方で, 中央の奥に玉座の間がある. 玉座の間は3廊式の部屋に続いて, ドーム室の3方にアプスを接合した空間

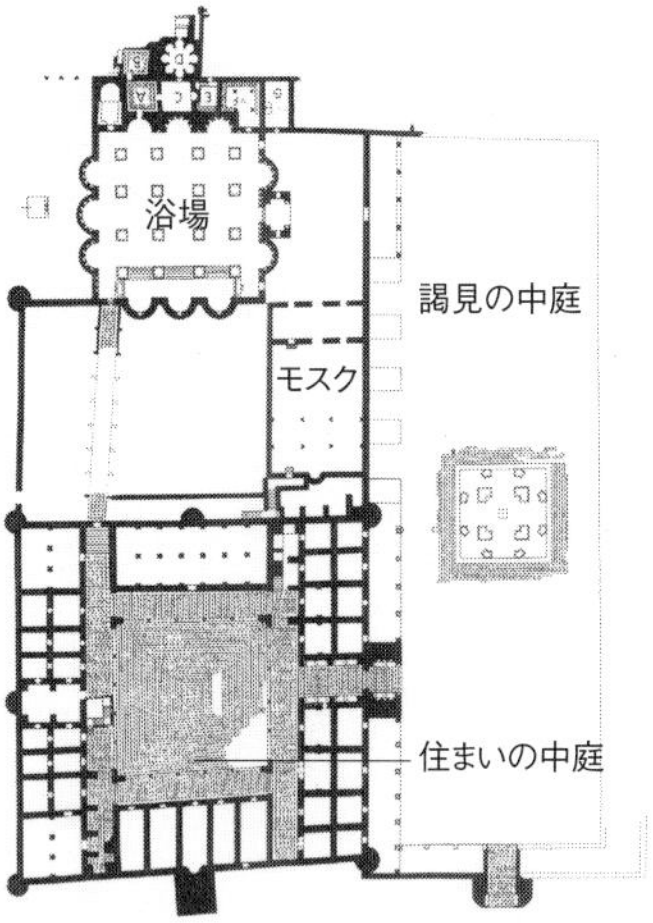

図2-34　ヒルバット・マフジャール(8世紀)平面図

図2-35　クサイル・アムラ(8世紀)の浴場の広間

図2-37　カスル・ハラナ(710年ころ)の内部(左)と外観(右)

会堂によくみられ、コプト教会でもバシリカの終点にドーム室を配置する(図2－56)。地中海世界のキリスト教美術の継承は、宮殿の図像にも残る(口絵1)。

これらウマイヤ朝の宮殿建築は、東のサーサーン朝からは、矩形の中庭を大小様々に用いる空間構成を継承しただけでなく、ヴォールトや付け柱などの構法にもサーサーン朝起源を思わせるものがある[15](図2－37左)。シリアを拠点としたウマイヤ朝だが、東方と西方の古代世界のさまざまなジャンルの形式を引き継ぎ、砂漠の宮殿という自由度のきく場でミックスし、イスラーム教徒為政者の宮殿建築の原形ができあがる。

アッバース朝時代になると、迎賓施設としての浴場、三廊式の玉座の間など地中海世界を起源とする要素は姿を消し、複数の中庭からなる巨大な構成(図2－42)やイーワーンやドーム室を用いた玉座の間(図2－38)などのオリエント世界を起源とする側面がより発展する。玉座の間が水平軸の終点にならず、前後あるいは四方へひろがる空間の中心点となることを目論んでいる(図2－42)。

古代ローマの軍営を思わせる稜堡をもつ城砦[16]のような厳しい形状(図2－37右)は次第に少なくなり、宮殿の主要な装飾は漆喰の浮彫細工となる(図2－39)。またタイルも用いられた。タイルは、古くはオリエント世界に釉薬煉瓦装飾があったが、ヘレニズム以後一〇〇〇年もの間沈黙を続け、アッバース朝になって復活の兆しを見せる。特に、新技法としてのラスター彩タイルは、サーマッラーから出土したものと、チュニジアのカイラワーンの大モスクで九世紀に造られたミフラーブにあるものだけが残る(図2－40)。サーマッラーのタイルは赤、黄など多彩であるのに対し、カイラワーンの一三九枚のタイルは、白地に金という単彩である。大モスクの改修にあたり、アグラブ朝のアブー・イブラヒム・アーマッドがバグダードかサーマッラーから運ばせた貴重なタイルを使ったという。彼は当初は自分の宮殿の広間にタイルを使うことを目論んでいたという。

バグダードでは円城の中心に金門宮が造られたが、新都を築いたカリフ・マンスールの時代から、カリフは円城内に暮らすことは好まず、ティグリス川の対岸の宮殿域に住んだ（図２－41）。アッバース朝のカリフたちは政務空間として適当な市街中心地よりも、川沿いや広々とした空間に、新たに壮大な宮

図 2-38　ウハイディル（778 年ころ）中庭．右手のイーワーンに続いて玉座の間が位置する

図 2-39　マフラク（8 世紀前半）のミフラーブの漆喰浮彫細工

図 2-40　カイラワーンの大モスク，ミフラーブのラスター彩タイル（9 世紀）

殿を建設することを好んだのである。権力の中枢であるとともに、庭園や水の装置を備え、贅を尽くした地上の楽園といった側面が強調された(図2-42)。

一〇世紀になると、アッバース朝のカリフ政権は傀儡化し、各地に独立王朝がたち、宮殿建築が造られる。西方の後ウマイヤ朝では、コルドバ郊外にマディーナ・アッ・ザフラーという、南北七五〇メートル東西一五〇〇メートルの城壁に囲まれた宮殿都市が造営された(図2-43)。カリフ位を宣言したアブドゥッラフマーン三世が新市域をここに構築し、カリフ用の庭園宮殿を造る。彼の時代には、首都コルドバは五〇万の人口を数え、バグダードやコンスタンティノープルと比肩するほどの繁栄を誇った。

後ウマイヤ朝の宮殿も、中庭を用いる。また玉座の間はウマイヤ朝の三廊構成を踏襲し、さらに中庭に沿う前廊をもつ。もう一つの特色は、大中庭が庭園として機能し、そこにパヴィリオンが建ち、後にチャハール・バーグと呼ばれるようになった四分庭園と同様の、十字の通路が確認できる(図2-43)。

北アフリカでは、シーア派の教えを受け入れたベルベル族の支持を得て、チュニジアにシーア派の王朝ファーティマ朝が成立し、四代カリフ・アリーの二男フセインの血をひくアブドゥッラー・マフディーがカリフとして迎え入れられる。ファーティマ朝は、イスラームの中心地である東へ向けて次々と新都市を建設し、宮殿やモスクを造っていく[17]。それらは中庭による全体構成、入口部分、玉座の間などにウマイヤ朝やアッバース朝の宮殿の影響を大きく伝える。こうした地中海周辺の宮殿建築は、シチリアからイタリア半島へ、あるいはイベリア半島からフランスへと経由し、中世のヨーロッパに影響を与えていく。

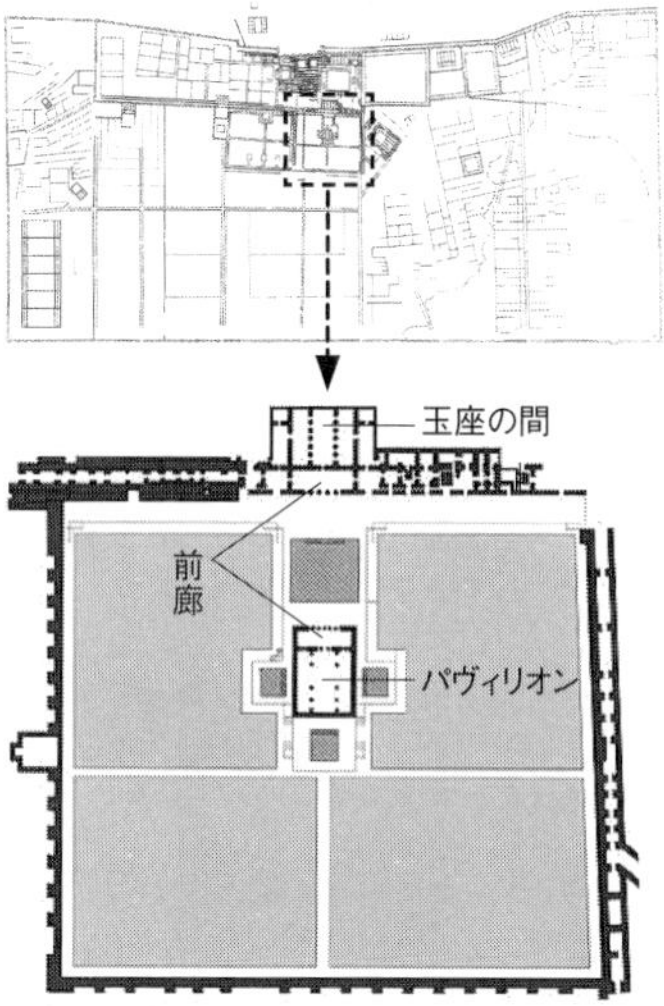

図2-43　マディーナ・アッ・ザフラー(936年，上)と庭園宮殿の平面図(下)

図2-41　バグダードの配置図と円城(762年)

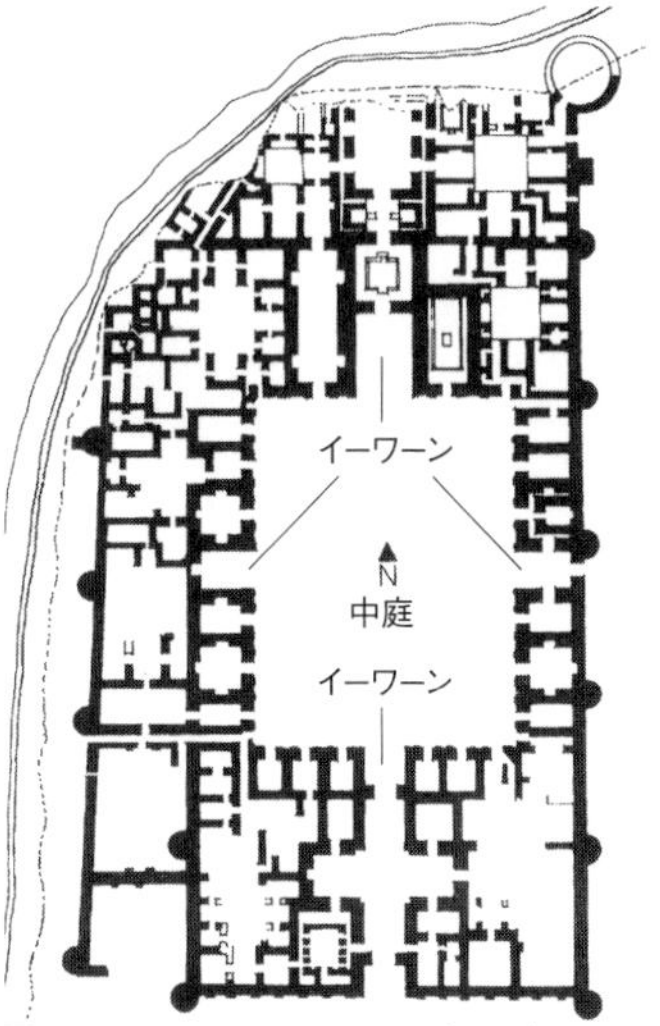

図2-44　ラシュカリ・バーザール(1030年ころ)平面図

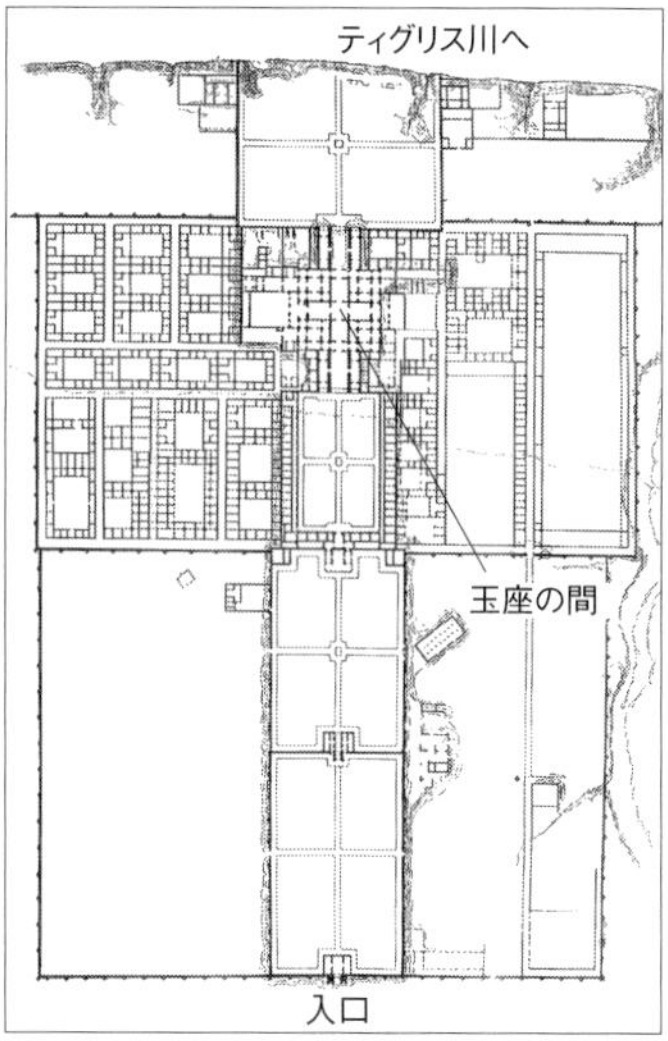

図2-42　サーマッラーのバルクワラ宮殿(847-61年)平面図．図の下部の入口から2つの中庭を通り抜けると，公的謁見の大中庭に達し，さらに四方にイーワーンをもつ玉座の間に達する．その背後は，大庭園を介してティグリス川へと至る

東へ目を向けると、アフガニスタンのラシュカリ・バーザールに宮殿の複合体が残る(図2-44)。一〇世紀末、ガズナ朝の創始者サブクタギーン(九七七-九七年在位)は、サーマーン朝に仕えるトルコ族の軍人であった。彼の息子のマフムード(九九八-一〇三〇年在位)は、豊かなインドへと遠征を繰り返し、ガズナやラシュカリ・バーザールに壮大な宮殿建築を造営した。その一つが、南北に大きなイーワーン、東西に小さなイーワーンが配されたチャハール・イーワーン(四イーワーン)形式をとる。チャハール・イーワーン形式は、イスラーム以前のメソポタミアの宮殿建築に確認でき、ホラサーン地方の住宅形式として定着していた。この形式は次章で述べるように、ペルシアのモスクやイスラーム教の神学や法学を伝授する高等教育機関(マドラサ)に好んで使われ、西はアナトリアやエジプトまで、東はインドまで波及する注目すべきものである。

本来は預言者の家のように町の中心に大モスクとともに建つ宮殿が支配の象徴として必要とされたが、支配者の権力の確立と増大に伴い、バグダードのように新都市の中に区画された宮殿都市を設けたり、既存の町から離れた場所に宮殿都市を造るようにもなる。既存の市街地を壊して宮殿建築を建てることは行われず、むしろ新たな地が選択されたのである。こうして、宮殿とともに機能する宮殿都市の造営が大きなテーマとなっていく。

庭園思想——乾燥地域の理想郷

ウマイヤ朝期に地中海世界とオリエント世界の要素を組み合わせて確立した、イスラーム教を奉じる支配者たちの宮殿建築は、八世紀後半から一〇世紀にイスラーム帝国のもとでさらに集中化、象徴化、巨大化が進む。一〇世紀には、イスラーム宮殿建築が西はイベリア半島から東はアフガニスタンまで広まる。これらの宮殿建築に共通するのは、中庭を単位とすることである。宮殿内には水を引き込んだ庭園も構築された。宮殿内に囲まれた空間として造営された中庭や庭園は、聖典コーランに描かれた天国にある楽園へと通じる。コーランでは楽園をこう描写する。

敬虔な信者に約束された楽園を描いて見ようなら、そこには絶対に腐ることのない水をたたえた川がいくつも流れ、いつまでたっても味の変らぬ乳の河あり、飲めばえも言われぬ美酒の河あり、澄みきった蜜の河あり。その上、そこではあらゆる種類の果物が実《みの》り、そのうえ神様からは罪の赦しが戴ける。（47章16～17）

……緑の園が二つもあって……さまざまな木々が茂り……さらさらと泉水が流れ……あらゆる種類の果物が二種もみのり……錦張りつめた臥牀《ねだい》に悠々と手足のばせば、二つの園にみのる果実は取り放題。……傅《かしず》くは目差し抑えた(内気で男の顔もながめられないような)むすめたち(……天上の処女妻、……)、これまで人間にも妖霊《ジン》にも体を触れられたことのない……その美しさ、紅玉、珊瑚をあざむくばかり。……善いことすれば、善い報い戴けるのが当然のこと。

……このほかにもう二つ楽園があって……緑したたるばかり、……こんこんと二つの泉は湧き、……果物はたわわに実《みの》る、椰子も、柘榴《ざくろ》も。……素晴しい美女が沢山いて、……目もとすずしい天上の乙女らが天幕の奥に、……これまで人間にも妖霊《ジン》にも体を触れられたことのないものばかり。……みんな緑の褥《しとね》、美しい敷物の上にゆったりと身を凭せて。

（55章46〜76、以上『コーラン』井筒俊彦訳、岩波文庫）

パラダイスの語源を辿れば、古くはイスラーム以前のペルシア語で「囲われた場所」を意味するパエリダエザという言葉に達する。この言葉が古代ギリシアに入り、ペルシア庭園を指すようになり、さらにラテン語に導入される。古代ギリシアや古代ローマでは、庭園は自然に繋がるものと認識されていたが、その後キリスト教思想と出会うことによって、神が地上に与えた楽園「エデンの園」を指すことになった。ただし、この楽園は地上にあるもので、神の国を指していたわけではない。ペルシア庭園から地上の楽園への転換の背景には、庭園に繁茂する植物のもつ自然の聖性があったのではないだろうか。

イスラーム教では、最後の復活の後に訪れる天国は、ジャンナあるいはフィルダウスといい、右のコーランの一節に見るように、天国の描写として地上の庭園の姿がイメージされる。すなわちイスラーム教徒は、コーランが編纂されるころには、天国の様相を地上にある庭園と同じ姿として捉えていた。

この背景には、イスラーム教の故郷が苛烈な乾燥地域であるアラビア半島であったことが大きく影響している。乾燥地域では緑を養うためには人工的に囲むことが必要で、自然を制御することによって理想郷を造ることが伝統であった。イスラーム教は、乾燥地域の理想郷の伝統を一神教の思想である最後の審判の後に訪れる来世としての天国と結びつけた。ペルシア的要素である囲い地としての庭園と地中海的要素である植物の繁茂する聖性とを結びつけたのである。

わずか三〇〇年の間に、アラビア半島の片隅から起こった思想を背景に、支配を広げたイスラーム教徒たちは、既存の建築文化を取り入れ、支配者であればこそ享受できる理想の空間を彼らの支配が拡大した地域に構築した。今は片鱗が残るのみで、往時の空間を想定することは難しい。しかし、わずかな手がかりからでさえ、地中海世界から受け継いだガラス・モザイク(図2-45)や大理石装飾、オリエント世界から受け継いだ漆喰細工(図2-46、47)、時を越えて復活したタイルをはじめ、世界から取り寄せられた金銀財宝、錦、工芸品など、目を見張る世界が広がっていたであろうことがわかる。

図2-45　ダマスカスのウマイヤ・モスク(706年)を飾るガラス・モザイク

図2-46　ナイーンの大モスク(10世紀)のミフラーブ，漆喰細工の葡萄唐草

図2-47　クサイル・アムラ(8世紀)の天井を飾る漆喰細工の人魚像

五　イスラーム建築の境域

同根の一神教建築——さまざまな宗派のキリスト教会堂

ユスティニアヌス帝の在位した六世紀半ばから七世紀前半までは、地中海世界の大半は、コンスタンティノープルを拠点とするビザンツ帝国が治めるキリスト教世界だった。七世紀前半に始まったイスラーム教徒による支配領域の拡張は漸次進み、八世紀前半まではイベリア半島から北アフリカ、中央アジアに達する領域を支配下に治める。

支配者は交替しても、そこに住む人々の宗教は簡単には置き換わらなかった。大シリアではウマイヤ朝下でも多くの教会堂が建設された[18]。キリスト教徒とイスラーム教徒という宗教上の立場のちがいは存在したが、文化交流に垣根はなかった。

西洋建築史では、ハギア・ソフィア聖堂のような初期キリスト教建築に続き、ローマ・カトリックの教会堂の様式区分が説かれ、プレ・ロマネスク、ロマネスク、ゴシック、ルネサンス様式を中心に取り上げ、ビザンツ教会堂やロシア正教会は副次的に扱われる。ネストリウス派や単性論派は、一般的な西洋建築史では言及されることが少ないが、東地中海に普及した東方諸教会の建築は当時のイスラーム建築との接点を考えていく上で重要である。

一〇〇〇年以前の西ヨーロッパは、プレ・ロマネスク時代である。カロリング朝(七五一－九八七年)の下、八〇五年、ドイツのアーヘンにシャルルマーニュ礼拝堂（図2-48〜50）が完成した。中央の八角形のドーム室を囲む周廊を設ける集中式教会堂の系統（図1-6左上）に属する建築である。上層のピアの間に挿入された円柱、採光用の高窓など、ウマイヤ朝の岩のドーム（図2-24）と似ている。アーチの黒と白の縞模様は、後ウマイヤ朝のコルドバの大モスク（図2-13）とも類似する。ただし岩のドームよりも高さ方向が強調され[19]、入口と奥のアプスを突出させ、周廊を二層とする点は異なる。

カロリング朝をひらいたピピン三世は、七三二年にトゥール・ポワティエの戦いでイベリア半島から

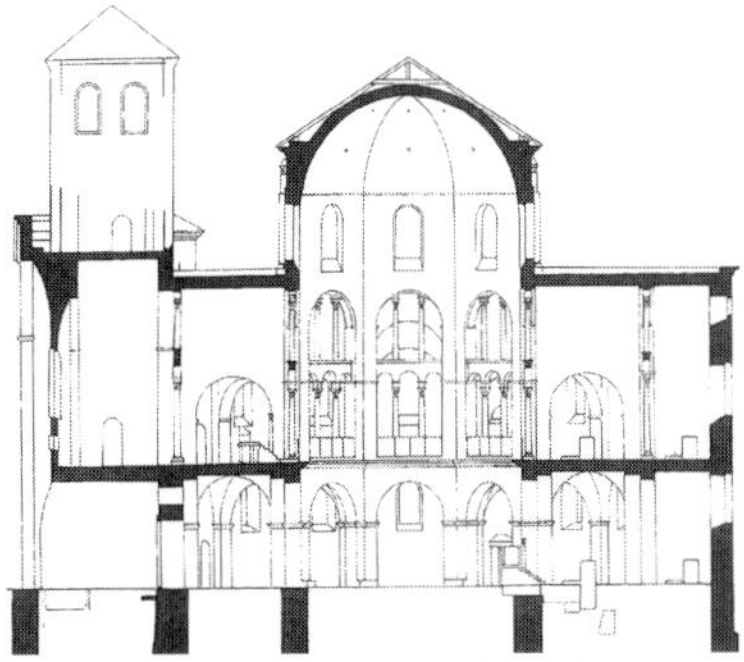

図2-48　シャルルマーニュ礼拝堂(805年)断面図

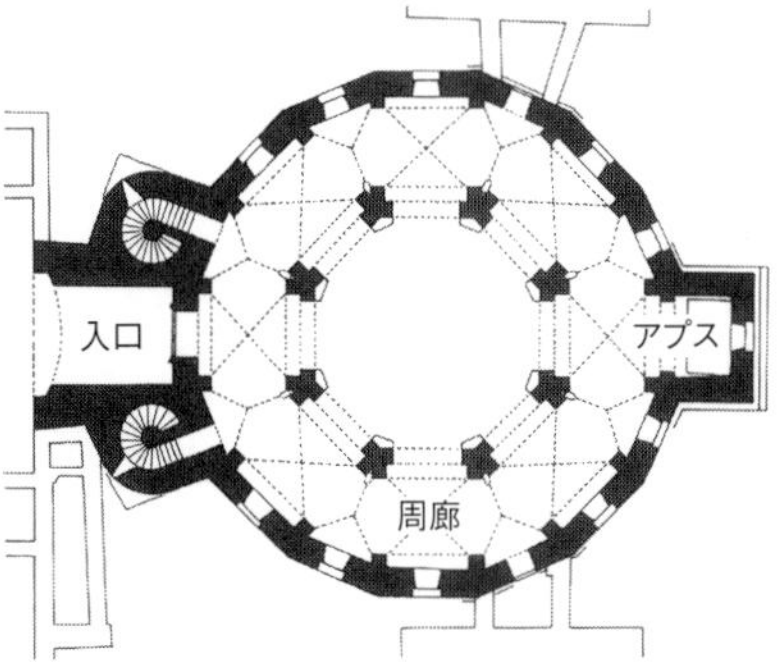

図2-49　同平面図

図2-50　同内部

フランスへと侵入したウマイヤ朝を破った。一方、その子カール大帝(シャルルマーニュ)は、アッバース朝のカリフ、ハールーン・ラシードから象を、チュニジアのアグラブ朝からライオンを贈られ、敵対していたとはいえイスラーム世界との文化的・人的交流も行っていた。こうした状況は、集中式教会堂としてのシャルルマーニュ礼拝堂に見られる、同時代のイスラーム建築からの影響を納得させる。

文化交流の経路には、後ウマイヤ朝のイベリア半島から南フランスへ、チュニジアのアグラブ朝からシチリアを経て南イタリアへ、そして大シリアからアナトリアを経てコンスタンティノープルへという三つがあった。

地中海の西側では、後ウマイヤ朝が文化交流の要であった。イスラーム支配下のイベリア半島のキリスト教徒たちが造った教会堂はモサラベ様式と呼ばれ、教会堂建築に馬蹄形アーチやリブ(肋材)を用い、イスラームの技法と共通する(図2-51)。イベリア半島と南フランスの一一世紀のロマネスク教会堂にも同様な技法が使われ(図3-42)、次章で説くようにゴシック建築の交差リブ・ヴォールトの成立にも大きな影響を与えた。しかし、コルドバやトレドに突然現れるアーチ・ネット技法のルーツを示す遺構はない。後ウマイヤ朝建築とモサラベ様式に突如として出現するこうした技法に関しては、ケルトの複雑な組紐文様、バイキングの造船術、あるいは北アフリカサハラ砂漠の曲木の伝統など、周囲文化との関係を考えることが必要かもしれない。

地中海の中央部にも文化交流の動きがある。カイラワーンを首都としたアグラブ朝はシチリアに遠征を開始し、九世紀末までに支配下におく。一一世紀後半には再びキリスト教徒のノルマン王国が主権を握り、ジーザ宮殿（図3－43）をはじめとするイスラーム色の濃い建築を造る。

地中海の東には、コンスタンティノープルを首都とするビザンツ帝国があり、イスラーム帝国との前線地域であった。七世紀初頭から一二世紀ころまでの教会堂を中期ビザンツ建築と呼ぶ。ハギア・ソフィア聖堂（図1－6左下、1－7）の系譜に連なり、身廊をギリシア十字形とした教会堂建築が発達する（図2－52）。ギリシア十字形とは、身廊の中央にドームを載せ、その左右に袖廊を伸ばし、ドームの前後左右をトンネル・ヴォールトで覆う形を指す。九世紀半ばころからビザンツ教会で主流となる内接十字形教会堂は十字平面を矩形に納め、奥にアプス、手前に前廊を配する。小規模な煉瓦造の教会堂

図2-51　レオン近郊のサン・ミゲル・デ・エスカラーダ教会堂（10世紀）

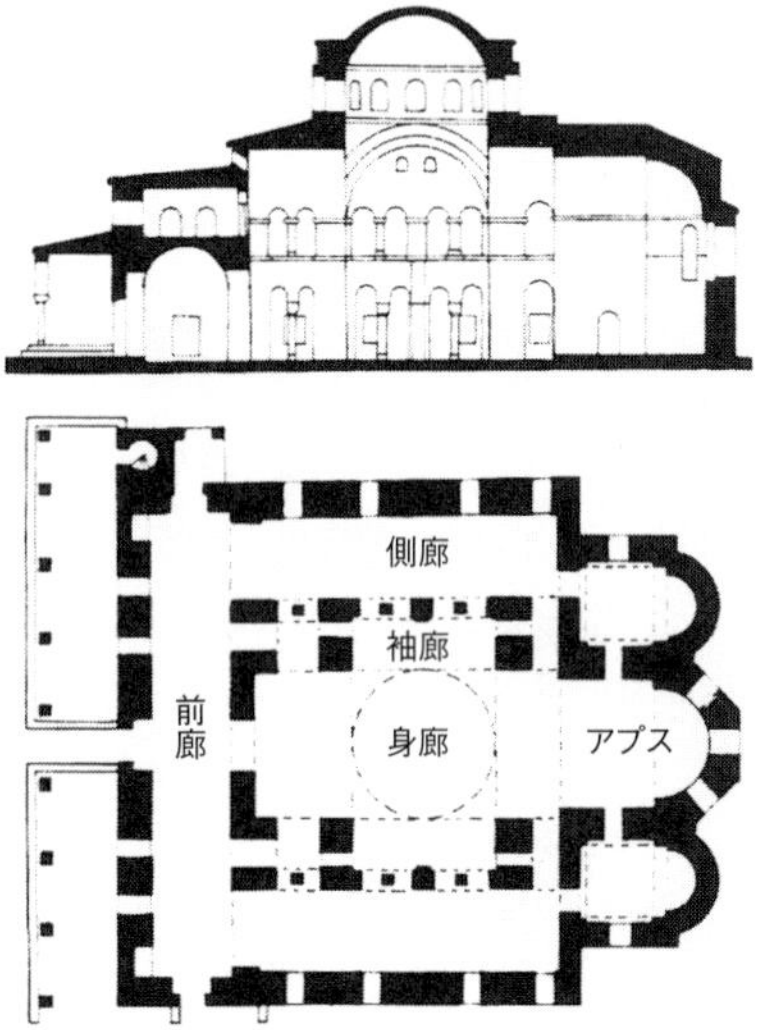

図2-52　身廊をギリシア十字形とした教会の断面図（上）と平面図（下）．テッサロニキのサンタ・ソフィア教会堂（8世紀）

図2-53　ミレレオン修道院聖堂(922年，ボドルム・ジャーミー)

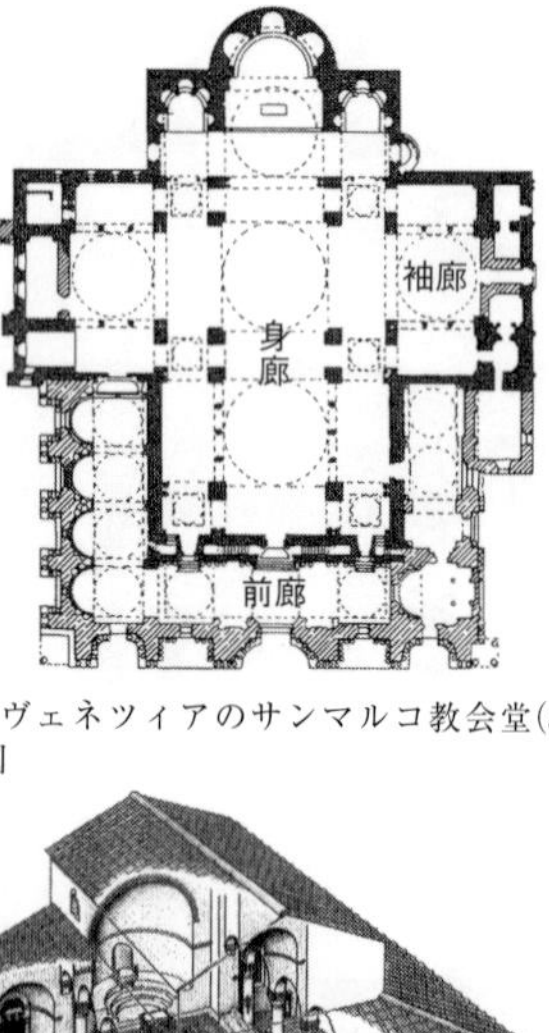

図2-54　ヴェネツィアのサンマルコ教会堂(830年創建)平面図

図2-55　シリア教会堂の模式図

（図2－53）が多く、石と煉瓦を交互に用い、赤と白の縞模様を見せるものもある。身廊と袖廊にドームを載せたヴェネツィアのサンマルコ教会堂（八三〇年創建）も、ギリシア十字形の流れを汲む（図2－54）。

東地中海周辺には東方諸教会の建築も残る。シリアの教会堂（図2－55）ではバシリカ式が好んで使われ、アプス部分の両脇に閉じた部屋を置くことが通例となる。エジプトのコプト教会（図2－56）でもバシリカ式のアプス部分にドームを戴く混合式が主流で、エチオピアの有名なラリベラの教会堂、あるいはテッサロニキのデメトリウス教会堂など、ほぼ同じ時代に系譜を異にするキリスト教の聖堂が建てられている。しかし、これらの東方キリスト教建築とイスラーム建築の関連は、まだ十分には明らかになっていない。

オリエント世界にも同時期に建設された教会堂がある。アルメニア教会とグルジア教会は集中式に近い形を好み、内接十字形教会堂と近い形（混合式）が主流となる（図２－57）。中央のドームを錐《すい》状の屋根で覆い、前後左右には切妻屋根を架けるので、見かけはビザンツ建築とは異なる。錐状屋根はゴンバディ・カーブース（図２－30）の屋根を彷彿させ、一一五〇年以後アナトリアでイスラームの墓塔としてさかんに使われる（口絵８）。年代的にはアルメニア教会が早く、イスラームの墓塔には教会堂の屋根の形と競い合う意図が込められたとも推察される。

ネストリウス派キリスト教は、中国に伝わり景教と呼ばれる。長安の大秦景教流行中国碑は、六三五

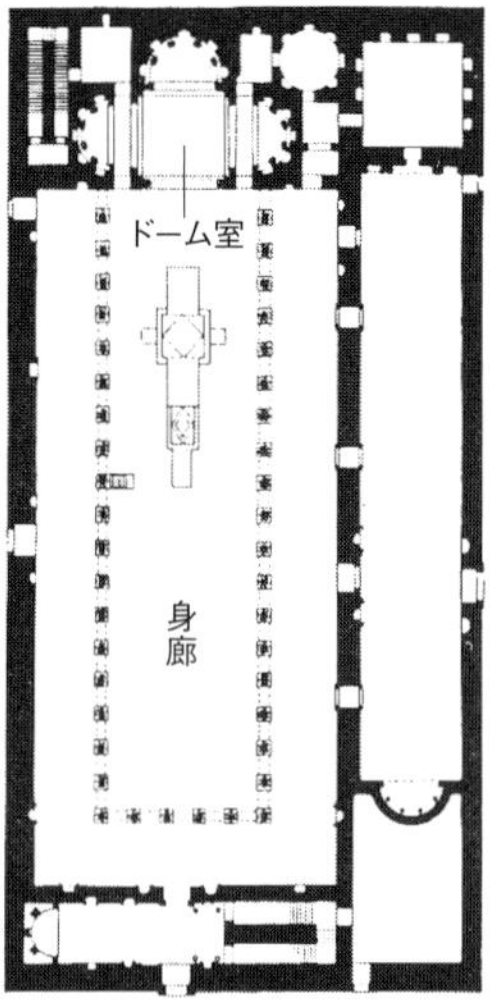

図 2-56　ソハーグの白修道院平面図

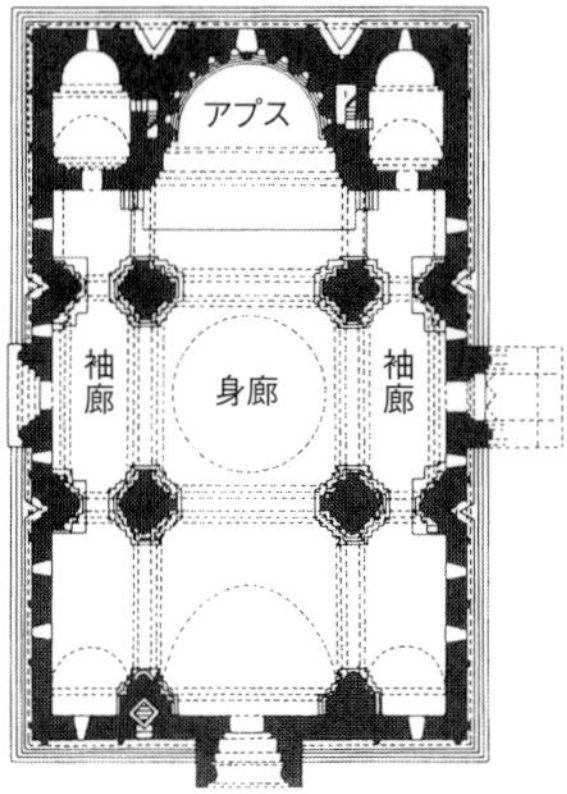

図 2-57　アニの大聖堂（988-1000 年）平面図

年にシリアからアラボンを団長とする二一名の宣教師が来唐し、都に礼拝堂が建立されたことを伝える。東に伝わったキリスト教の遺跡として、イラクのナジャフ、イランのハーグ島、中央アジアのメルヴから教会堂が発掘され、それらは三廊式や単廊式の細長い教会堂であった。

七世紀から一〇世紀のイスラーム帝国の周囲では、さまざまな宗派のキリスト教会堂が建設され、それらはイスラーム以前のキリスト教建築に学んだだけでなく、イスラーム建築とも相互影響関係をもっていた。ただし、イスラーム発生以前の教会堂に比べると、それぞれの地域における分化の傾向が顕著となる。むしろ七〇〇年以前の諸地域の技法や様式を取り入れ、イスラーム圏内へと普及させた新興のイスラーム建築の浸透に見るべきものがある。七〇〇年から一〇〇〇年のユーラシア西側の建築史を概観すれば、地中海から中央アジアを支配したイスラームの支配者たちの建設力、そしてモスクや墓建築という新たなジャンルの確立とその普及が特筆できよう。

異なる宗教建築の系譜――インドと中国

ユーラシア大陸東側には地中海世界およびオリエント世界とは異なる系譜の建築文化が根強い。仏教はインド亜大陸から拡散し、中央アジアから中国へ伝わり、中国で信者を増やした北伝仏教が、中国から東端の日本へと導入された。一方、インド亜大陸から東南アジアへと伝わった南伝仏教は、タイやカンボジアでクメール文化を形成する。またインド亜大陸ではヒンドゥー教が盛んに信奉され、数多くのヒンドゥー教寺院が建立されて、東南アジアにその建築文化を伝播させた。

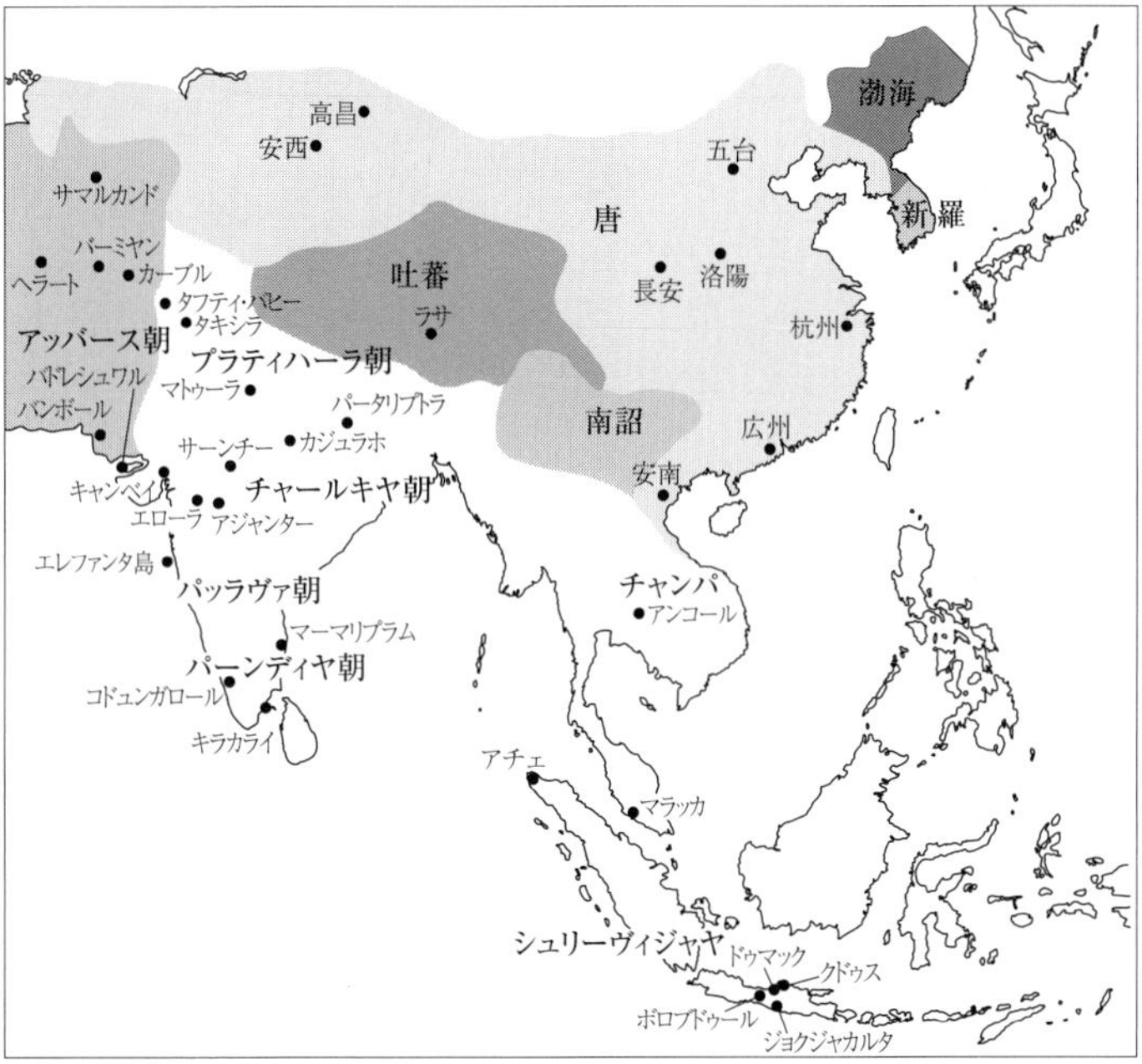

図2-58　8世紀のインド・中国・東南アジアと主要地名

インド亜大陸とイスラーム教徒の接触は、ウマイヤ朝のシンド侵攻（八世紀初頭）に遡り、パキスタンの港市バンボールで当時のモスクの遺構が発掘されている。しかし、イスラーム勢力がインドでの支配をうちたてたのは一二世紀の最末期である。ラシュカリ・バーザールに宮殿を建設したアフガニスタンのガズナ朝のマフムードは、インド北西部グジャラート地方へ遠征し、ヒンドゥー寺院を破壊し、その石をガズナへ持ち帰った。当時、ペルシア湾岸からパキスタン沿岸部を経由したインドのグジャラート地方への海路と、アフガニスタンからカイバル峠を越えて北インドへの陸路があった。イスラーム商人たちはインド洋交易を通

図2-59　エレファンタ島石窟寺院

図2-60　マーマリプラム石彫寺院

して、インド沿岸部の町に寄港を繰り返し、新天地に定住する人々もいた。

　インドの建築文化には、石窟寺院、石彫寺院、石積寺院と、木造から石造への変換に固執していった跡が読み取れる。石窟寺院は、石の崖に洞穴を穿つ(図2－59)。石彫寺院は、石の塊から彫刻のように建造物を彫りだす(図2－60)。石積寺院は切石を積み、梁と柱と壁を構築するもので、西アジアに顕著なアーチの構法はほとんどない(図2－63)。これら石を素材とした寺院に木造の細部が使われることから、木造建築をルーツとする形式であることが推察される。

　年代的に見ると、紀元前三世紀ころから紀元後五世紀ころまでは仏教文化が圧倒的であるが、四世紀ころから次第にヒンドゥー建築文化が台頭し、仏教文化を凌駕、内包するようになる。ジャイナ教は時代を通じて少数派である。

　初期の仏教文化においては、釈尊の骨を納めたストゥーパが人々の崇敬を集め、饅頭形で内部空間をもたない建造物であった(図2－61)。二世紀ころにはストゥーパと共に仏像を崇拝するようになる。ストゥーパも小型化し、建造物の中に祀られるようになり、ストゥーパや仏像を祀るチャイティヤ（祠堂）が造られる。ストゥーパはやがて塔の形に姿を変え、日本の仏塔では屋根の頂部に付く伏鉢となる。

仏教寺院においては、ストゥーパや仏像などの崇拝の対象を納める建築と同時に、出家した僧侶たちが暮らす建築が重要であった。前者のチャイティヤに対して後者をヴィハーラ（図２－62）と呼び、日本では僧坊という。中庭や石窟の広間の周りに小さな部屋が並ぶ。次章で新たなジャンルとして、マドラサについて述べるが、マドラサ建築の成立には仏教の僧院建築（ヴィハーラ）が影響を与えたとされる。

一方、仏教を圧倒したヒンドゥー教の建造物（図２－63）は、日本の神社のように、御神体を奉納する本殿（ガルバグリハ）とその前殿（マンダパ）という構成をとる。古代ギリシアの神殿建築も同様で、神の宿る場所の作り方の共通する形の一つかもしれない。本殿の上にはシカラ（塔）が建ち、周りを巡る形式も現れる。また、本殿と前殿の間にいくつかの部屋が挿入されていく点も、日本の神社建築とよく似ている。最初は石窟や石彫だったヒンドゥー寺院は、石積寺院に収斂し、シカラに地方色が現れるようになる。

一方、少数派のジャイナ教徒は仏教寺院やヒンドゥー寺院の様式を借りていたようで、開祖

図 2-61　サーンチーの饅頭形ストゥーパ（門の奥）

マハーヴィーラの像を祀ること以外には特に建造物へのこだわりは見出せない。ユダヤ教徒がシナゴーグの定形をもたなかったことと似ている。ただしユダヤ教とは異なり、一四世紀以後になると、ジャイナ教特有の様式を作り出すが、これには次章で述べるインドのイスラーム教徒の建築技術が大きく関わっているのではないかと推測できる。

ヒンドゥー教、仏教、ジャイナ教に共通するのは、寺院は崇拝の対象物を納める場所ということである。イスラーム教においてモスクが信徒の礼拝の場所であるのとは、大きく異なる。

図 2-62　タフティ・バヒーのヴィハーラ

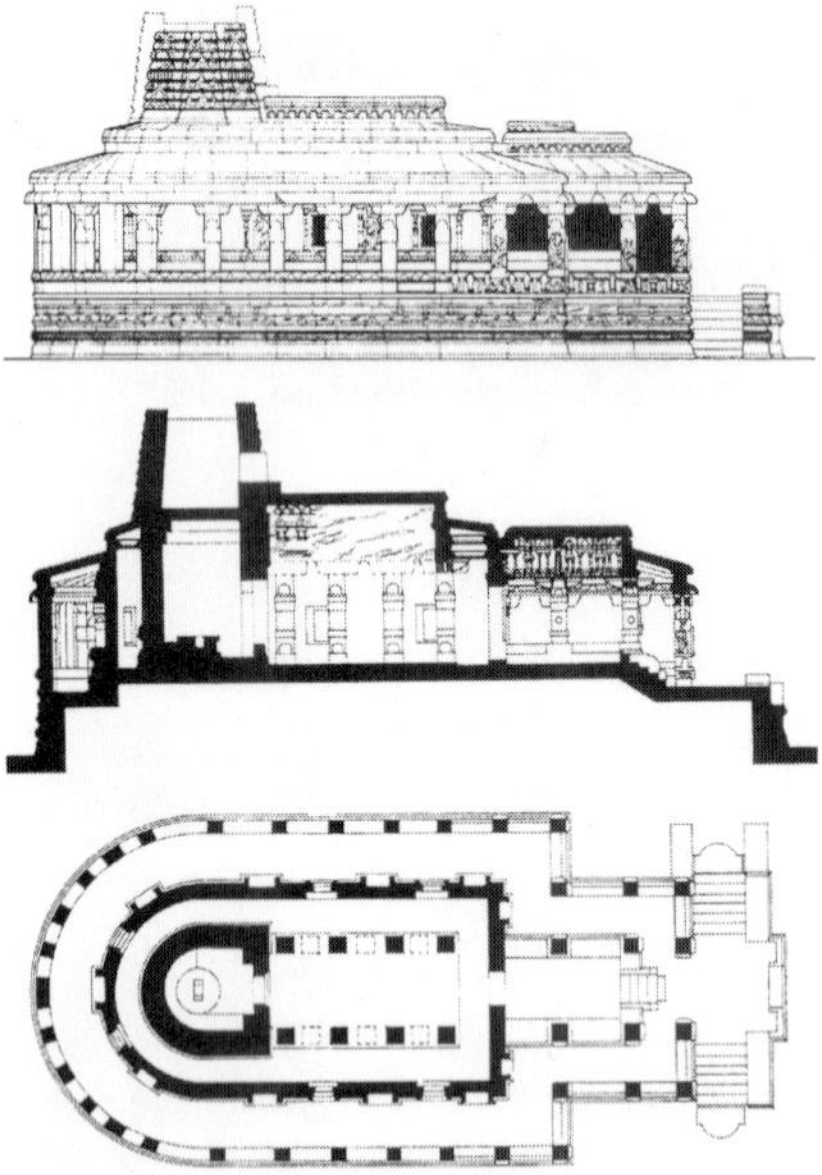

図 2-63　ヒンドゥー教寺院，アイホーレのドゥルガ寺院(8 世紀)立体図(上)，断面図(中)，平面図(下)

中華文明圏では、アフガニスタンを経て伝わった仏教建築が土着の木造建築に置き換えられ、いわゆる日本の仏教寺院の祖形が成立する。ただし、その形式は、インドや中央アジアから導入されたわけではなく、中国土着の建築文化に倣ったものであった。

中国には特有の建築文化が育っていた。陵墓、石窟寺院、煉瓦の一種の塼《せん》で築かれた塔もあるが、通常は木造を主体とし、壁を分厚い土や煉瓦で覆い、屋根には木造軸組みの上に瓦を葺く(図2－64)。日本の仏教建築と酷似するが、壁を外から見たとき、柱が見えない(大壁づくり)点は異なる(図2－65)。降雨が多いこともあり、屋根に瓦が使われ、屋根の形態が発達する。これは土と木の文化の折衷と考えられる。地上にある建造物として最も古い現存建築は九世紀の仏教寺院であるが、壁画や埴輪から、こうした文化は紀元前数百年に遡る。そして、この建築文化は近代にいたるまで多少の構造的な変化はありながらも、連続的で一貫性を保つ。

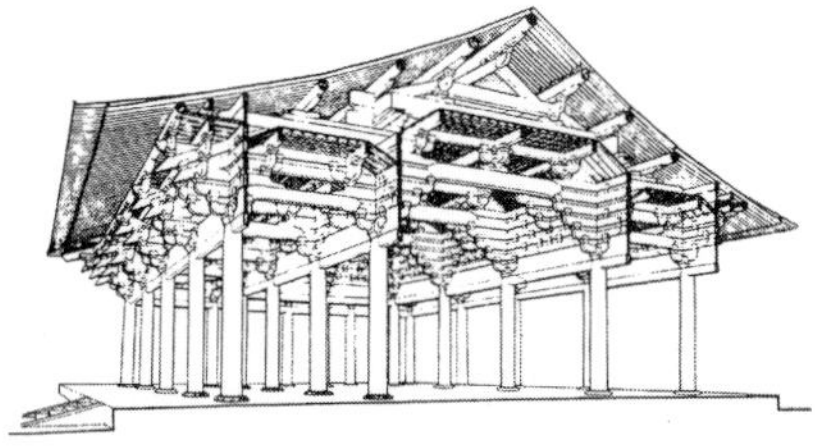

図2-64　仏光寺(山西省五台，857年)立体図

図2-65　南禅寺大殿(山西省五台，782年)断面図

中国の建築文化は、朝鮮半島や日本、モンゴル、チベット、ネパール、ベトナムなどに伝わった。日本には、その伝統を実証する世界最

古の木造建築である法隆寺が残る。法隆寺はウマイヤ朝と同時代の建立である。日本ではその後、奈良時代、平安時代前期に数多くの仏教寺院が建立されるが、中国を経て伝わったそれらは、いままで述べたイスラーム大帝国と同時代のものである。

イスラーム教の中国への伝播には、シルク・ロードで中央アジアから長安へという道筋と、インド洋から東南アジアを経由して中国沿岸部へという道筋がある。正統カリフ時代の六五一年にカリフ・ウスマーンは唐の皇帝に使者を遣わしたという記録が残る。唐の長安（現・西安）には、景教の寺院だけでなくイスラーム教の礼拝堂（清真寺）も建てられた。西安の清真寺の現存する建物は一五世紀のものが主だが、創建は七四二年に遡る。中央アジアから東へと勢力を伸ばしたイスラーム軍は、七五一年にはカザフスタンとキルギスタンの間を流れるタラス河畔の戦いで、唐を打ち破る。このときに中国の製紙技術が西方へ伝わり、イスラーム世界では羊皮紙から紙へと移行する。

また、南シナ海に面する広州の懐聖寺には、創建がムハンマドの没する前の六二七年で、バグダードの南クーファの長官、サアド・イブン・ワッカースが建てたという言い伝えがある。広州には、彼の墓も建てられているが、彼はムハンマドを直接知るイスラーム教徒で、サーサーン朝を倒し、最終的にはメディナに葬られた。現存する懐聖寺は古い部分でも一四世紀半ばの元時代の建築である[20]。おそらくこうしたインド洋を取り巻く伝承の背後には、遠いアラビアに対する憧憬があったのだろう。インド洋交易は、アッバース朝になって首都がバグダードに移ると、ますます盛んになる。バグダードからペルシア湾岸のバスラ、イランのシーラーフを経由して、はるばる中国まで旅をし、中国に根付くアラブ人やペルシア人がいた。

新たなる折衷様式——地中海、オリエントそしてアラブ

本章で述べた時代、イスラーム教は、モスク、墓建築、宮殿都市の造営によって地中海世界とオリエント世界を包括する一体感のある建築文化を構築した。イスラーム帝国の繁栄の下で、他を凌駕する建築文化の一つとなる。一方、インド世界と中華世界においては、それぞれの伝統を引き継いだ建築文化が育まれていた。

イスラームはメッカを極とした世界観を主にモスク建築に表現した。聖典コーランのアラビア語表記という共通性に加え、宗教の中核をカーバ神殿に定めたことで、宗教共同体としての一体感が意識されるようになる。教義としての具象性の否定が、幾何学文様、植物文様、文字文様の発展を導いていく。これら三種の文様の基盤は幾何学にあり、古代ギリシアやインドの数学が導入され、抽象的な建築芸術が高められていった。

アラブ人、あるいはイスラーム教徒による支配は、既存の宗教や文化を共存させつつ、その利点を吸収する姿勢を示し、既存の宗教や文化を一掃することはなかった。イスラーム教の為政者の下で、モスクや宮殿や都市を造営する時には、それぞれの地の旧来の宗教建築、およびそれらを造る技術をもった工人も関与していた。

地中海世界とオリエント世界の建築文化が交流し、そこにアラブの空間認識が加わって構築された新

たなる折衷様式は、アラブ統一様式とも呼べる存在で、この時代の特色である。世界への拡張はヘレニズムと似た現象ではあるが、ヘレニズムは、ギリシア文化というオリジナルが広がる現象である。イスラームの建築文化の場合、地中海とオリエントとアラブの世界を折衷し、オリジナルがどこにあるのかよく分からないという点が異なるのである。

注

（1）シリア北東部、イラク北西部、トルコ南東部一帯を含むジャズィーラ地方では、この形式が維持される。ディヤルバクルのモスクもその一例である（図3－27）。インド・ベンガル地方のパンドゥアにあるアディナ・モスク（図4－31）は、ウマイヤ・モスクとの類似が説かれる。

（2）ムタワッキルのモスク（八四七－八六一年）とアブー・ドゥーラーフのモスク（八六一年）。

（3）この二例と、イブン・トゥールーン・モスク、時代は下るが、スレイマニエ・モスク（図5－5）をはじめとするオスマン朝のキュッリイェの中心モスクが知られる。

（4）岩のドームのアーチに関しては、七世紀末に遡るとする説と修復であるとする説があるTerry Allen, *Pisa and the Dome of the Rock*, Second edition, Solipsist Press, 2008。異なる素材を交互に積み上げた縞模様の被覆をアラビア語でアブラク（ablaq）と呼び、シリアのカスル・イブン・ワルダンの教会堂など、イスラーム以前の教会堂建築に用いられた。

（5）クレスウェルは二段にアーチを重ねる工夫は、ローマ時代のメリダの水道橋に遡るという説を紹介するK. A.C. *Creswell* and Jemes W. Allan, *A Short Account of Early Muslim Architecture*, The American University in Cairo Press, 1989, p.302。

(6)発掘された遺構としては、ペルシア湾の港町シーラーフ、イランの古都イスファハーンの大モスク(九世紀)、サマルカンド(アフラシアーブ)のモスク。上部まで残るものとしては、ファフラージのモスク、ダムガーンのターリク・ハーネ、ナイーンの大モスクが多柱式モスクである。

(7)チュニジアのスーサにあるブー・ファタータ・モスク、カイラワーンのムハンマド・イブン・ハイルーン・モスクも同様である。

(8)クレスウェルはエルサレムの聖墳墓教会、ローマに三五五年に建てられたサンタ・コスタンツァ聖堂、ラヴェンナに五四七年に建てられたサン・ヴィターレ聖堂などとの関連性を指摘する。

(9)イランのナタンズにある大モスクの大ドーム室。八角形の部屋にドームが架かり、九九九年のインスクリプションがある。本来は八方が開口し、周廊が設けられた記念建造物であったと推察される。Sheila S. Blair, 'The Octagonal Pavilion at Natanz : A Reexamination of Early Islamic Architecture in Iran,' *Muqarnas Vol.1*, Yale University, 1983, pp.69–94.

(10)イスファハーンのジョルジール・モスク(一〇世紀)の入口にも同様な花弁形の曲面が用いられている。

(11)Andre Godard, *Gurgan and the Gonbad-i Qabus*, Arthur Upham Pope (ed.), A Survey of Persian Art, Vol.6, The Architecture of the Islamic Period, pp.967–973.

(12)深見奈緒子「イスラム教のドームと塔」『アジア古建築の諸相』関口欣也監修、相模書房、二〇〇五年、三四一頁。

(13)アンマン、エルサレム、ダマスカスなど。エルサレムとダマスカスでは大モスクの隣、アンマンではヘレニズム時代からのアクロポリスに宮殿が営まれた。

(14)アンジャールでは奥に半円形のアプスがつき、クーファやムシャッター(図2-36)では奥にドーム室がつく。アンマンの宮殿玉座の間やクサイル・アムラの浴場広間(図2-35)も同様な系列に属する。

(15)ムシャッターやカスル・トゥーバの煉瓦造トンネル・ヴォールトは、ターキ・キスラー(図1-11)の積み方と同じで、型枠を用いずに煉瓦を傾けて積む技法を用いる。また、カスル・ハラナでは、ラテルネン・デッケ(三角隅持ち送り天井)や移行部(図2-37左)に、バーミヤンの仏教石窟やトゥルクメニスタンのメルヴ遺跡にみられる形式が使われる。

(16)チュニジアには、最前線基地として城塞建築リバットが残る。スーサ(八二一/二年)、モナスティール(七九六年)。

(17)チュニジア海岸沿いの新首都マフディーヤ(九一二年)、リビアのアジュダビヤ(九一二年)、チュニジアにはバグダードの円城都市を模したサブラ・マンスーリヤ(九四六年)、カイロ旧市街にあたるカーヒラ(九六九年)が建設された。北アフリカには、九四七年にアシール宮殿(後にベルベル人のズィール朝の本拠となる)、一〇一〇年頃から造営されたハンマード朝のカラー・ベニ・ハンマードが残る。

(18)ウム・アル・ラサスに、アッバース朝初期七五六年に建設された教会堂のアプスには、ウマイヤ朝のヒルバット・マフジャールの宮殿の大広間に使われているものときわめて似たモザイクが残る。

(19)岩のドームが直径二〇メートル高さ二五メートルであるのに対し、シャルルマーニュ礼拝堂のドームは直径一六メートル高さ三二メートル。

(20)インド西海岸のコドゥンガロールにあるチェラマン・モスクは、六二九年にマリク・イブン・ディナールによって創設されたとされる Mehdrad Shokoohy, *Muslim Architecture of South India*, Routledge Curzon, 2003, pp.8-11。また、インド東海岸キラカライの大モスクも、現地での聞き取りによれば、創建はムハンマドの時代という。

第三章　ペルシア文化復興と十字軍――一〇〇〇－一二五〇年

一　遊牧政権樹立がもたらしたイスラーム世界の拡張

イスラーム教興隆から四〇〇年、イスラーム支配下の領域へ侵入あるいは組みこまれた遊牧勢力が、バグダード、カイロ、コルドバを中心とする三つのイスラーム帝国の構図を変革し、イスラーム世界をさらに拡張していく。

トルコ族は傭兵(マムルーク)としてアッバース朝に重用され、イスラームに改宗し、やがて各地で支配を確立し、建築のパトロンとして活躍する。一〇五五年には、ダイラム系のブワイフ朝に続いてトルコ系セルジューク朝がバグダードを占拠する。アッバース朝のカリフを傀儡化し、ペルシアを中心としてセルジューク朝は大きな領域を支配する。中央アジアやアフガニスタンには同じくトルコ系のカラハン朝、ガズナ朝、ホラズム・シャー朝が興った。

トルコ族はペルシアから西進して、大シリア、エジプト、アナトリアに支配を確立する一方、アフガニスタンを経て東進し、パキスタン、インドにも支配を広げる。トルコ族の活動により、アナトリアと北インドが新たにイスラーム勢力の支配下に編入された。

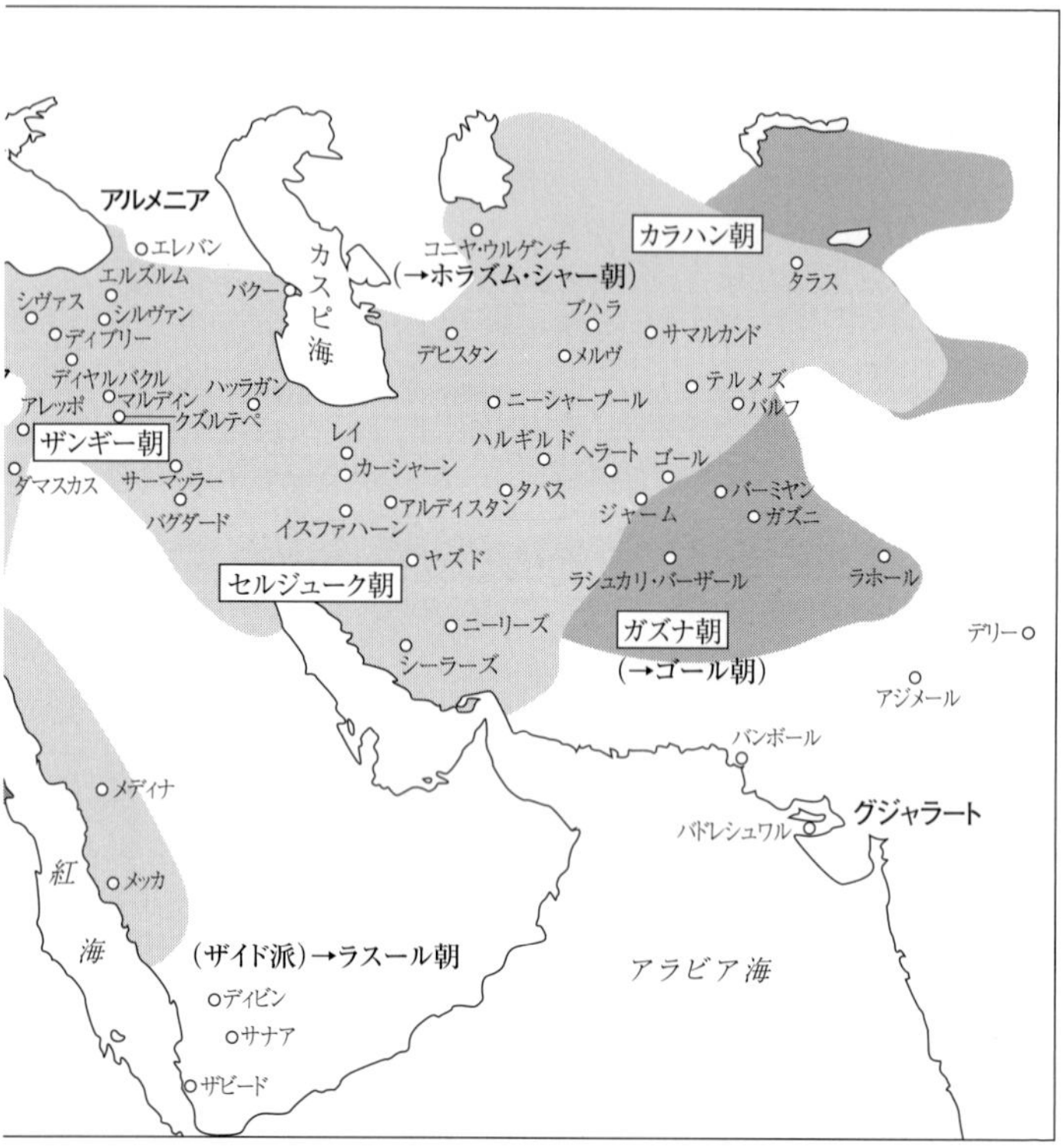

西では、ムラービト朝とムワッヒド朝という北アフリカのベルベル族が、イスラーム改革思想を打ち立て台頭する。イベリア半島ではコルドバを首都とした後ウマイヤ朝が滅び、小王朝が乱立した後、先述した北アフリカに本拠を置くベルベル族の二つの王朝がアンダルシアを続けて掌握する。

　カイロを中心とした前時代から続くファーティマ朝の支配は一一七一年まで存続する。北アフリカ出自のファーティマ朝はシーア派を標榜したため、アッバース朝カリフを傀

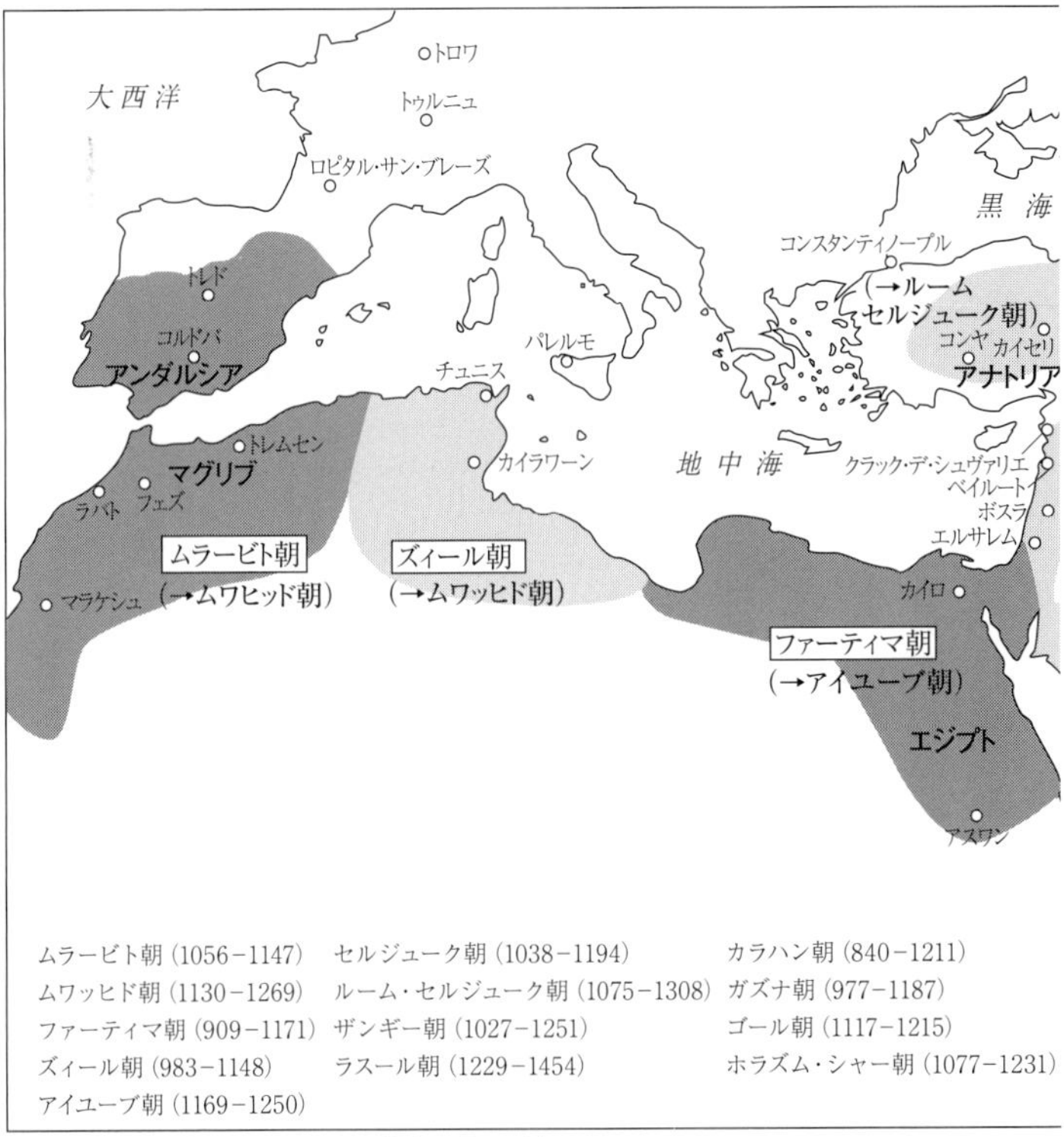

図3-1　11世紀後半のイスラーム勢力と主な地名

偏化してスンナ派を奉ずるトルコ族と鋭く対立する。最終的にはファーティマ朝は、クルド系のサラディンに滅ぼされる。英雄サラディンで名高いアイユーブ朝は、トルコ系のザンギー朝から独立した政権である。このように、インドからエジプトまでの広大な地域にトルコ系民族の支配が行きわたる。

　ヨーロッパでは十字軍による聖地エルサレム奪還の動きが何度も起こる。また東方では一二二〇年ころからモンゴル人たちの移動が、ユーラシア世界を震撼させるようになる。本章を一二五〇年で区切るのは、モンゴル帝国の確立までを意味する。

二　ペルシア文化の再発見

土着技法の進化

イランから中央アジア一帯のペルシアでは、前章で述べたように一〇世紀からイーワーンやドームなどのペルシア的要素が復活の兆しを見せていたが、イスラーム教が民衆の間に深く根付いていくにつれ、モスクや墓建築において、これらのペルシア的要素が進化し、洗練される。

一一世紀になると、キャノピー墓のドームが大きく高くなる。サーマーン廟を端緒としたドーム技法はモスク建築にも適用されるようになるとともに、四角形の部屋から円形のドームに至る移行部の技法が飛躍的な進化を遂げる。内部では四角形から八角形を導き一六角形を介して円形へと達する移行部が、建築の見せ場の一つとなる（図3－9）。また、外部には筒状の部分（ドラム）が設けられ、ドームが一層高くなる（図3－2）。

ドームを構造的に強化し、かつ重量の軽減と外観の強調のために、内部ドームの上に中空空間を設けて外部ドームを架ける二重殻ドームの技法も試された[1]。円錐や多角錐の屋根を戴く墓塔でも、内部にドームを架けるため、屋根が二重構造となる（図3－3）。

イーワーンは、まず中央アジアで墓建築の入口に使われ（図2－28）、ファサードを強調するようにな

図3-2　ヤズドのダヴァズダー・イマーム廟(1037年)，壁上に八角ドラム(左)，その内部移行部(右)

図3-3　コニヤ・ウルゲンチのタケシュ廟(1220年)

図3-4　ブハラのカリヤン・ミナレット(1127年)

る（図3－3、口絵6）。この過程からイーワーンに続く大ドーム室という関係性が明確になり、このセットがモスクの礼拝室に使われる（口絵5）。

さらに、大モスクに必須のミナレットに変化が起こる。すでに一〇世紀から、断面が四角い角塔から八角形や円形の塔への変容が観察でき（図2－17）、その傾向が顕著になる（図3－4）。なぜ円塔が好まれたのか。煉瓦造の塔建築の場合、内部の螺旋階段が構造補強となり、円形平面と先窄まりの形に構造上の利点があるからかもしれない。モスクは崩壊しているのに、塔だけ残る実例が多い[2]。高い円塔はドームとともに人々にモスクの所在を知らせ、また建立者の威光を象徴する。

図3-5　タラスのアイーシャ・ビビ廟(12世紀)の装飾．アーチの下にテラコッタ製の円柱

図3-6　ニーリーズの大モスク，ミフラーブ(973年)の漆喰浮彫．イーワーン(図2-20)最奥に位置する

また壁面を覆い尽くす美しい煉瓦文様積技法に磨きがかかる。サーマーン廟(図2－25)から継承したこの技法は、異形煉瓦やテラコッタを用いて高度になる(図3－5)。煉瓦の形と目地によって文様を編みだすばかりでなく、煉瓦の表面に凹凸のある浮彫のテラコッタが多用された。煉瓦文様積技法の進化は、後述するタイル文化の素地となる。内部空間やミフラーブには、サーサーン朝以来の伝統である漆喰の浮彫細工が用いられた(図3－6)。繊細なミフラーブも多く、中には彩色の残るものもある。こうした装飾を通して、幾何学文様、流麗な植物文様、文字文様が大きく発展を遂げる。

サーサーン朝の宮殿の特色で、サーマーン廟にも用いられた円柱や半円形の付け柱は、この時代にも多用され、進化する。アーチの下には、必ずといってよいほど、柱形が分節される(図3－5)。多角形墓塔の付け柱は、八角形周廊墓の周廊が退化した形態といわれている。ミナレットや墓塔で円形や角形のフリンジを用いる(口絵13)のは、付け柱との関連が考えられる。

こうした動きは、イスファハーン、メルヴ、ブハラなど、イスラーム政権が首都とした大都市ばかりではなかった。地方都市や山間の小モスクや墓建築にも、同様な傾向が観察できる。イスラーム伝播以来四〇〇年余りを通して、次第に一般民衆の間にもイスラーム教が普及し、古くはアケメネス朝あるいはサーサーン朝が領域とした、現代の中央アジア、イラン、イラクを含む広域のペルシアの伝統であった土の文化、すなわち土を素材とする日乾煉瓦、焼成煉瓦を用いた組積造の建築文化が、イスラーム的に翻訳され、浸透していったことが推察される。

図3-7　アルディスタンの大モスク(12世紀)中庭

古代復興様式——ペルシア様式の成立

いくつかのペルシア古来の建築要素の進化の動きは、セルジューク朝のもとで統合され、モスク建築の中で定型化した新様式を生み出した。ペルシアでは、前時代のアラブ統一様式の多柱式モスクに代わって、ペルシア様式ともいえる古代復興様式が現代に至るまで優勢となる。ペルシア様式を読み解いてみよう。

第一に、前章でガズナ朝の宮殿にみたチャハール・イーワーン形式(図2-44)がモスクに使われ、様式として定着する(図3-7)。その過程は、イスファハーンの大モスクに明らかである(図3-8)。

イスファハーンには、アッバース朝治下の九世紀に多柱式モスクが造られた。バグダードを占領したブワイフ朝がイスファハーンを首都とした一〇世紀に大きく改装されたが、この時まではいわゆる多柱式モスクの状況を保っていた。

変革はセルジューク朝のマリクシャーの時代に始まる。礼拝室中央奥の三間四方の空間を幅一間の壁で囲み、柱のない大ドーム室が多柱室の中に設置された。内径一五メートルにも達する巨大なドーム空間である。続いて彼のペルシア人宰相タージルムルクが、一〇八八／九年にモスクの軸線手前に同様な

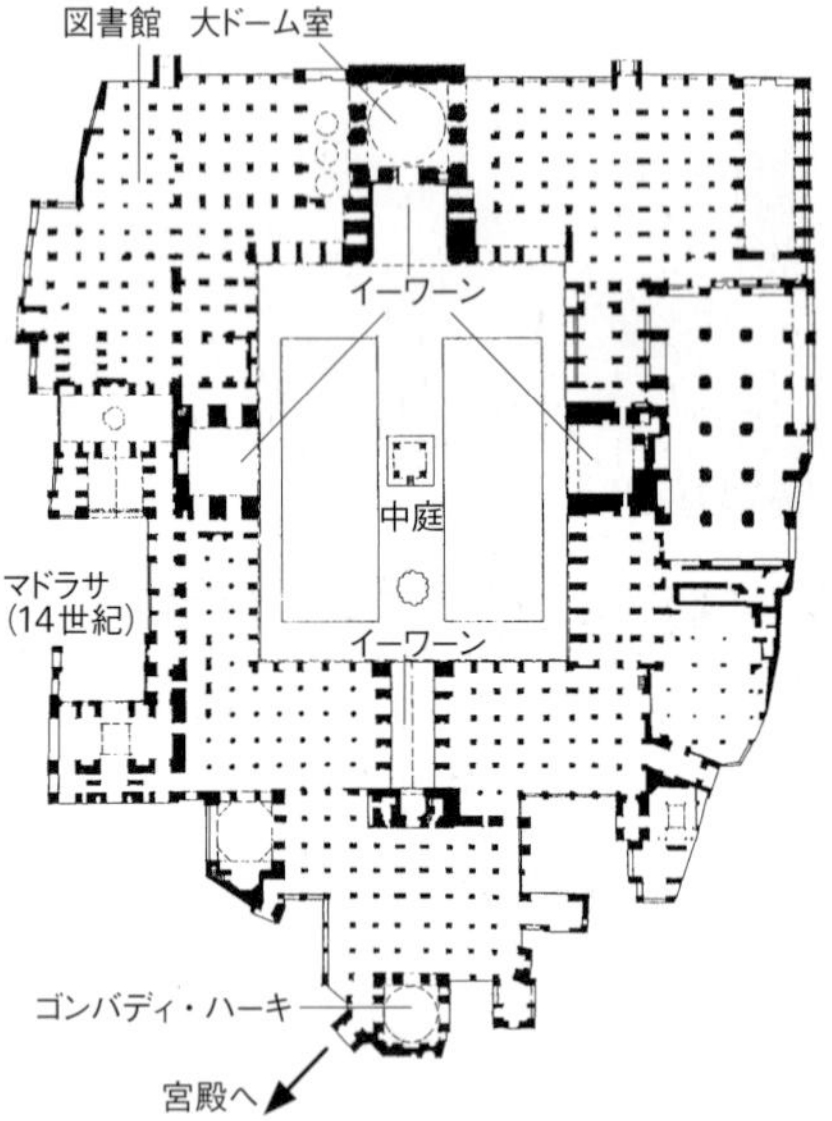

図 3-8　イスファハーンの大モスク平面図．増改築を経て，中庭を中心に外側へ拡張した様相がわかる

図 3-9　同ゴンバディ・ハーキ(1088/9 年)．スクインチ・アーチで八角形を導き，さらに 16 連のアーチを介して，半球形のドームを戴く．ドーム内にはアーチが交差して 5 点星が描かれる

ドーム室(ゴンバディ・ハーキ＝「土のドーム」の意)を造る(図3−9)。ゴンバディ・ハーキはセルジューク朝の宮殿へと続く位置にあった。この段階で、中庭を囲む平屋根の多柱式モスクのキブラ軸上の始点と終点に、高く大きなドームが挿入された。

さらに一二世紀初頭には、中庭の四辺の中央に、イーワーンが設置される(口絵5)。二つの大ドームを中庭から見たとき、大アーチへの導入空間を設置することで、中庭の見栄えを良くする意図があったと推察される。直交する副軸上にも同様な効果を加えることによって、中庭のモニュメンタリティーが増す。こうして、モスク建築の中庭に四つのイーワーンを対峙させ、キブラ軸上に大ドーム室をもつ形式が完成した。

これ以前にもドームやイーワーンを礼拝室とすることはあったが、それらを用いた定型としてペルシア式チャハール・イーワーン・モスクがこの時期に成立した。従来のアラブ式の多柱式モスクでは、アーチ列(アーケード)が均等に中庭に並んでいた(図2−16)が、イーワーンというアーチ壁が造られ、中庭の構成がダイナミックに変容する(図3−7)。礼拝の方向を示すキブラへの軸線が明確に表現され、ドームに覆われた大空間が主礼拝室となる。

第二の特徴は、円形に変容したミナレットを入口の脇に対にして建設することである。二本のミナレットの意味から、ドゥ・ミナール形式と呼ぶ。対にすることで対称性が生じ、入口が強調され、ミナレットが建築を飾る要素へと変化を遂げる。ただし、イスファハーンをはじめとするイランにいくつかの実例が現存するチャハール・イーワーン形式に比べると、ドゥ・ミナール形式は、この時代の

図3-10　アジメールのアライ・ディン・カ・ジョンプラ・モスク(1211/2年)のドゥ・ミナール

ペルシアにおける現存実例は限られる[3]。むしろ遠く離れたインドやアナトリアの地に伝わった実例から、ドゥ・ミナール形式の波及力が読みとれる(図3−10)。

一一三〇年代にこうした新たな流行が始まり、イスファハーン周辺から順次拡張する。その陰には、サーサーン朝以来のペルシア建築文化の蓄積と、それをパトロンとして推進したトルコ系支配者の建設力があった。

伝播の窓口——マドラサと墓建築

スンナ派を奉じたセルジューク朝下では、ファーティマ朝のシーア派布教活動に対抗すべく、スンナ派の法学や神学を学ぶ高等教育機関(マドラサ)が整備されたことも注目に値する。先述のマリクシャーのペルシア人宰相ニザームルムルクが、ニザーミーヤ学院を同朝下のメルヴ、ニーシャープール、レイ、イスファハーン、バグダードに整備した。教学はそれまで、著名な大モスクにおいて、あるいは裕福な家では家庭教師によって行われていた。マドラサという教育施設の建設が、このニザーミーヤ学院を端緒としてイスラーム教学を進展させる国家的な事業となり、セルジューク朝内だけではなく、イスラーム世界の各地に伝わっていく。

セルジューク朝で公的な新機関としてマドラサを設置したとき、チャハール・イーワーン形式を採用した。アフガニスタンの仏教僧院ヴィハーラ（図2－62）が中庭に小部屋を配し教学の場としていたこと、また同様な形式をもつ邸宅がバーミヤン付近まで広まっていたことから、この地方に起源をもつ形式をマドラサに採用したのだろうという指摘がある(4)。

マドラサは寄宿制の教育機関で、教授と学生は共同生活を行う中で学問を究める。イーワーンは教室として使われ、中庭周囲に小室（フジュラ）が設けられ居室となる（図3－11）。小室は八畳程度で、学生二人で使うのが一般的だ。小室の数でマドラサの規模が決定される。礼拝室もマドラサの重要な要素で、キブラ側のイーワーンが使われ教室と兼用されることもあった。

図3-11　バグダードのムスタンスィリーヤ学院（1233年）中庭

この時代に活躍したトルコ系の君主たちは、モスクやマドラサなど、民衆の信仰に寄与する建造物を建設する一方、自身の墓建築にも拘った。墓建築には以下のようなバリエーションがある。前章で述べたゴンバディ・カーブースに始まる墓塔も好んで建てられた。セルジューク朝の初代スルタン、トゥグリル・ベク（一〇六三年没）は、レイ近くに二〇角形の墓塔を残す（口絵7）。

一方、セルジューク朝末期のスルタン・サンジャル（一一五七年没）は、メ

図3-12　メルヴのスルタン・サンジャル廟(1153年)

ルヴに直径一七メートル、高さ三五メートルに達する巨大なキャノピー墓を建設した（図３－12）。これより二〇〇年前のサーマーン廟（図２－25）と全く同じコンセプトながら、高さは三倍、面積は九倍になる。ドームの内径が巨大で、重量軽減のために二重殻ドームを用いている。室内ドームにはアーチのリブが交差し、前章のコルドバやトレドのアーチ・ネット（図２－14）と同じ文様が描かれる[5]。カラハン朝の君主を葬った三墓廟（口絵６）はキャノピー墓を三つ並列する。前章で述べたアラブ・アター廟（図２－28）の流れを汲み、正面だけを念入りに装飾する。

ペルシアでは、墓塔とキャノピー墓の折衷も進み、墓建築が多様化する。多角形や円形の塔身に丸いドームを戴くものもある。立方体の部屋に円錐状の屋根を架けるものもあり、内側に半球形のドーム、外側に錐状の屋根（図３－３）の、内外二重構造になる。あるいは、角砂糖を積み上げたような屋根（ムカルナス・ドーム、口絵11）をもつのもある。八角形周廊墓はヘラートに近いチシュトに知られるのみで、周廊の痕跡が八角形の墓塔の付け柱へ転化する。

一〇五〇年ころから、ペルシアでは煉瓦に釉薬をかける技法が活性化する。アケメネス朝以来、千有余年の眠りから覚め、タイル技法がペルシア建築の大輪の花へと昇華するスタートが切られた。前時代のアッバース朝のバグダードやサーマッラーでのタイルがきっかけとなり（図2-40）、煉瓦に、ガラス質で彩色豊かな釉薬をかけることで、土色の建築に輝きが加わる。

トルコ・ブルーは、銅を含む釉薬をかけて低温焼成することで発色する（口絵9）。当初は煉瓦地に、釉薬をかけた青いタイルが部分的に挿入された。次第に鉛で発色する白色も使われる。煉瓦に浮彫を施し、高い部分に釉薬をかけると、彫り削られた部分が陰影となり、鮮やかな色彩が浮き出す効果をもつ。入口や大イーワーン、ミナレットなど、外観上目立つ部分がタイルや釉薬煉瓦で飾られる。漆喰細工にも彩色の技法はあるが、耐候性の点で外部空間に用いるには不向きだったので、釉薬煉瓦にとって替わられた。

煉瓦同様、タイルにも浮彫を施すことからも、タイル技法発達の素地には、先述した浮彫煉瓦の技法（図3-5）があることがわかる。またタイルをさらに還元焼成することによって金色の光沢を得るラスター彩タイルは、ミフラーブや室内の腰壁など、重要な部分に使われた。なかでも、イラン中原のカーシャーンはラスター彩タイル産出の町として有名で、各地にカーシャーン産のタイルが運ばれた。

ペルシア産のタイルとともにその技法と製法が、アナトリアへと伝播する。ルーム（＝アナトリア）・セルジューク朝のマドラサや宮殿には、アナトリア産のペルシア風タイルが使われる（口絵10）。また、ザンギー朝下のシリアのラッカからも、この時代のタイルが発掘されている。

三　新興君主の文化への傾倒

トルコ系遊牧民の支配——ペルシア様式の拡散

伝播したのはタイルばかりではない。ペルシア様式は、マドラサや墓建築を通して、トルコ族支配の拡張に伴い、東はインドから西はエジプトまで広まった。

不思議なことに、セルジューク朝以外の地でマドラサが建設される時、チャハール・イーワーン形式やドゥ・ミナール形式がマドラサと一緒になって、各地に伝わる。とはいえ大シリア、アナトリア、エジプトでは、石造建築の伝統が根強く、ペルシアにおける煉瓦造の諸要素が石造に置換されていく。装飾も色石貼りや象嵌あるいは浮彫など、古代地中海世界と深く関連をもつ要素も継続する。

大シリアでは、ボスラをはじめとし、数多くのマドラサが残る。ダマスカスを首都としたザンギー朝のヌールッディーンは、首都にマドラサと病院を建立した(図3－13)。ともにイーワーンを有する形式で、病院は医学校としての役割も果たし(口絵11)、マドラサには自身の墓建築を併設した。教育施設は公的な役割を果たす宗教施設であり、モスク同様転用や廃止が禁止されているので、そこに墓を付設すれば、永遠性を確保できる。ダマスカスやアレッポには多数のマドラサが現存するが、中には教学施設の建築はすでになく、建立者の墓建築だけが残るものもある。

アナトリアのルーム・セルジューク朝下でも、数多くのマドラサが建立された(図3－14、15)。次章で述べるように、アナトリアではセルジューク家の血を引くルーム・セルジューク朝のほか、数多くのトルコ系諸王朝が成立し、それぞれの首都を飾るマドラサが建てられた。チャハール・イーワーン形式に加え、細長い中庭に二つのイーワーンを対面させるドゥ・イーワーン形式も好まれる。二基一対のミナレットを建てるドゥ・ミナール形式も好んで使われた(口絵19)。また、寒さが厳しく降雨が多いアナトリアでは、中庭をドームで覆う変形も現れる(図3－15)。

シーア派のファーティマ朝が政権を握るエジプトでは、アズハル・モスクが教学の最高学府としての地位を築いていた(口絵4)。ファーティマ朝下ではシーア派の宣教者(ダーイー)が数多く養成されたが、

図3-13　ダマスカスのヌールッディーン病院(1154年)の中庭．チャハール・イーワーン形式

図3-14　コンヤのシルジャリ・マドラサ(1242年)．「タイル学院」の名をもち，イーワーンの周囲はモザイク・タイルで飾られている

図3-15　コンヤのカラタイ・マドラサ(1252年)のドーム室．中庭の役割を果たす

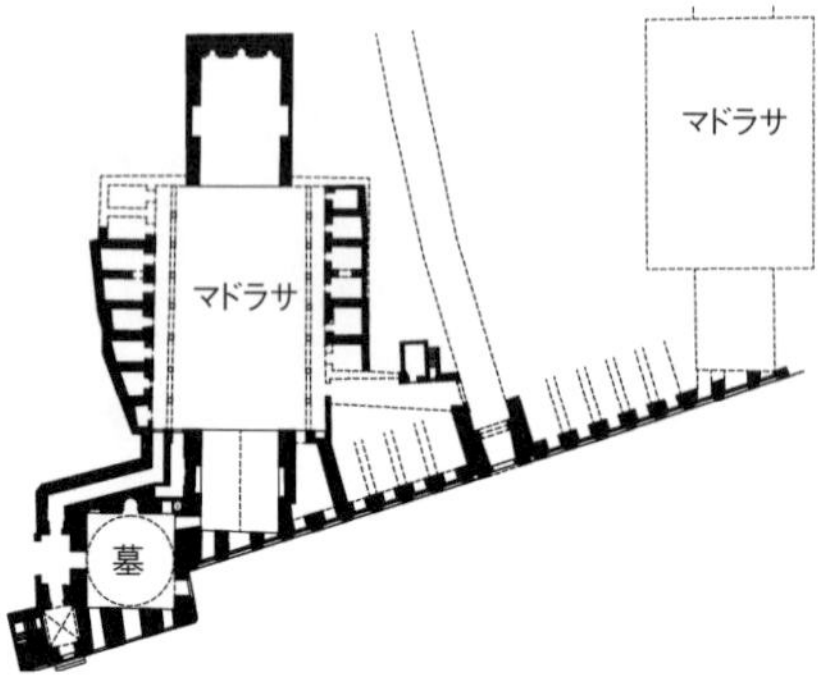

図3-16　カイロのスルタン・サーリフ・ナジムッディンのマドラサ(1242-50年)．平面図

カリフ・ハーキムが創設した「知恵の館」をはじめ、教学専用の建築に関しては不明である。ファーティマ朝を滅ぼしたアイユーブ朝のマドラサが、エジプトでの現存初例となる。スルタン・サーリフ・ナジムッディンがそれであり（図3－16）、首都の目抜き通りにドゥ・イーワーン形式のマドラサを一対建設し、夫の死後、妻が墓建築（口絵15）を付設した。

ペルシア風の新様式は、マドラサとともに各地に伝わり、トルコ系の支配者や軍人が首都を飾る建築として好んで建設した。同時にパトロン自身の存在を未来へと伝え、最後の審判を待つ場として、墓建築が併設された。

アナトリアでは円錐や多角錐の屋根を戴く墓塔が（キュンベット）一貫して愛好され、その塔身は多角形や円筒形である（口絵8）。墓塔の分布はカスピ海沿岸地方からアナトリアまで広がるが、トルコ族のアナトリア進出の道筋にだけ位置する。[6] 高いミナレットや聳える墓塔は、トルコ族の美意識を表現する格好の手段だったのだろう。

イラク、大シリア、エジプトでは、四角い部屋にドームを架け、外観に高さを強張するキャノピー墓が広まる。モスク、マドラサ、病院の一室をパトロンの墓とする形式で、これらの施設に併設されるようになる。

さらにトルコ族の移動を通して、アフガニスタンを越えてインドへとキャノピー墓が伝播し、インド土着の柱梁構法と結びつき、新たな墓建築の変種を生み出す。柱梁構法に依拠し、持ち送り式ドームをもつ墓建築である。アーチの伝統をもたないインドでは、ドームを作る時に石材を少しずつ内部へ持ち送りながら積み重ねてドームとする。なかでも、正方形の一辺に四本ずつの柱を配し一二本の柱に持ち送りドームを架ける技法（一二柱プラン、図３－30）は、墓建築ばかりでなくモスクにも使われた（図３－35）。

北アフリカからの波――アラブ様式の深化

トルコ系の支配者は、イスラーム世界の経由地であったペルシア文化を吸収、再構築し、大シリア、エジプト、アナトリア、インドへと伝播させた。一方、マグリブやアンダルシアを支配したベルベル系の支配者たちは、前時代にアラブから伝播した様式を継承していく。モスクはいわゆる多柱式で、中央廊とキブラ廊が強調されるT字形平面である（図３－17）。チュニジアではカイラワーンのミフラーブ前のドーム（図２－15）に見るようなスクインチ技法のドームが、モロッコでは後述するムカルナスやアーチ・ネットなどの特殊技術がT字の廊の重要な部分だけに使われる。中庭は横長になり、全体の面積に占める割合が次第に小さくなる。多柱室の数区画を占めるような大ドームは登場しない。ミナレットも旧来の単一の角塔（図３－18）が用いられ、さらに高くなり、アーチを交差させた文様（交差アーチ）が煉瓦で表現される（口絵16）。

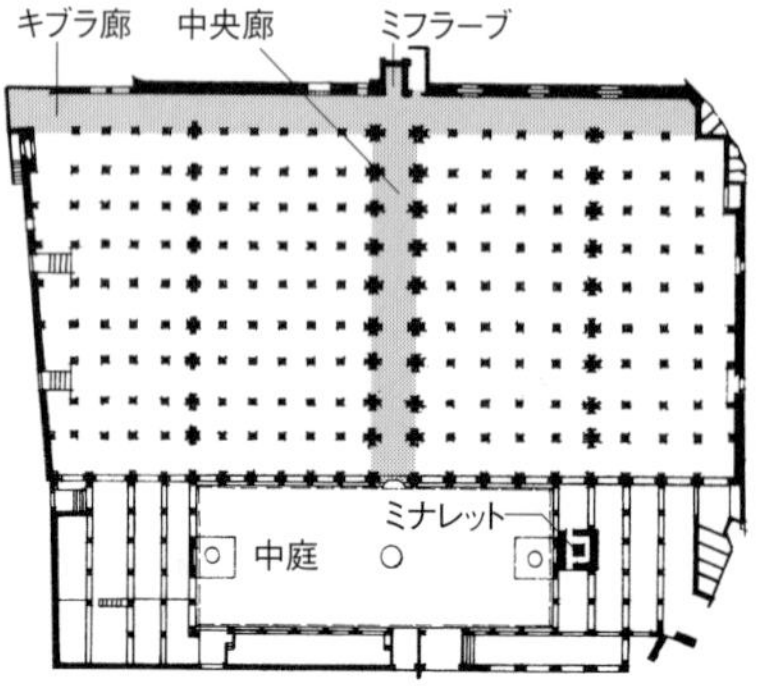

図3-17　フェズのカラウィン・モスク(1135年). 中央廊の7つの区画はムカルナス・ヴォールトで飾られる

図3-18　ラバトのマンスールの塔(1191-97年). 手前は多柱式モスクの遺構

北アフリカにおける大きな変化は装飾の進化にある。尖頭馬蹄形アーチが好まれ、ミナレットや入口壁面の装飾に用いられていた交差アーチが発展し、あたかも平面的なレース細工のような多弁形アーチが造られた(口絵16)。前時代のアンダルシアに発するアーチ・ネットは、リブの本数が増え、細くなり、リブの間に立体的な透かし細工のように繊細な造形を作る(図3-24)。大モスクの中央廊では、ムカルナス・ヴォールトが屋根裏からの吊構造となる。これによって、ムカルナスが屋根としての構造的要素ではなくなり、曲面が細分化していく。ドームへの移行部にアーチ・ネットとムカルナスを組み合わせる造形も現れる(図3-19)。新登場のムカルナス技術を完全に土着化させ、アンダルシアから継承したアーチ・ネットと折衷した点は、北アフリカ独自の造形である。

　北アフリカにはアラブから到来したアラブ族とイスラーム化したベルベル族がともに暮らしていた。アンダルシアとマグリブに支配を確立したベルベル族は東の遊牧トルコ系の君主と比べると、ドラスティックな変化を求めなかった。前時代の様式を守りながら病的なほどに繊細さを極めていったのは、新たな支配者たちが一〇〇〇年までにこの地域に広まっていた様式に親近感をもっていたためかもしれない。

北アフリカ出自のファーティマ朝にも、旧来の多柱式モスクに拘る傾向がみられ、石造りの小規模多柱式モスクが首都カイロに造られている(図3-20)。ただし、ミナレットは北アフリカにみるような角塔ではなく、基部には角塔を用いながら、上部を八角塔や円筒とする形式が定着していく(口絵21)。また、ペルシアほど大規模ではないが、ドームも、キャノピー墓、モスクの中央廊キブラ前、ミナレット

図3-19　マラケシュのクッパ・バルディユン(1117年)の天井部

図3-20　カイロのアクマル・モスク(1125年)中庭．奥は多柱式の礼拝室

図3-21　イエメンのザビードの大モスク(9世紀創建，13世紀)中庭

の頂部などに使われる（口絵15）。ドームにリブを用いたものもあり（口絵17）、移行部にムカルナスを用いる特殊な技法が発達する（口絵15）。また、アーチが角ばって直線的になり（図3－20）、あたかも槍の先端のような形を連ねた特徴的な装飾が使われた。こうしたエジプト特有の傾向は、アイユーブ朝にも引き継がれる。[7]

イエメンにもこの時代に建てられたモスク建築があり、前時代同様、多柱式が好まれた（図3－21）。ミナレットは、塔身を多角形や円形に変化させ、頂部にバルコニーを付けるものが多い。イエメンとエジプトは紅海を通して、深い関係をもっていた。北イエメンにはシーア派のザイド派の王朝があり、ファーティマ朝と良好な関係をもっていた。一一七三年にはアイユーブ朝のサラディンがイエメンを征服し、マドラサをザビードに建設した。一二二九年にはアッバース朝から派遣されたトルコ族出自のラスール朝が政権を打ち立てる。ラスール朝の建築にはペルシア的な様相が現れるが、次章で言及したい。

四　新領域の開拓

新技術の形成と東西交流――ムカルナスとアーチ・ネット

前章で述べたペルシアの初歩的なムカルナス技法（図2－27、29）が、一一世紀になるとペルシアのドームの移行部で発展を遂げ（図3－2、9）、ミナレットや墓塔の軒飾りと折衷し、一一世紀末までには装飾的かつ構造的なムカルナス・ドームを完成させる（図3－22）。ムカルナスは、ドームの移行部（図

3－9)や入口のイーワーンなどにも用いられ(口絵12)、ペルシアで洗練されるとともに、一二世紀半ばにはシリア(図3－23)、北アフリカ(図3－19)で、一三世紀にはアナトリアでも実例を確認できる。ペルシアでのムカルナスの構造と意匠両面からの段階的な発展過程は、ムカルナスがペルシア起源であることを暗示する。マドラサを媒体としたペルシア文化の普及に伴い、ムカルナスもペルシア風の建築文化として各地に伝播し、その波は北アフリカまで到達したと考えられる。

ムカルナス自体は、移行部の大曲面を細分化して構築するという構造的な工夫に、装飾的な洗練が加わることによって発展を遂げた。大曲面を層状に分割し、各層を花弁形、逆三角形、半蒲鉾形といった小曲面を用いて分節する。半アーチ曲線によって形成される各曲面を大曲面にうまく納めるため、平面に投影する幾何学的な手法が使われた。ペルシアでは最初は煉瓦かテラコッタで造られていたが、各地では漆喰や石でも造られるようになる。大シリアにおいて、ムカルナスを切石造りにする際に、ペルシアにはなかった発展がみられる。構造的に安定な方式の導入である。(8)煉瓦造から発展した数種の部品を積み重ねる構成から、曲面に合わせた同心円状に拡がる構成への進化である。

一方、前章で述べたコルドバやトレドのアーチ・ネット技法(図2－14)が、マグリブでさらに洗練される(図3－24)。ドームを構築するアーチのリブが細くなるとともに、一二角形や一六角形が用いられ、リブの間は透かし細工となる。アーチ・ネット技法では、正方形の部屋から円形のドームへ到達させるのに円に内接する正多角形が用いられ、正多角形の離れた頂点を結ぶようにアーチが配される。

一二世紀になると東方のイスファハーンの大モスクの図書館ドームに、突然数種のアーチ・ネットが

図3-22　サーマッラーのイマーム・ドゥール廟（1085年）内部

図3-23　ダマスカスのヌールッディーン病院のムカルナス（1154/5年）

図3-24　トレムセンの大モスク（1136年），アーチ・ネット

図3-25　イスファハーン，大モスクのアーチ・ネット（12世紀前半）

現れる。ここには、リブが太くアーチの起点がずれるものやリブが細くなり稜線と化すものがある（図3－25）。また、ペルシアの大ドームの球面に、アーチ曲線で描かれた星形文様があり（図3－9）、アーチ曲線は装飾的な役割を果たすと同時に、大ドーム建設時には構造的なリブとしても使われた。西方（アンダルシアとマグリブ）と東方（ペルシア）を結ぶ道筋上の実例は不明ながら、一二世紀までに西方において展開していた

アーチ・ネットの進化を考慮すると、おそらく西方から東方へと初歩的なアイディアの伝播があり、それがペルシアで多様化したのではと推測される。

ムカルナスは東から西へ、アーチ・ネットは西から東へと、技術が交流し、さらに伝播先のそれぞれの地で、深化を遂げて根付いていったと考えられる。

多様な出自と様式――アナトリア

アナトリアでは一一世紀の半ばからトルコ族の進出によって、ビザンツ勢力が後退した。ペルシア一帯を支配したセルジューク朝から分かれたルーム・セルジューク朝は、アナトリア中原のコンヤを首都とするが、一二世紀には、地方都市を首都として諸王朝が独立する。

イスラームの支配がやや遅れて確立したアナトリアでは、出自の異なるモスクが造られた。キブラ側の大イーワーンの背後に大ドームをもつ例は(図3－26)、ペルシアのドーム技法(図3－9)がそのまま転写されたことを物語る。イーワーンを使用するモスクは一例しか現存しないが、ペルシア風の大ドームはいくつかのモスクで利用され、根付いていく様相が読み取れる。(9)

しかしそればかりではなく、前時代のキリスト教建築の影響の強いダマスカスのウマイヤ・モスク(図2－2～4)の系統に属するもの(図3－27)、ペルシア風の大ドームを多柱室に挿入したもの(図3－28)、アラブ式多柱室を煉瓦造から石造や木造に置き換えたもの(図3－29)なども建てられる。木造モスクはアラブに比して降雨量の多いアナトリア土着の技術で、アラブ風モスクの特徴であった大きな中庭

図 3-26　マラティアの大モスク(1224，47 年)のドーム内部

図 3-27　ディヤルバクルの大モスク(13 世紀)の中庭

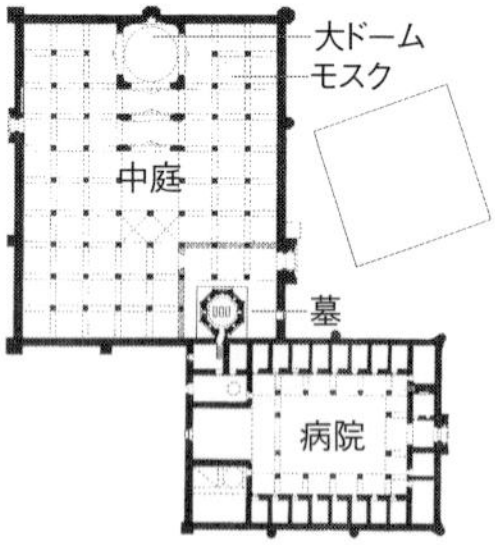

図 3-28 カイセリのフワンド・ハートゥーン複合建築(1237/8 年)

図 3-29　ディブリーの大モスク(1228/9 年)の内部

はアナトリアでは次第に小さくなり、あたかも前庭か光庭のように変容する。

　このように、ペルシア文化を吸収したトルコ族の進出により、マドラサをはじめとするペルシア式の建築が移植される一方、大シリアと接する地域では前時代の影響が残ったまま、土着の技術に置き換えられていく。この時代、アナトリアでは、文化の衝突と融合が多様な建築を生み出した。一三世紀にタイルをはじめとするペルシア的要素が一挙に移入されたが、これは、モンゴル族の勢力拡大に伴い、ペルシアから逃れてきた工匠集団が移り住んだためである。その後ルーム・セルジューク朝の力が衰え、小さな君侯国が並び立ったこと、十字軍の影響からさまざまな文化が流入したことなどもさらなる刺激となって、多様でしかも石造を主流とする剛健な建築文化が創出された。

乱立する諸君侯国をかかえるアナトリアは、ムカルナスを石造にする点において、いち早く実験場となった。ムカルナスは一見不思議な造形だが、立体を平面におとすと整形な幾何学図形となる。次章で述べるように、モンゴル族の宮殿タフテ・ソレイマーンでムカルナスの図面が見つかり、少なくとも一三世紀後半には作り手たちが平面図からムカルナスを立ち上げていた。ムカルナスを平面図におとしてみると、その幾何学図形には、正方形や菱形など、ある単位を反復するもの（直交座標系）と、水紋のように中心から同心円状に拡張するもの（極座標系）とがある。一三世紀のアナトリアのマドラサなどの入口に用いられた石造ムカルナスは、シリアの一二世紀末からの石造ムカルナスを模倣したものながら、他の地域に類を見ない特殊な幾何学的展開を遂げる。[10] ドーム移行部をターキッシュ・トライアングルと呼ばれる三角形の折板構造で仕上げることも、アナトリアに特異な造形である（図3－15）。

アルメニア教会の建造物との類似点もある。アナトリアの墓塔の形は、アルメニア教会堂の塔の形とよく似ている（口絵8）。またアルメニア教会には、ムカルナスが用いられる（図3－44）。ただし、一五世紀以後に顕著となる、ハギア・ソフィア聖堂がモスク建築に与えた影響は、モンゴル族侵入前にはまだ見出すことができない。

ヒンドゥー建築から生まれたモスク

一方、一二世紀末に新たにイスラームの支配下に置かれたインドでは、多様な様式を移入しかつ現

図3-32　デリーの大モスク(1190年代). ヒンドゥー寺院から転用した柱を2段に重ねて回廊とする. 彫刻はヒンドゥー寺院の時のものがそのまま残る

図3-30　バドレシュワルのイブラヒム祠堂(1159年). 12本の柱に梁を渡し持ち送り式ドームを戴く

図3-31　バドレシュワルのチョッティモスク(12世紀後半)内部

地の伝統を適用したアナトリアと異なり、もっぱら土着の構法による対応が見られる(図3－30)。インド亜大陸では、イスラーム支配が確立する以前からインド洋沿いの港市に、アラビア半島やペルシアから渡印したイスラーム教徒のコミュニティーが存在した。彼らは、ジャイナ教やヒンドゥー教の支配下でインド洋交易に関わっていた人々で、インド土着の技術を用いて石造多柱式モスクを造っていた(図3－31)。

アフガニスタンからパキスタン北部を経て、一一九〇年にデリーを占拠したトルコ族のゴール朝によって、インド亜大陸で初めてイスラームの支配が確立する。当初は、インド土着技術や転用材を用い、石柱を水平に梁で結んでいくく構法によるモスクが建設された(図3－32)。デリーとアジメールの大モスクでは、ヒンドゥー寺院の柱の神像の顔を削ぎ落とし、その柱を天井高を高くするために二段に重ねている。この柱梁構法の礼拝室を隠すかのように分厚いアーチ形の壁が造られ(図3－33)、アラビア語のインスクリプションが刻まれた(図3－10)。柱梁構法が根強く、構造的な迫持ちアーチをもたなかったインドでは、この時代、持ち送り式に石を重ねて、アーチに見せる方法(持ち送りアーチ)が取られた。実際、デリーで迫り持ちアーチの構法が確立するのは、一二五〇年代になってからである[11]。

塔だけは異なる対応を見せる。イスラームの戦勝記念塔ともいえる七三メートルにも達するミナレッ

図3-33　アジメールの大モスク(1211-35年)左手礼拝室の中庭側に分厚いアーチ壁が築かれている

図3-34　デリーの大モスク(1198年).
ミナレットの手前はアーチ壁

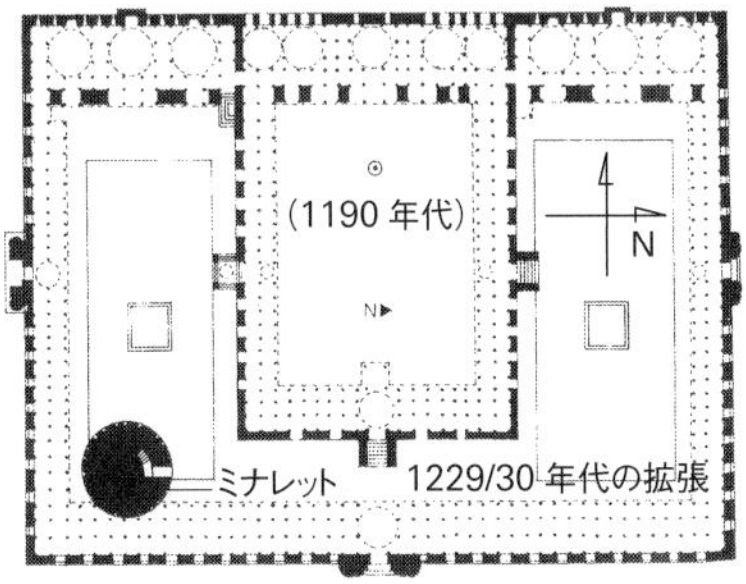

図3-35　デリーの大モスク(1191/2～1316年)平面図. 14世紀初頭に北と東にさらに拡張される

トがデリーの大モスクの南東に建てられた（図3－34）。これは、当時ペルシアで大流行していた円塔の系譜に属する（図3－4、口絵13）。赤砂岩を素材とし、鰭《ひれ》状のフリンジ、アラビア語の銘文、ムカルナスに似せた二段の持ち送りなど、ペルシア的要素が認められる（口絵14）。ほぼ同時代に、ペルシアで最新流行の段階にあったドゥ・ミナール形式もアジメールに移入され（図3－10）、次の時代に各地で継承される。

前述したように、墓建築も早い時代から取り入れられた。初例と位置付けられる例は、高い基壇の上に柱廊を回し、その中央を八角形墓室とするもので、西アジアには類例がない(12)。しかし、その後は、いわゆるキャノピー墓が主流となっていく。

イスラーム支配の確立とともに、新たな建築様式やアーチ技法が少しずつ咀嚼されていく様相が見てとれる。西アジアとは全く異なる土着建築技法が存在したために、新様式にすぐ切り替わることが難しかった。まずアーチ壁、ミナレット、キャノピー墓から移入され、次第にアーチ構法やドーム構法を理解していったのが見てとれる（図3－35）。

インド洋の彼方――東アフリカ沿岸部

東アフリカの沿岸部スワヒリ地方には、自分たちをシーラージー（イラン・シーラーズ出身の人々）と呼ぶ人々がいる。イスラーム教の到来は八世紀に遡り、木造の掘っ立て柱のモスクが発掘されている。一〇世紀後半から、モスクをサンゴ石で造るようになり、ザンジバル島にあるキジムカジ・モスク

（図３－36）には、一一〇七年のインスクリプションが残る。建物自体は近代の再建ながら、多弁形アーチ形のミフラーブとアラビア語のインスクリプション、そして捩り柱の付け柱は、一二世紀初頭に西アジアからイスラームの建築文化の波が到達していたことを証明する。大きく湾曲する多弁形アーチの実例はこの時代までのペルシアには見あたらず、むしろイエメンのディビンにあるモスクには類似したファサードが残る。アラビア半島南西端のイエメンは、ペルシアから東アフリカへのインド洋航路上に位置する。

図 3-36　ザンジバル島にあるキジムカジ・モスクのミフラーブ(1107 年)．尖頭アーチの内側に五弁形アーチがくり抜かれている．イエメン，ディビンのアル・マンスール・モスク(1204 年)のファサード，インド，デカン地方のグルバルガの大モスク(1367 年)のミフラーブおよびドーム下等のアーチと類似する

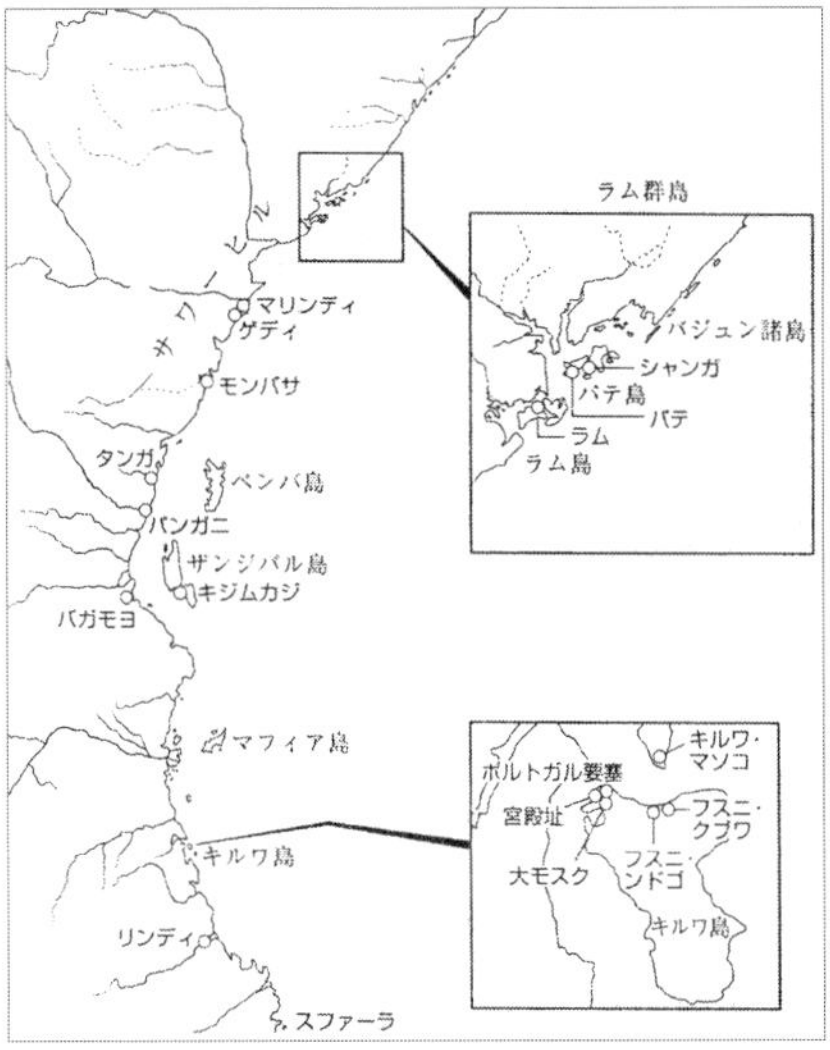

図 3-37　スワヒリ地方．この地域の伝統的構法は，木の柱と泥の壁，草ぶき屋根である．10 世紀以後サンゴ石の構法が加わる

ソマリアのモガディシオ、ケニアのパテ島、あるいはタンザニアのキルワ島にも、この時代に創建されたモスクがある。これらは遺跡になっていたり、後の改造が重なったりしているものの、木造の多柱式モスクの形式が、沿岸部特有のサンゴ石で造られていたのが見てとれる。特徴として、雨季と乾季の明瞭な沿岸部には、礼拝室と水施設だけが導入され、大きな中庭空間をもたないことが共通する。

五　構造への挑戦

十字軍——ロマネスク様式とゴシック様式の形成

キリストの聖墳墓のある聖地エルサレムを奪還し、エルサレム王国(一〇九九－一二九一年)を建国することを目的に、ヨーロッパのキリスト教徒たちが大シリアに遠征軍を送った。一〇九六年から一〇九九年を初回として始まり一二七〇年代まで続く十字軍は、地中海を舞台とし、武力衝突と引きかえに、建築文化に多くの交流をもたらした。

大シリアには今も数多くの十字軍の城砦建築が残る。ローマ時代の城を再利用したものや、その後イスラームの支配者によって使われたものもある。クラック・デ・シュヴァリエ(図3－38)には教会堂とモスクが残る。古代より、都市に市壁を回し、城門を設ける文化があるが、この時期に建設されたファーティマ朝カイロの南門と北門を見ると、イスラームの城郭技術の一端を見ることができる(図3－39)。同時代にシーア派の一派であるイスマーイール派も、イランやシリアに城砦建築を残している。

古代技術を継承したイスラームの城郭技術が十字軍の城砦に使われ、ヨーロッパの城へと移入されることとなった。

ところで、いわゆる西洋建築史では、一〇世紀末から一二世紀末までの教会堂の様式をロマネスク建築と呼ぶ。ロマネスク時代に入ると、バシリカ式の教会堂建築に交差部を設け、平面が十字形をなすようになる。身廊の高い位置にトリビューンという高窓層が設けられ、堂内が明るくなる。それまでの身廊の木製天井が、横断アーチで区分された石造ヴォールトへ変わり、アーチの下には付け柱が付けられる（図3－40）。さらにはリブを用いた交差四分ヴォールトが使用されるようになる。また東のアプス部分を周廊が取り巻く形式が発達し、西側正面の両側に対の塔を建てるようになる。また、教会堂に接して周廊を巡らす中庭が設けられる。

こうした変容が教会堂に起こりつつある一二世紀半ばころ、フランスでゴシック様式という

図3-38　クラック・デ・シュヴァリエの全容

図3-39　カイロのナスル門（北門1087年）

図3-41　ゴシック教会堂．トロワのサン・ピエール・エ・サン・ポール大聖堂(13-17世紀)内部，身廊の天井に四分ヴォールトが続く

図3-40　ロマネスク教会堂．トゥルニュのサン・フィルベール修道院(11世紀末-12世紀初頭)内部

新たな潮流が生じ、一三世紀にはこれが西欧の主流様式となる。ゴシック建築では、尖頭形のアーチ、フライング・バットレス（飛び控壁）、六分ヴォールトなどの構造的技術の飛躍に加え、教会堂の垂直性が増し、束ね柱からリブ・ヴォールトへと連続する一体的空間が求められた（図3－41）。

ロマネスク建築とゴシック建築は、いくつかの道筋から、イスラーム建築と関係をもつと考えられる。一〇世紀にアンダルシアに発生したアーチ・ネット（口絵3、図2－14）は、ペルシアへと伝わった（図3－25）だけではなく、ロマネスク建築にも、アーチ・ネットに類するリブを用いてドームを構築する実例がある（図3－42）。特にイベリア半島のモサラベ教会堂や南フランスのロマネスク教会堂の交差部のドームなどに顕著である。また、この時代に西欧一帯で流行した四分ヴォールトや六分ヴォールトは（図3－41）、区画の対角線にアーチを交差して架けるので、アーチ・ネットの変種とみなすこともできよう。建設時に構造的なガイドラインとしてアーチ形のリブを用いることによって、見栄えも施工度も高くなるようアーチを交差させるという点が共通する。構造的な工夫から生まれたものが、意匠的な美しさに転化して発展を遂げるのである。アンダルシアからのアーチ・ネットの波が、西欧のロマネスク建築やゴシック建築を生む誘因の一つとなったのかもしれない。アーチを交差させる造形は、ロマネスク建築の回廊部分や西正面にも好んで用いられ、交差する半円アーチが、続くゴシック建築で支配的となる尖頭形アーチを生み出した。

シチリアのパレルモには、ノルマン王朝が一二世紀半ばに宮殿や教会堂を残している。ジーザ宮殿（図３−43）では、イーワーンのようにアーチ形が庭園に開いた高い前廊があり、その奥を二層吹き抜けの大広間とする。大広間の奥にはムカルナスが使われ、孔雀やナツメヤシがガラス・モザイクで描かれ、

図 3-42　ロマネスクのアーチ・ネット．ロピタル・サン・ブレーズ(12 世紀)．コルドバのメスキータ(図 2-14)と同様な構成．ただし，アーチが正八角形の辺の中心点から立ち上がっている

図 3-43　パレルモのジーザ宮殿(1166–89 年)の大広間内部．奥から滝が流れ，水盤に噴水が設けられる．室内に水が引きこまれる点もイスラームの宮殿建築に学んだと考えられる

図3-44　アルメニア建築のムカルナス．エレバン近郊のゲガルド修道院(1215年)．聖堂の西側のガヴィット(ナルテクス，前廊)の天井部にある．石造で，13世紀のアナトリアのムカルナスと酷似する

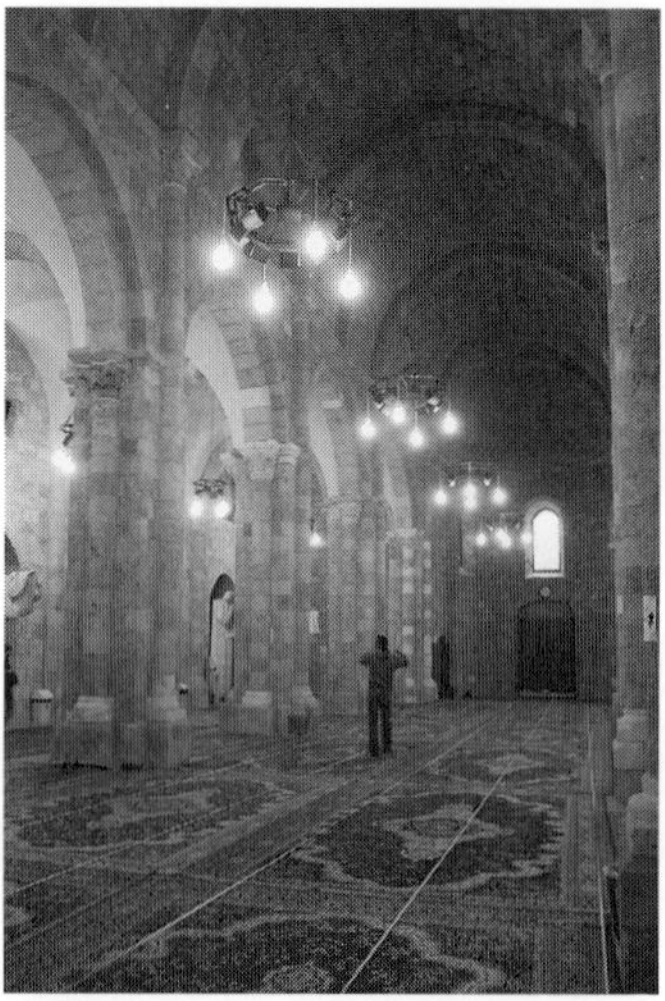

図3-45　ベイルートの十字軍時代の教会堂(1113-50年)．現在は南壁にミフラーブを設けてオマリー・モスクとして使われている．付け柱から立ち上がるアーチ状のリブは，西欧のロマネスク建築で使われる

イスラーム教徒の宮殿かと思わせるほどだ。教会堂にも高いドームが使われ、木製のムカルナスで飾られるなど、ロマネスク建築とは一線を画したイスラーム風の造形である。シチリアの支配権はキリスト教徒に移ったが、イスラーム教徒も共存していた。

十字軍の通り道となり、ビザンツ帝国との領土争いの地となったアナトリアには、ペルシアの技法が移植されただけではなく、独特の天井の技法がいくつか散見される。ドームへの移行部を三角形の折板で作るターキッシュ・トライアングル(図3－15)をはじめ、アーチ・ネットや交差ヴォールトの変種もあり(図3－29)、リブをかなり太く使うことも、アナトリアの特色の一つである。おそらく、ペルシアのドーム、あるいは地中海のリブなどの本来の形を未咀嚼のまま、あるいはそれらと土着要素との折衷に起因すると推察される。北東に隣り合うアルメニア建築にムカルナスが用いられるのも、一三世紀前半のころである（図３－44）。

キリスト教建築とイスラーム建築とを繋ぐ鍵は、より東のセルジューク朝にも残されている。サーサーン朝の付け柱の復興については先述したが、イスファハーンの大モスクのマリクシャーのドーム（一〇八〇年代）には移行部のアーチを支える多数の付け柱が使われ、ゴンバディ・ハーキ（図３－９）の内部には、八つのアーチを支える一六本の付け柱に加え、四隅のアーチに一六本の付け柱が立ち上がり、ゴシック建築を想起させる。マリクシャーはイスファハーンの大モスクに先だち、一〇八二年にダマスカスのウマイヤ・モスクに大ドームを建立した[13]。西欧からきた十字軍と、大シリアをも領域に組み入れたセルジューク朝との接触が、両者の交流を果たしたのだろう。ペルシアに起こったドゥ・ミナール形式も、形こそ異なるが、教会堂の西ファサードにそびえる双塔と何らかの関連をもつのかもしれない。

このように、西欧での動きとイスラーム建築に起こった動きは、いくつかの道筋を介して交流し、似通った軌跡を描いていく。ロマネスクやゴシックと、同時代のイスラーム建築や東方のキリスト教建築（図３－45）とを、広い視野において考えることが重要であろう。

ヒンドゥー建築と宋建築

インド亜大陸には、一二世紀末にデリーを拠点とするイスラーム支配が確立するが、人口ではヒンドゥー教徒が大半を占めていた。ヒンドゥー寺院（図３－46）の構法は前述した通り、梁と柱で造られる立体彫塑的な造形であり、シカラ（塔）をシンボルとし、小さな内部空間に神像や御神体を飾る。これはアーチを用いた空間的な造形で、具象的な装飾を嫌うイスラーム建築とは相反する。

ヒンドゥー建築は、本殿と拝殿という単純な構成から次第に巨大化していく。本殿と拝殿の間にいくつかの空間が挟み込まれ、奥行が深くなり（図3－47）、その分、シカラの立体的ボリュームも増し、内部空間も高くなる（図3－48）。ミトゥナ像で有名なカジュラホの寺院群は、一一世紀から一二世紀にピークを迎えた。地方色も明確になり、塔の形に現れる。イスラームの影響を受ける前のヒンドゥー建

図3-46　カジュラホのヴィシュバナータ寺（11世紀）．カジュラホにはチャンデーラ朝下，85か所の寺院が建設された

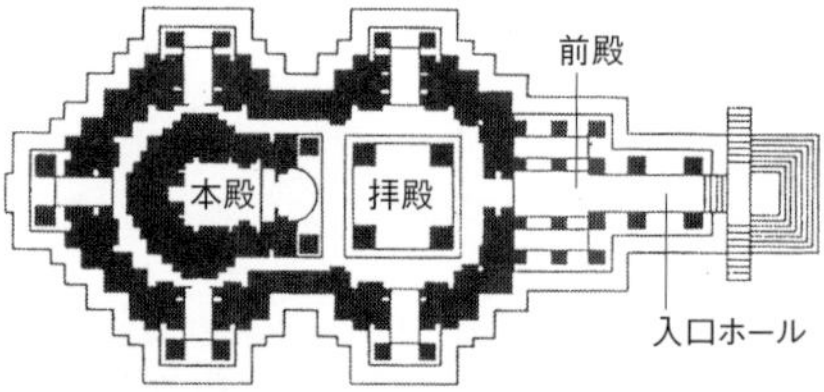

図3-47　カジュラホのラクシュマーナ寺（10世紀）平面図

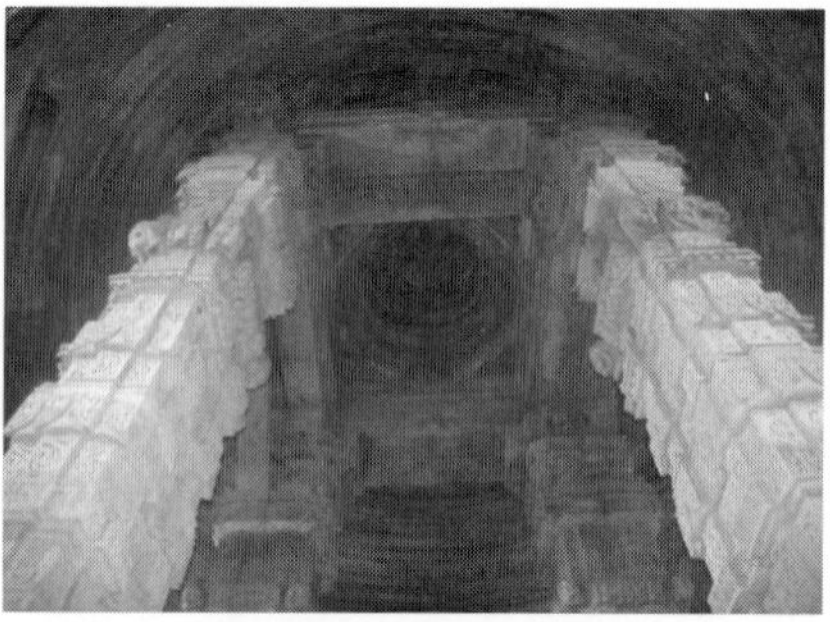

図3-48　グワリオールのサース・バフー寺院（1093年），拝殿の天井を支える太い4本の柱

築文化の最盛期と位置付けられる。

また、こうしたヒンドゥー建築文化が東南アジアへと伝わり、大きく開花する。一〇〇〇年以前にジャワのボロブドゥール(八世紀半ば - 九世紀)、あるいはクメール朝(九世紀 - 一五世紀)に伝わったヒンドゥー教や仏教は、アンコールワット(一二世紀)や、ミャンマーのパガン遺跡(一一世紀 - 一三世紀)ヴェトナムのチャンパ遺跡群(八世紀 - 一二世紀)などに見るように盛期を迎える。インドの建築文化が拡張した時代と捉える事が出来よう。

西インドのカッチ地方にあるバドレシュワルには、南北四五〇メートル東西七〇〇メートルの矩形の市壁が残り、そのちょうど中央にヴァサイ寺院というジャイナ教寺院が位置する。古くはヴァドラヴァティの名で知られた港町で、インド洋交易で栄えていた。町の西端にインド亜大陸では最も古い一一五九年のインスクリプションをもつイスラーム教の祠堂(図3 - 30)が建てられ、その周辺にほぼ同時代の二つのモスク(図3 - 31)と階段井戸が残る。それらは、具象的な装飾こそ伴わないが、完全にインド土着の構法で建てられている。

一方、宋の時代に当たる中国では、泉州や杭州に清真寺が創建され、中国にもイスラーム教徒が増えていったと推察される。しかしながら、この時代に遡るイスラームの建造物は残っていない。宋時代には陶磁器生産が技術的な進化を遂げ、東シナ海の沿岸部からインド洋を介して、イスラーム商人の活躍で中国産の白磁や青磁がイスラーム世界へと広がった。

宋の首都は開封で、水運都市として賑わった。前章で述べたように、木造大壁づくり瓦葺の建築が

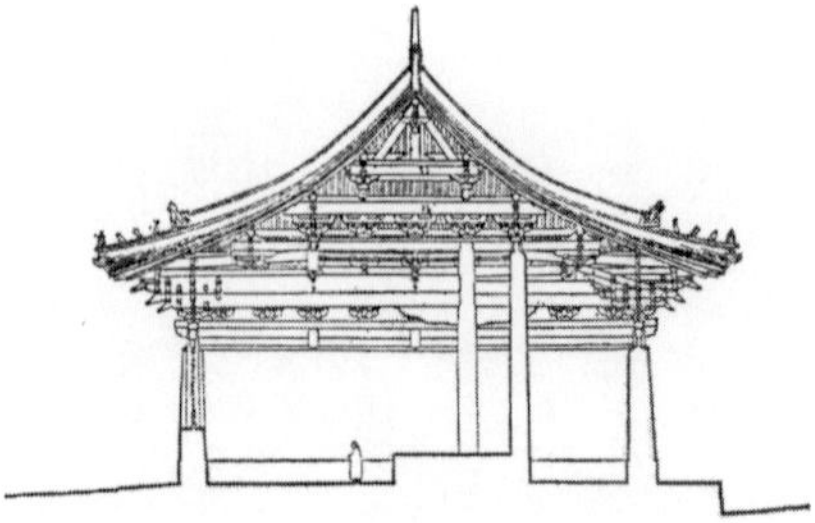

図3-49　大同の善化寺三聖殿（1128年）断面図

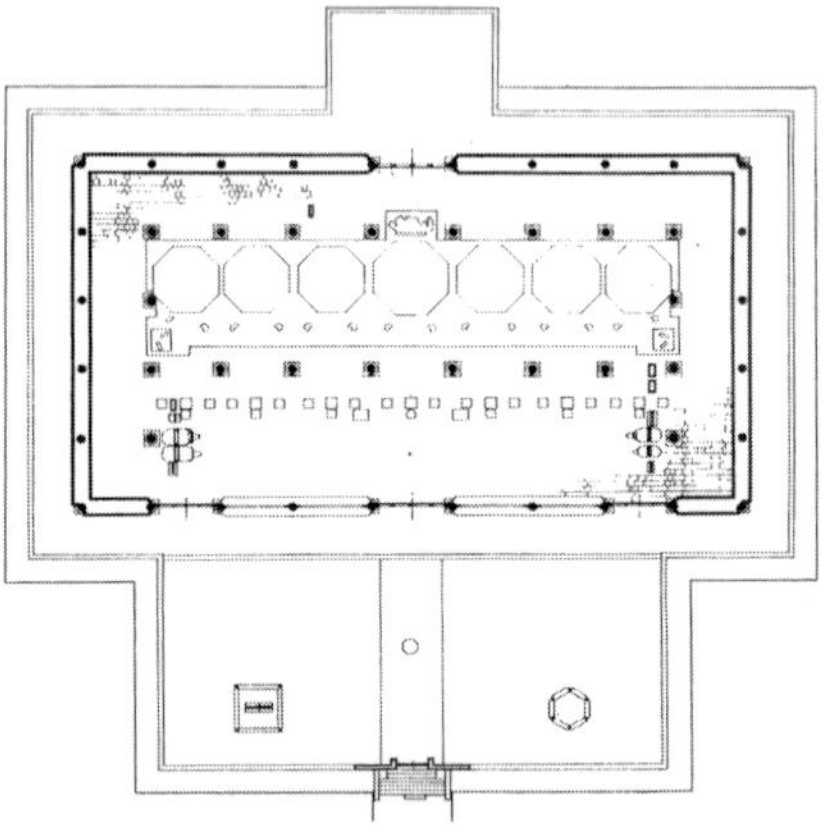

図3-50　遼寧義県の奉国寺大雄殿（1020年）平面図

主流である（図3－49）。仏教寺院、儒教の廟、道教の道観などの建造物は、用途は異なるが同一の技法で建てられたが、この時代になると、堂内の柱の位置を移動し、柱の数を減らすことによって、より広い広間を生む減柱法や移柱法（図3－50）が発達した。また、藻井《そうせい》と呼ばれるドームのような持ち送り天井が造られるようになった。加えて、開封の運河にはアーチ橋も架けられ、イスラームと何らかの交流を想起させる。また『営造法式』という建築書が整備されたのはこの時代である。

陸路を通じての動きにも注目したい。カラハン朝を破り、中央アジアの東側を手中にした西遼では、マニ教や仏教が奨励された。西夏では釉薬を用いた瓦で仏教寺院が飾られた。同じころ、中央アジアからイラン一帯のペルシアではタイル技法が進化していたが、これも何らかの交流と関連するのかもしれない。

構造美の追求

古代ペルシア文化が復興し、イスラームの各地へと伝播し、大ドーム（図３－９）とイーワーン（図３－７）が生む大空間の構造美が、イスラーム建築の中心的な存在となった。同時に、世界の各地でも構造美の追求が起こっていた。西欧では、キリスト教会堂において天へと向かう垂直軸線が強調され、ロマネスク様式を経てゴシック様式が開花する。インド亜大陸を中心として東南アジアに及ぶ地域では、ヒンドゥー建築があたかも山塊のように巨大化し、平面上では複雑化が進む。中国においては、移柱法や減柱法を用いて、仏教、儒教、道教寺院の内部空間が広くなり、寺院の高層化もみられる。

これらに共通するのは、建築の主眼が構造の工夫や発展におかれたことではないだろうか。それぞれの宗教建築において、構造への挑戦が美に直結しているように見える。次章で詳述するが、モンゴル帝国がユーラシア大陸の広域を支配する一二五〇年以後から一五世紀を迎えるころには、イスラーム建築では地方色への回帰が、西欧では古代復興という潮流が、発生する。またインド亜大陸では西アジアの構造技法との折衷が、中国では細部の装飾化が進行していき、いずれもこの時代の構造美の追求から次の装飾美の追求へと移行していくと捉えることができる。

一〇〇〇年までの様相を考えてみよう。ユーラシア大陸の西側については、これまで近代の建築史研究者によって、支配者の宗教の相違を根拠にイスラーム建築とキリスト教建築とに分けられてきたが、前の時代から大きく一括りに見ていく必要があることが第二章で確認された。他方、インド世界と中華世界には、それぞれ異なる伝統が根強く、そうした視点から見るには無理があった。
この時代に入ると、ユーラシア大陸の西側での交流の度合いは十字軍の遠征によって一段と進む。とともにイスラーム教の拡張を一つの媒介として、より広い世界が時代の雰囲気を共有するようになったのかもしれない。イドリースィーの世界地図が描かれたのもこの時代である。建築において顕在化する形は、たしかにそれぞれの地域の伝統を反映し、異なる形態をとる。しかし、西アジアのアッバース朝、東アジアの唐帝国という中枢が崩れ、各地に政権が分立するなかで、トルコ族のセルジューク朝が推進した、ペルシア古代復興様式がイスラームの各地へと伝播しつつあった。その力強い様式は宗教を超えて広く影響を及ぼしたのではないだろうか。

注

(1)煉瓦造ドームに中空の部分を用いた現存初例として、北イランのハッラガンの二墓塔(一〇六七/八年、一〇九三年)が知られている。

(2)カリヤン・ミナレット(図3-4)をはじめ、一一世紀から一三世紀初頭の高塔が多い。中でもアフガニスタンのジャームのミナレット(一一九四年)は高さ六〇メートルにも達する。

(3)一二五〇年までのペルシアの実例は、アルディスタンとタバスの二例のみだが、タバスのミナレットは地震で崩壊した。タバスのドゥ・ミナール(一二世紀後半)、アルディスタンのマスジディ・イマーム・ハサン(一二世紀後半)。インドではアジメールの大モスク(アライ・ディン・カ・ジョンプラ・モスク、一二一一/二年、図3-10)に伝わり、グジャラート地方で定型化する。アナトリアでは、一二七〇年代にシヴァスやエルズルムにチフテ・ミナーレ・マドラサ（口絵19）が残る。
（4）レイとニーシャープール近くのハルギルドからチャハール・イーワーン形式の建造物が発掘され、いずれもマドラサだとされる。
（5）大ドーム内のアーチ交差文様として、セルジューク朝ではイスファハーンのゴンバディ・ハーキ（図3－9、一〇八八／九年）、スルタン・サンジャル廟（メルヴ、一一五三年）、トゥルバッティ・シェイフ・ジャーム（同、一二三六年）が知られている。前者は五点星、後二者は八点星を用いる。
（6）多角筒および円筒に、多角錐屋根を冠する墓塔の例は、インド、大シリア、エジプトには報告されていない。
（7）ファーティマ朝の後にチュニジアを支配したズィール朝では、カイラワーンの大モスクのドーム（図2－15）以来、リブ・ドームが好まれる。ファーティマ朝の建築には、チュニジアからの影響がみられる。
（8）深見奈緒子「アナトリア圏・シリア圏・イラク圏のムカルナスについての歴史的考察」『建築史学第27号』一九九六年、二八頁。
（9）スィルヴァーンの大モスク（一一五二－五七年）、マルディンの大モスク（一一七六年）、クズルテペの大モスク（一二〇四年）は、ディヤルバクル大モスク（図3－27）と同様の横長礼拝室にスクインチ・アーチを用いるドームを挿入する。カイセリのフワンド・ハートゥーン・モスク（一二三七／八年、図3－28）はペンデンティブを用い、コンヤのアラエッティン・モスク（一一五五－一二二〇年）はターキッシュ・トライアングルを用いている。
（10）注（8）同書、一二一－一七頁。
（11）デリーにおける真のアーチの出現は、スルタン・バルバンの墓である。山本達郎、荒松雄、月輪時房『デリー——デリー諸王朝時代の建造物の研究』（第一巻遺構総目録）東京大学東洋文化研究所、一九六七年、七一－七二頁。
（12）デリーにおける現存最古の廟は、スルタン・ガーリーである。注（11）同書、七一頁。

(13)ダマスカスのウマイヤ・モスクのマリクシャーのドームは一九世紀の火災で焼け落ちて残っていないが、一三世紀に書かれたイブン・ジュバイルの旅行記によれば、エルサレムの岩のドームのような二重殻ドームで、おそらく木造であったと推察される。

第四章　モンゴル帝国の遺産と地方文化の再生――一二五〇―一五〇〇年

一　「モンゴルの平和《パクス・モンゴリカ》」のもたらしたもの

チンギス・ハーンがモンゴル高原から西に東に進み、彼の子孫たちがモンゴル帝国に拡散した一二五〇年ころから、オスマン朝、サファヴィー朝、ムガル朝というイスラームの三大政権がユーラシアを牛耳る一五〇〇年までを扱う。大都（現在の北京）を中心とした元朝のもと、インド洋やユーラシア大陸を往来する世界交易は発展し、風通しのよい世界が築かれた。

カラコルム付近の遊牧モンゴル族は、中央アジアを抜け、大シリアへと達し、チンギス・ハーンの子孫たちが、独立王朝を築く。タブリーズを中心としたイル・ハーン朝、アルマリクを中心としたチャガタイ・ウルス、ウクライナ地方のサライを中心としたジョチ・ウルスにおいて、モンゴル系の君主たちが、次第にイスラーム教に改宗する。ただし、どの王家も一〇〇年余りで勢力を弱めていくなか、一四世紀の末には、ティムールがペルシア一帯にティムール朝を作る。

モンゴルの勢力はインド亜大陸へも向かったが、インド支配を達成することはなかった。前時代に根付いたトルコ系のデリー政権がインド各地に支配を拡張していく一方で、一四世紀後半からインド各地

カラコルム
カラホト
アルマリク
イーニン
コニヤ・ウルゲンチ
トルキスタン
ブハラ
サマルカンド
トゥーラーン
大都
(→ティムール朝)
チャガタイ・ウルス
マシュハド
ヘラート
ホラサーン
デリー・スルターン朝
マハーン
デリー
杭州
ホルムズ
ムルタン
ラジャスタン
シンド
(→アフマド・シャー朝)ジャウンプル
泉州
カルハット
アフマダーバード
ベンガル
広州
グジャラート
パンドゥア
キャンベイ
マルワー
(→イリヤス・シャー朝)
マンドゥー
(→バフマン朝)
ダボル
ビーダル
グルバルガ
南シナ海
アラビア海
デカン
マラバール海岸
(マラッカ王国)
アチェ
サムドラ・パサイ
マラッカ
インド洋

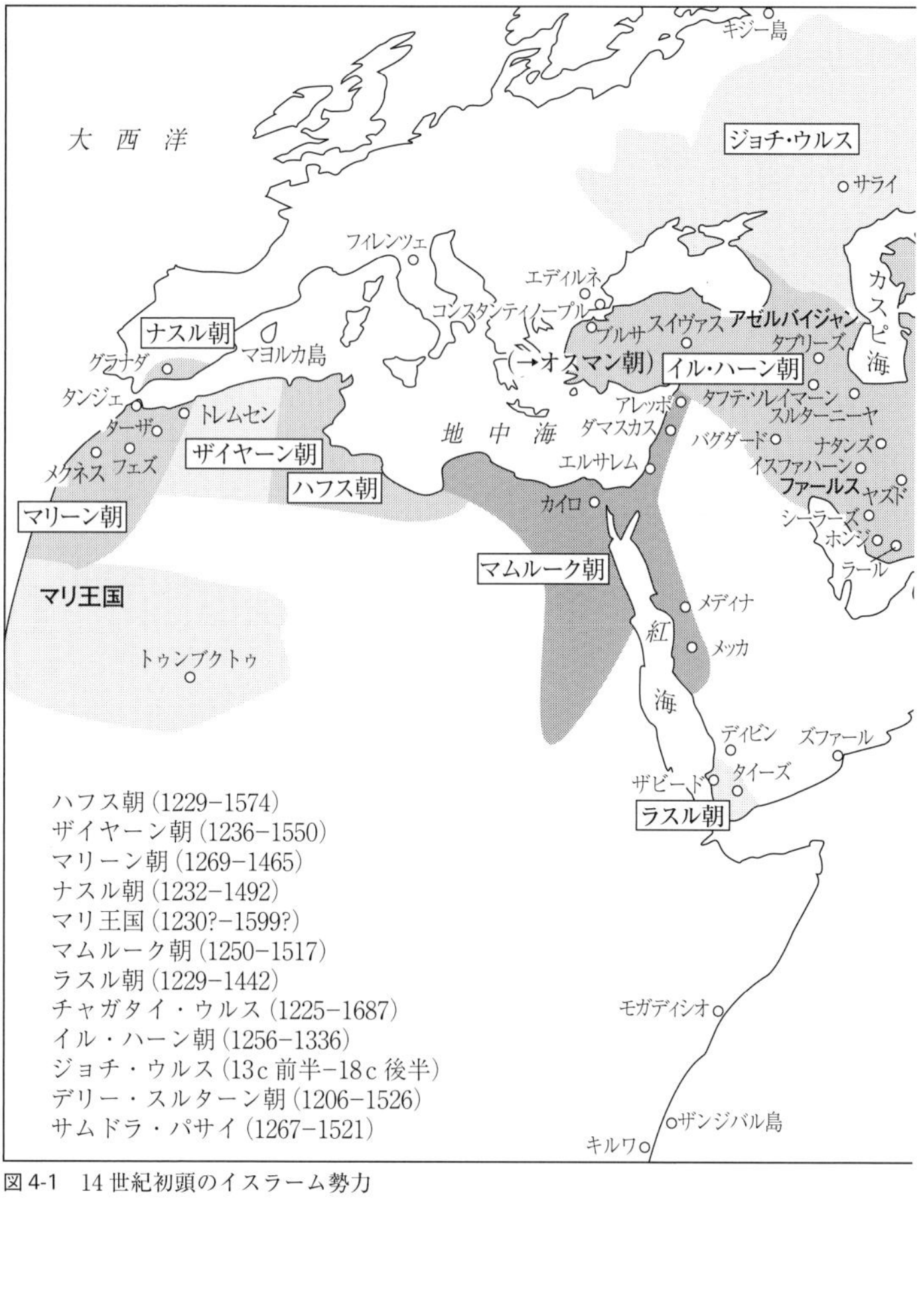

図4-1　14世紀初頭のイスラーム勢力

で地方王朝が独立した。デリーでは、ティムールの北インド侵入後、アフガン族流入が相次いだ。

地中海世界では、アイユーブ朝を滅ぼしカイロを首都としたマムルーク朝が成立する。マムルークは傭兵奴隷を意味し、マムルーク朝の君主はセルジューク朝同様、トルコ族であった。カイロは地中海と紅海を繋ぐ交易によって、大繁栄を遂げた。

アナトリアでは、モンゴルの侵入を受けながら、各地にトルコ族の小王朝が乱立していたが、一五世紀にブルサを拠点としたオスマン朝が台頭し、一四五三年にはビザンツ帝国の首都コンスタンティノープルを占領し、アナトリアから東ヨーロッパを平定する。

一方、西地中海においては、アンダルシアでレコンキスタが進み、グラナダを首都としていたナスル朝が一四九二年に陥落する。モロッコでは、マリーン朝がフェズを学芸の都に仕立て上げた。

二　ペルシア様式の洗練と伝播

モンゴル族の貢献——幕営から墓廟都市へ

時代の転換者ともいえるモンゴル族は、モンゴル草原のゲル（移動式天幕）に暮らし（幕営）、羊を追って冬営地と夏営地を行き来し、文化や永続性を求める都市的な建築文化に馴染んでいなかった。彼らが築いた三つのイスラーム王朝のうち、当時の建築文化を一番よく残すのは、イル・ハーン朝である。彼らは幕営地建設から始め、やがて宮殿や墓廟都市を営むようになる。

イル・ハーン朝は、モンゴル高原に似た気候の北西イランのアゼルバイジャン地方を本拠地とし、夏営地としてタフテ・ソレイマーン宮殿を建設した（図4－2）。イスラーム以前のサーサーン朝宮殿だったところで、小高い丘の上、火口湖を囲む絶景の地である。イル・ハーン朝の創建者フラグ（一二五六－六五年在位）の息子アバカ（一二六五－八二年在位）が、遺構に火口湖を囲む回廊を加え、変形のチャハール・イーワーン形式に改めた。回廊正面奥のゾロアスター神殿は謁見の間に造りかえられ、北西のイーワーンには奥に続く広間の両脇に開放的な八角形の部屋が増築された。

今日、宮殿自体は廃墟と化しているが、たくさんのラスター彩タイルが発掘されている。鳳凰や龍のモチーフが使われ、中国の美術がモンゴルを経由しイランにもたらされたことを物語る。今までにない藍色に金彩を載せるラジュヴァルディーナ・タイルは、イラン原産のコバルトによる発色だが、その色はモンゴル族が故地で崇めた天を象徴する色だ。八角形の部屋からは、石膏板に描かれたムカルナスの図面も出土している。

モンゴル族の遺跡再利用と異文化の取り入れは、その後も継続する。君主の墓廟都市スルターニーヤ（図4－8）を建設するに際して石切場となった北イランのヴィヤールも、サーサーン朝宮殿遺構を再利用したものと推察される。石彫の二頭の躍動的な龍は中国風で、アナトリア風とペルシア風の精細なムカルナスも刻まれ、モンゴル族の多様な嗜好を表す。

正式にイスラーム教入信を表明したのは、タフテ・ソレイマーン宮殿を建設したアバカの孫ガザン（一二九五－一三〇四年在位）で、一二九四年であった。彼は、タブリーズの西郊外にガッザーニーヤという自身の墓を中心として、病院、天文台、図書館、マドラサなどを備える墓廟都市を建設した。彼のユダヤ系出身の君臣ラシードゥッディーンもタブリーズの東に自身の墓を中心とした都市ラシーディーヤを建設する。この伝統は後述するガザンの弟のオルジェイトゥ（一三〇四－一六年在位）に引き継がれる。モニュメントの大半は消失したものの、彼が建設したスルターニーヤだけは現存し、内径二五メートルを有するドームはモンゴル族の巨大指向を表す（図４－８）。この巨大ドームは、サンジャル廟（図３－12）と同様、分厚い煉瓦ドームの重量を軽減するために、ドームに中空部を設け二重殻ドームとした。

とはいえ巨大指向を見せる現存建築[1]は少数で、多くは前時代のスケールをほぼ踏襲する。モスク（図

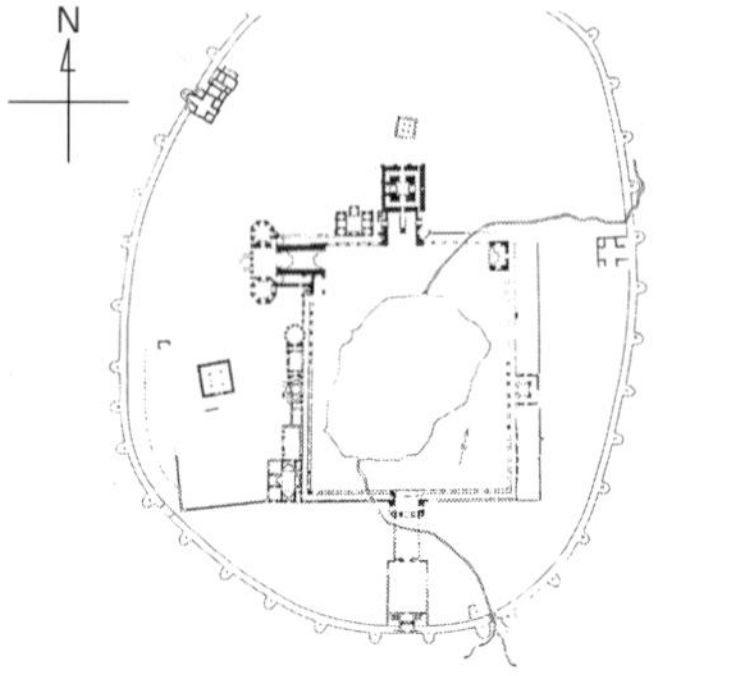

図4-2　タフテ・ソレイマーン宮殿(1275年ころ)平面図．サーサーン朝宮殿を転用

図4-3　ナタンズの大モスク(1299-1312年)

図4-4　イーニンのトゥグルク・ティムール廟(1359-63年)

4－3）にはチャハール・イーワーン形式が用いられ、前時代に比べるとドームの高さが高くなり、中庭のイーワーンとその間を繋ぐ回廊も高さを増すが、中庭の大きさにさしたる変化はない。とかくモンゴル族は都市をなぎ倒し、住民を皆殺しにした破壊者ととらえられがちであるが、イランの各地で文化的断絶はみられず、一四世紀にはペルシア様式の流れを汲む建築が数多く残る（口絵18）。

遺構の少ないチャガタイ・ウルスであるが、サマルカンドのシャーヒ・ズィンダ廟（口絵24）においてみられるようなタイル技法が発展を遂げた。シャーヒ・ズィンダ廟は、ムハンマドの従弟を葬ったとされる聖者廟を中心に、マドラサやモスクを併設した複合建築で、続くティムール朝に王家の墓地として整備される。新疆のイーニンに、ファサードがタイルで覆われた同様の廟が残る（図4－4）。ジョチ・ウルスでの現存実例は知られていないが、イブン・バットゥータの旅行記から、ウクライナ地方のサライに宮殿が築かれたことが知られている。

こうしてユーラシア中央部へ拡張したモンゴル族は、都市経営者、建設者に変貌し、ペルシア様式を基盤に、遊牧時代から引き継いだ伝統や中国的要素などを加味していった。

量産と複合化――ティムール帝国建築の実情

一三七〇年以後、ペルシア世界で他を凌駕したのは、チャガタイ・ウルスの領土を引き継ぎサマルカンドに都を置いたティムール朝で、イル・ハーン朝の建築伝統を取り入れた。ティムールは、モンゴル族が中央アジアに土着化したトルコ・モンゴル系の出自である。生涯を遠征に明け暮れ、バグダードを手中に収め、マムルーク朝、オスマン朝と鼎立する。ペルシアの文化の中心は一四世紀後半に、イラン北西部のアゼルバイジャン地方から、サマルカンドを中心とするトゥーラーン地方へ移り、さらに一五世紀前半にはヘラートを中心とするホラサーン地方へと広がり、サマルカンドとヘラートの二都市を軸とする中央アジアに移行する。

首都サマルカンドのビービー・ハーヌム・モスクは、これを世界一のモスクとすることを目論んだティムールによるペルシア風の大帝国建築である(図4－5)。その建築は、従来のチャハール・イーワーン形式を継承し、キブラ方向の大ドームの他に、副軸上のイーワーンの背後にもドーム室を付ける。ドームには、従来の二重殻ドームよりさらに内殻と外殻とを大きく乖離させた二重殻ドームを用いることで、室内は従来通りの高さながら、外側は高いドラムの上のドームを際立たせている。さらに建物の四隅、そして巨大な入口イーワーンとキブラ側のイーワーンのそれぞれ両側、計八本ものミナレットを立てる。ミナレットとドームで建物が区切られ、建物全体に占める色タイルの割合が増し、外観を目立たせている。

ペルシア世界では稀であった大理石板の腰壁が、インドからの影響を物語る。これがきっかけとなったのか、壁体が軀体部と荷重のかからない被覆部とに分かれる。これによって見栄えのよい建築を短期間で構築することが可能となった。しかし、仕上げを美しく見せるための被覆部が壊れ、軀体を露わにしている多くの遺構を見ると、量産による質の低下は否めない。

もう一つの改革は、マドラサ建築の定型化で、サマルカンドやブハラ、マシュハドなどで互いに似通った建造物が建つ(図4－6)。基本的にはモスク同様、チャハール・イーワーン形式を用い、回廊部を区切って学生用の居室とし(図4－7)、多くは二階建てである。このスタンダード・プランの成立によって、帝国各地に、より早くより多くのマドラサを中心とした公共建築を建設することが可能となった。

加えて、定型化した建造物を幾何学的に配置する。モスクやマドラサが、墓廟やハーンカー(修道院)を加えた複合建築(図5－18)として建設され、都市の核となる。その場合、配置の法則は三つをコの字

図4-5　サマルカンドのビービー・ハーヌム・モスク(1399-1404年)の中庭

図4-6　サマルカンドのウルグ・ベク・マドラサ(1417-21年)

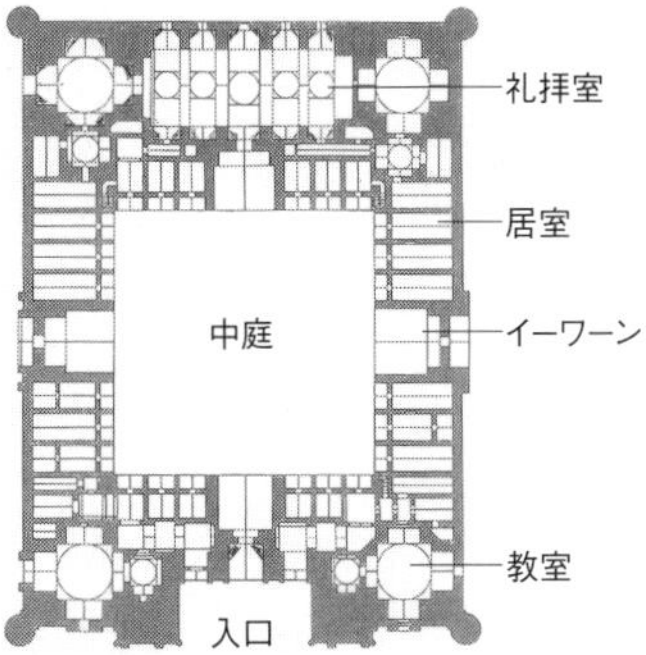

図4-7　同平面図

形に配列する場合と、二つを対面させる場合がある。建造物によって囲われた広場や通りが造られ、それらに対してファサードを強調する。ティムール朝の君主たちは支配者として、都市に暮らす人々のために、こうした複合公共施設を整備した。一方、季節ごとに住まいを移し、自然の中に住まうことを好んだ遊牧系の血統からか、ティムールはサマルカンドの周辺に広大な庭園を営み、首都での住まいとした。

ティムール朝の文化の重心は、サマルカンドを中心とするトゥーラーン地方とイラン北東部からヘラートに達するホラサーン地方に偏っていたが、イラン中原では、サファヴィー朝様式の萌芽ともいえる、タイルで覆われたモスク(口絵18)、膨らみを持つ二重殻ドーム(図4-41)、ムカルナスの改変など、トゥーラーン地方とホラサーン地方に比べるとより女性的で優雅な様式が好まれた。

死への思い——聖と俗

モンゴル族侵入後のペルシアにおいて、墓建築に多様な機能が盛り込まれ、本来ひとつの墓室のみであった墓建築が、複数の部屋をもつという新たな動きがおこる。その際に、世俗権力者の廟と宗教聖者の廟に異なる傾向がみられる。

モンゴル族が墓廟都市を営むようになったことは先に紹介したが、君主の廟のうち現存するのは巨大なオルジェイトゥ廟である(図4-8)。内径二五メートルのドームの周囲に八本の高いミナレットが聳える。実はオルジェイトゥは生前に自身の墓の建設を目論んでいたが、スンナ派からシーア派への改宗

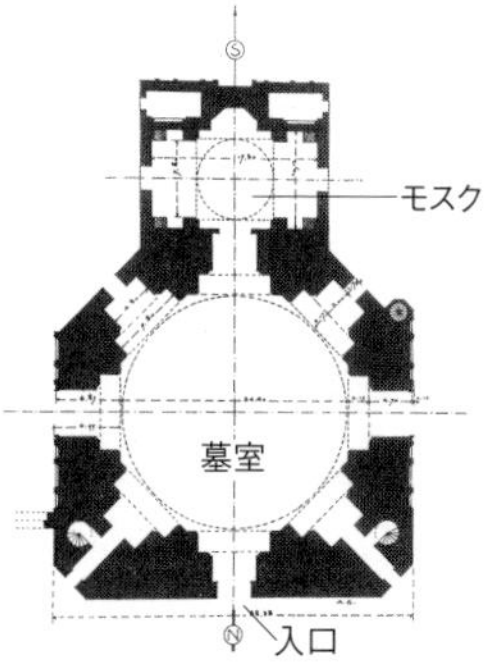

図4-8　スルターニーヤのオルジェイトゥ廟(1307-13年，左)とその平面図(右)

を機に、シーア派のイマームのアリーとフセインの遺体をイラクから運ぶことを企て、自身の墓から聖者廟への変更を計画する。それとともに、八角形の廟のキブラ側に、長方形のモスクを付設した。しかし最終的には、遺体を運ぶことはできず、君主の墓に戻った。この点でこの廟はやや例外的な君主の墓廟といえるが、オルジェイトゥの墓が巨大なドームの直下、建築の中心を占める点は、多くの君主の墓建築と共通する。

聖者が営む庵の周囲には信者たちが集まるハーンカーが建設され、聖者が没するとハーンカーに葬られる。信者たちは教団に属し、聖者廟は教団の拠点となり、増築や改築が重ねられる。こうした聖者崇拝の施設は、墓やモスクだけでなく、さまざまな機能を備えるようになる。墓室の手前に、教団員が集まり儀礼を行う大広間が造られるようになり、台所や図書室、迎賓室、お籠りの部屋などを備える例もある(図4－9)。大広間には大きなドームが架かり、墓室よりも大きく立派になる。聖者廟では、墓は奥の院のような存在になり、むしろ墓に集まる人々の空間が重要視される。

一方、世俗権力者の廟は墓室を最も重視し、墓室に大きく高い

図4-9　トルキスタン(ヤス)のアフマド・ヤサヴィー廟(左)とその平面図(右)

ドームを戴く(図4－43)。モスクや参詣者のための部屋などを付加し、複数の部屋をもつようになっていく傾向は、聖者廟と同様だ。モスクやマドラサを寄進し、その一室に高いドームを載せ、墓とすることもある。世俗権力者の廟は権力の証として、大きさや人々のための施設などを通してその存在を誇示する。すなわち被葬者にとっては、自身の墓の永遠性に加え、生前の威光を伝える場とされた。

ティムール朝で特筆すべきは、サマルカンドに見る王家の墓制である。聖者廟シャーヒ・ズィンダの参道にキャノピー墓が連続する墓地が形成され、ティムールの女性係累が葬られた。ティムールと男性係累は、彼が愛孫のために建てたグーリ・アミール廟に葬られた(図4－43)。一五世紀後半には、女性はサマルカンド郊外の墓所イシュラット・ハーネ、男性は市内のアクサライ(図4－47)という王家の墓所が確認できる。ともに、墓室を中心に小室を組み合わせた宮殿建築のような平面をもつ。イスラーム世界では、最後の審判を待つ死後の宮殿として墓建築が盛んに建設される。支配者は個別の墓所を建造して直接の関係者を一緒に埋葬することが多いが、ティムール朝のように、代々継承される王家の墓所という存在は珍しい。

ペルシア様式の大流行——移動する人々

ペルシアでは、チャハール・イーワーン形式を基本に、ドームやミナレットを際立たせたペルシア様式が洗練される。特に後述する二重殻ドーム、ムカルナス、タイルなどの技法が進化を遂げる。

ペルシア様式は、モンゴル帝国のもとで各地へと伝播し続ける。前章で述べたようにチャハール・イーワーン形式は一二五〇年以前に、シリア、アナトリアへ、ドゥ・ミナール形式は同じく西はアナトリアへ東はインドへ導入された。一二五〇年以後この傾向はさらに加速し、チャハール・イーワーン形式にはエジプト（図4－20）やインド、ドゥ・ミナール形式にはエジプトの実例が加わる。[2]

こうした大流行の陰には海のネットワークも一役かう。イエメンのラスル朝には、紅海やインド洋交易を通して栄え、部族が乱立するイエメン一帯を統一した王朝で、ザビードやタイーズに歴史的建築を残す。イエメンでは、早い時代から多柱式モスクが採用されたが、一三世紀後半のタイーズでは多柱モスクに大ドームが挿入され、外観にドーム（図4－10）を強調する新傾向が現れる。[3] その移行部はイル・ハーン朝のものと類似し、ドームの内側の彩色文様（図4－11）は、イランのヤズドに一三二六年建立の廟や、後述するデカン地方のビーダルにある廟と酷似する。[4] ラスル朝は、マムルーク朝と政治的に深い関係をもったが、カイロで初めて多柱式モスクに木造大ドームが挿入された一三世紀後半という時代に、[5] タイーズでは煉瓦造の大ドームが挿入されている。建築文化では、マムルーク朝よりもイル・ハーン朝と深い関係をもったといえる。

インド南部デカン地方のバフマン朝は、一四世紀後半にデリー政権から独立したトルコ系の王朝で、一四世紀後半から一五世紀の建築にはペルシアの建築文化への傾倒が明らかである。一三六七年建設のグルバルガの大モスク（図4－12）の、矩形のベイを基本とする多柱室は、同時代のデリーのモスクと共通するが[6]、中庭をもたない。ミフラーブ前の九つ分の矩形ベイに大ドームを架け、四隅の四つ分に中ドームを架ける。ミフラーブや大ドーム室隅のアーチは、特異な多弁形で、前章で述べた東アフ

図4-10　タイーズのアシュラフィーヤ・モスク

図4-11　同ドーム（1295-97年）内部

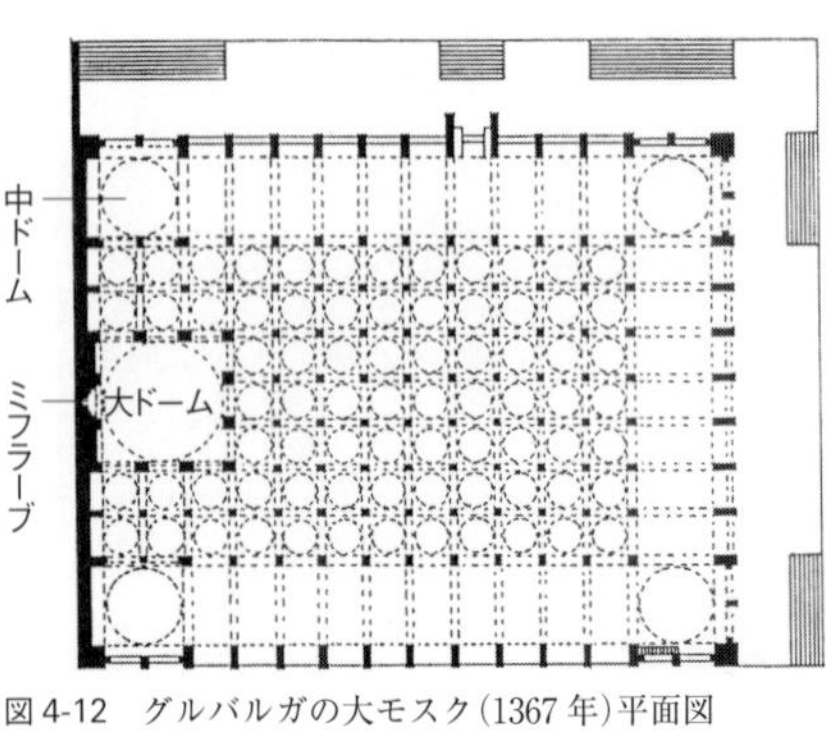

図4-12　グルバルガの大モスク（1367年）平面図

リカのザンジバル(図3－36)、あるいはイエメンのディビンのものと類似する。さらに同朝がビーダルに遷都後、一四二三年創設の大モスクにも大ドーム(図4－13)を採用し、そこにはティムール朝では顕著であったアーチ・ネットがインド亜大陸で初めて使われる。ビーダルの大モスク建立者アフマド・シャー・バフマニーの墓は、先述したイエメンのタイーズとよく似たドームの彩色文様をもつ。余談ながら、彼の墓のあるアシュトゥール村は、道の両側に王家のキャノピー墓が立ち並び、サマルカンドのシャーヒ・ズィンダを彷彿させる。このように、ペルシア、イエメン、デカンの建造物には、文化交流の足跡が明らかに認められる。

図4-13　ビーダルの大モスク(1423年)，大ドーム内部

デカンには、ペルシアとの密接な関係を示す人物がいる。バフマン朝の宰相となり、ビーダルにペルシア風のマドラサを残したマフムード・ガーワーンは、イラン北部のギーラーン地方出身のペルシア人で、インド洋を渡りデカンへと渡印した。彼は、若い時にホラサーン地方、聖地メッカ、エジプトやシリアを回り、商人としても成功している。彼がビーダルに建てたマドラサは、チャハール・イーワーン形式を採用し、三階建てながら、トゥーラーン地方やホラサーン地方のティムール朝マドラサと酷似している。また、インドでは稀なタイル装飾も使われた。

もう一つの鍵が、イランの神秘主義教団に残される。イランのマハーンにはティムールが信奉した聖者シャー・ニーマット・ワリーの率いる教団があった。その聖者の孫が、バフマン朝に招かれビーダルへ渡り、先述のアフマド・シャー・バフマニーの娘と結婚した。教団の本拠地マハーンの廟はサファヴィー朝時代に大きく改修される。ティムール朝期に建造された中央のドーム室内部や小さな部屋に、ビーダルのアフマド・シャー・バフマニーの墓に見られるような極彩色の装飾が残る。また、イランのホンジは、インド洋交易で栄えた港市ホルムズと古都シーラーズを結ぶ途上のファールス地方にあり、一五世紀にインドで活躍したイスラーム神秘主義教団の本拠地である。彼らが残した墓建築やマドラサの門を今も見ることができるが、二重殻ドームを戴くティムール朝様式の建築で、デカンのアフマド・シャー・バフマニーの廟とよく似た装飾が石柱に使われている。

このように、神秘主義教団や海を渡る商人、大望を抱き異国で仕官する人々を介して、ペルシア様式が各地に移入されたが、その流れは一方向だけではなく、インドからの影響も観察できる。

海を渡る建築――モノと技術

先述したファールス地方のホンジ近郊ラールのモスクには、インドのグジャラート地方から運ばれた、ランプ文様をもつ大理石製ミフラーブがあった（図4－14）。グジャラート地方の北に位置するラジャスタン産の大理石を用い、グジャラート地方の港市キャンベイで加工され、イランへと運ばれたと推察される。[7] ラジャスタン産大理石を用いた同様の細工は、墓石やミフラーブとして、さらに西のイエメンの港市ズファール、ソマリアのモガディシオ、タンザニアのキルワへも運ばれた（図4－15）。東方では、インド西岸のマラバール海岸、インドネシアのスマトラ島に残る。

このように一四世紀にはインド洋を通して、ペルシア風の技法が往来しただけでなく、インド産の大理石細工というイスラーム建築部品が海を渡った。元朝の染付がイスラーム世界へともたらされるのとほぼ同時期に、インド産の大理石細工が動いていたのである。

一方、モノではなく、技法は、どのようにして海を渡って伝わったのか、その様相は明らかではない。後述するように、一四世紀はイベリア半島から中央アジアまでの各地でムカルナスが花開く時代である。しかし、イエメンや東アフリカでは、ムカルナスの事例は知られていない。オマーンのカルハットにある廟（図4－16）には、ドーム移行部にムカルナスが採用されているが、単に花弁状の小曲面を重ねる疑似的なものである。インドでも同様で、先述したグルバルガの大モスクに、立方体を重ねたものがあり、おそらくムカルナスをイメージしたことが推察される。疑似ムカルナスを用いるこの傾向は、ベンガル（図4－17）、さらには中国沿岸部にまで達する。(8) また、

図4-14　ラールのミフラーブ（14世紀後半）

図4-15　キルワのランプ文様（15世紀）

図 4-16　カルハットのビービー・マリヤーム廟(14 世紀)

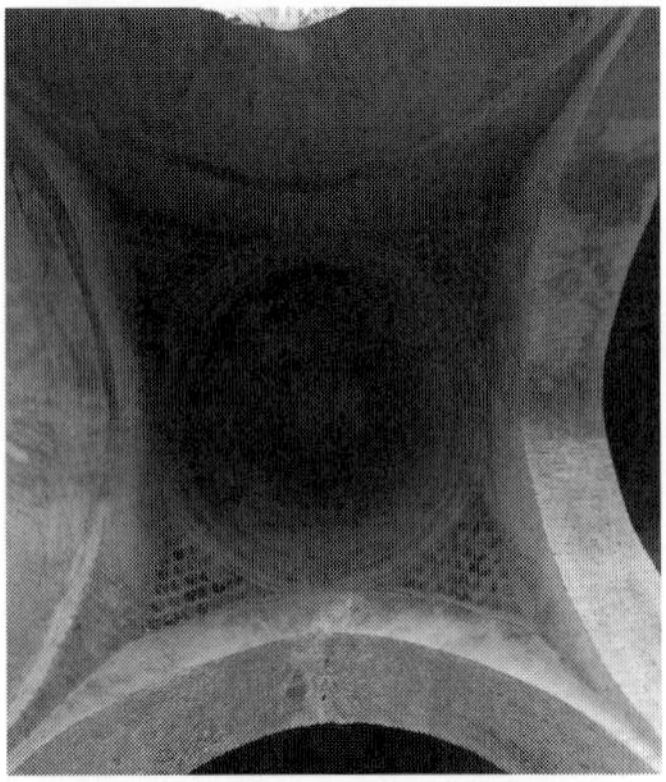

図 4-17　ベンガルの疑似ムカルナス，パンドゥアのアディナ・モスク(1374/5 年)

図 4-18　バルーチの大モスク(1302 年)装飾天井

陸を経由して伝わったと考えられる疑似ムカルナスは、内モンゴルのカラホト[9]や北京北方の中部に確認できる。このように疑似ムカルナスしかみられない地域があることは、技法の伝達を考える上で興味深い。

次章で述べるようにデカン地方では、一五世紀前半にティムール朝から導入されたアーチ・ネットが正確に根付き、異様なほど愛好される。なぜ、アーチ・ネットはインドに導入されたのに、ムカルナスの情報はインドで定着しなかったのか。技法自体の難易度もあるだろうが、こういう現象もある。ヒンドゥー建築の中に、ムカルナスとよく似た幾何学的な凹凸文様を用いた天井飾りがあり、一三世紀から一四世紀に多くの寺院で使われていた。後述するように、ヒンドゥー建築を大きく取り入れたグジャラート地方では、モスクにこの天井飾りが転用材として用いられた（図４－18）。この傾向は一四世紀の転用材を用いたモスクでは顕著ながら、一五世紀になると使われなくなり、一五世紀の後半に次第に迫り持ちアーチやドーム技法が導入されるのである。おそらくグジャラート地方では、ムカルナスがヒンドゥー建築の要素に類似していたため、イスラーム性を表現するにはむしろ不適切と感じられて、忌避へと繋がったのではないだろうか。これはインドのグジャラート地方の例だが、技法の伝達と選択を考えるヒントにはなり得るかもしれない。海を渡った情報は、すべてが受け入れられたわけではなかった。受容する側の選択があったことは重要である。

三　地方色の表出

地中海の覇者――マムルーク朝

エジプトには、一二六〇年代に多柱式モスクに九ベイを占めるペルシア風の大ドームが初めて挿入されたが、木造だった[10]。前章で述べたようにスルタン・サーリフが一二四三年にドゥ・イーワーン形式（図３－16）をマドラサに導入したが、初めてチャハール・イーワーン形式が導入されたのは一三世紀後半で、ドゥ・ミナール形式の導入は一四世紀半ばまで下る。アナトリアにおけるマドラサと比べると、エジプトにはペルシア様式が一括して導入されたわけではなく、パトロンが選択して導入した様子が読みとれる。

十字軍で活躍したスルタン・カラーウーンは、マドラサと病院の複合建築に自身の墓を付設した（図4－19）。奥に位置する病院はチャハール・イーワーン形式を採用したが、今では廃墟となりプランのみがわかる。東の大通りに面するマドラサはドゥ・イーワーン形式を採用しているが、キブラ・イーワーンは内部に列柱をもち、あたかもバシリカ式教会堂のように三廊から構成される。マドラサの北側を占める墓建築は、八角形に配された柱の上に、八角形のドラムを介して高いドームが載り、その周囲を矩形の壁で囲う。岩のドームに由来する八角形周廊墓の変形ともいえる珍しい存在で、後継例をもたない。墓内部の周廊は、古代ローマ建築を彷彿とさせるかのように円柱と矩形のピアを併用する。マドラサと墓のファサードは、対の半円アーチ窓の上に丸窓を設けるもので、ロマネスクの教会堂とよく似ている。十字軍を通じての交流を伝えるかのように、ペルシア様式だけではなくヨーロッパの様式も加味した特異な建造物である。

トルコ族出自の権力者は、死後の住まいとしての墓建築を半永久的に持続させるため、イスラーム教に基づく市民のための福祉施設と墓建築を同梱する。マムルーク朝下のカイロ、エルサレム、ダマスカス、アレッポなどには、スルタンをはじめ官僚や軍人など権力者の墓建築を付設した複合建築が数多く現存する。

ティムール朝でも、ティムールの墓所をはじめ、複合建築が好まれたが、マムルーク朝のものは、墓の占める割合が大きく、各要素が敷地に合わせて非整形に立ち並ぶ点が、中央アジアの実例と大きく異なる。ミナレットも建築を飾る重要な要素であるが、マムルーク朝ではその位置や形は不規則である

（口絵21）。中央アジアのように建物の全体像を際立たせることよりも、ミナレットやドームによって建築の上部を目立たせるようになる。ミナレットは多層のバルコニーで分節され、最上部にドーム建築をもつものへ、ドームも外観に浮彫装飾をもつものへと進化する。

カイロでも一際目立つスルタン・ハサンの複合建築（図4-20）は、巨大なチャハール・イーワーン形式の大モスクの四隅に、それぞれが中庭を中心とした四法学派のマドラサ建築を挿入し、キブラ・イーワーンの背後に墓建築を建てる。北側の入口には二基一対のドゥ・ミナールが建設途中で放棄され、そこから続く前室の天井はムカルナスで覆い尽くされている（口絵28）。入口近くには、現存していないが商業施設も設けられ、この複合宗教建造物の経済的基盤をなしていた。

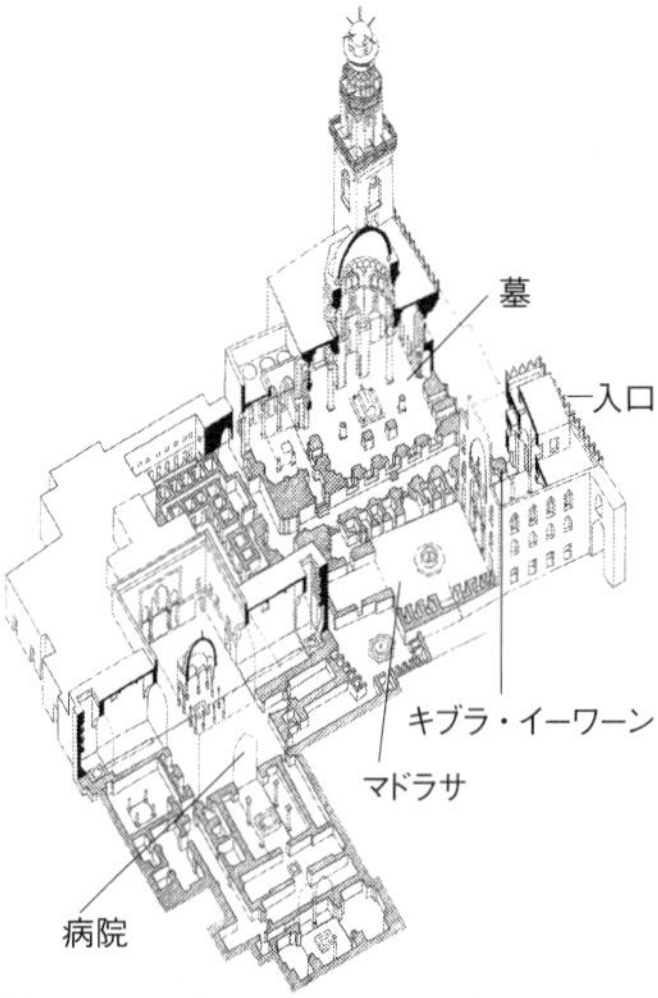

図4-19　カイロのスルタン・カラーウーンの複合建築透視図（1283-85年）

図4-20　カイロのスルタン・ハサンの複合建築（1356年）

スルタンが寄贈した大複合建築では、チャハール・イーワーンやドゥ・ミナールといったペルシア建築のコンセプトが重要視されたが、宰相が建設する中小モスクでは、引き続き一四世紀にもエジプト土着の多柱式モスクも採用された。ペルシア様式はわずか一〇〇年余の間は流行したが、一四〇〇年前後になると、スルタンのモスクも多柱式に回帰していく。

スルタン・ファラジュ・イブン・バルクークが建てた複合建築（図4－21）は、チャハール・イーワーン形式を用いずに、正方形の大中庭のキブラ側の両隅に、九ベイ分を占める大ドームを対にして挿入し、その下をそれぞれ墓とし、その間を多柱室のモスクが占める。大ドームを用いてはいるが、中心となる礼拝室は多柱式に回帰する。

図4-21　カイロのスルタン・ファラジュ・イブン・バルクークの複合建築（1400-11年）

同様な傾向は、イーワーン自体の変化にも現れる。スルタン・ハサンの複合建築のように、トンネル・ヴォールトを戴くイーワーンが中庭に面して対称的に配置されるチャハール・イーワーン形式がペルシア的である。しかし一五世紀になると、さまざまな変化を見せる。主軸上に対面するイーワーンが広く取られ、副軸上の対のイーワーンは小さくなる。また中庭に面するイーワーンの大アーチは残るが、天井は平らになる。さらに、中庭部分に屋根が架かり、その下に高窓層が挿入される。こうした形式は、当時より数百年前に遡るフスタートの住宅様式、あるいは当時の邸宅様式に似ている。このように、ペルシアから移入されたイーワーンが次第に土着の伝統に回帰していく。

ハギア・ソフィアとの遭遇——アナトリア

アナトリアでは、一三世紀の中葉になると、首都とその周辺を領域とする小規模な諸侯国が乱立する。一三世紀半ば以後も引き続き、多柱式モスクやペルシア様式を取り入れたマドラサ(口絵19)や病院、トルコ的な墓塔(口絵8)などが建てられるが、なかでもすぐれた石造建築の技術を基盤にした石造ムカルナスの幾何学的バリエーションには目を見張るものがある。また、折板構造を用いたいわゆるターキッ

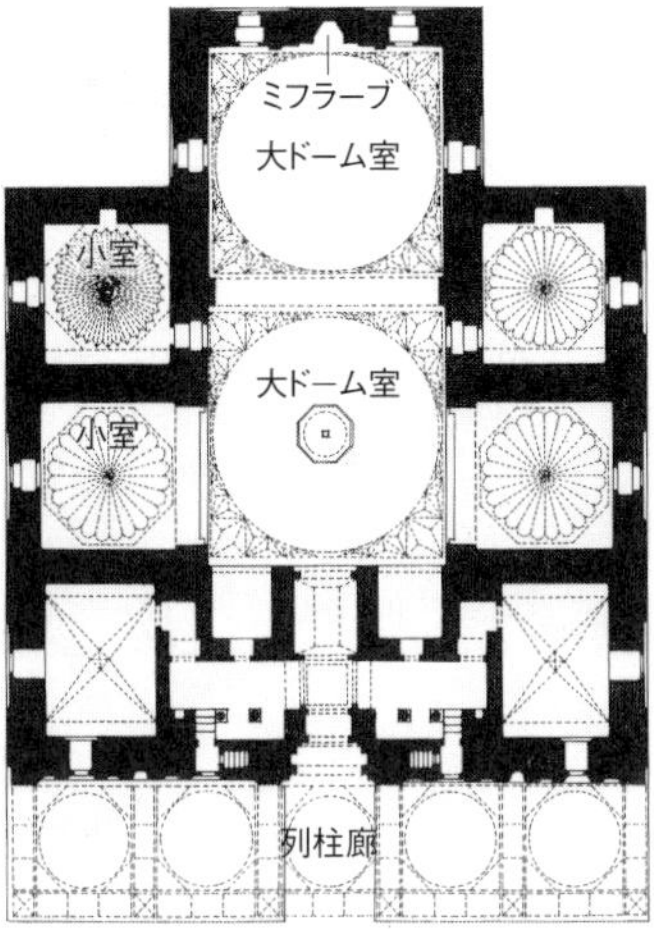

図4-22　ブルサのイェシル・モスク(1412-24年)平面図

図4-23　同内部．中央軸上の二つの大ドーム室は，移行部にターキッシュ・トライアングルを用いる

図4-24　エディルネのウチ・シュレフェリ・モスク(1437-47年)

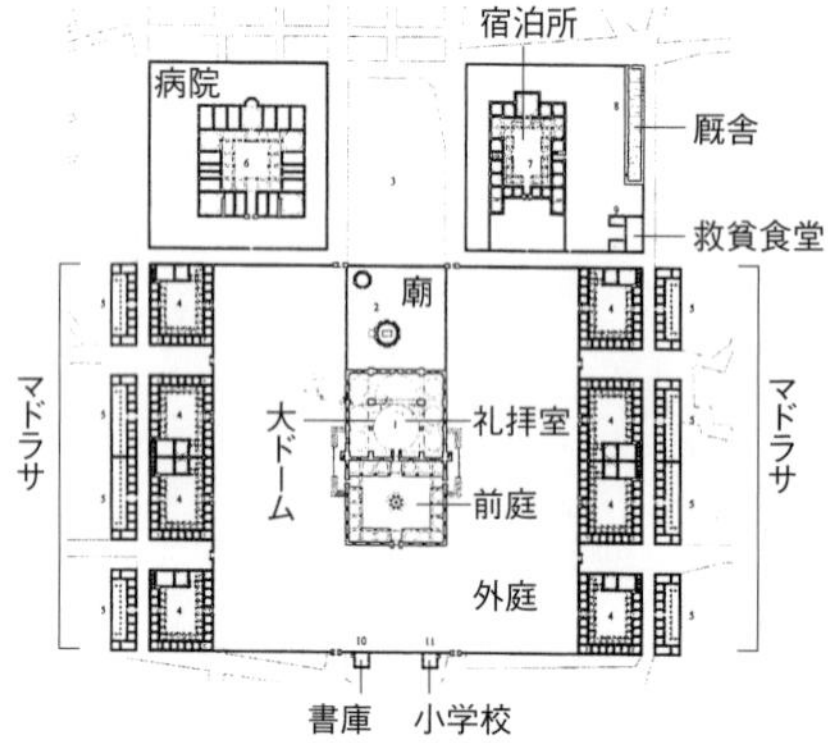

図4-25　イスタンブルのファーティフ複合建築(1463-70年)復元平面図

シュ・トライアングル(図4-23)は、ドーム移行部の土着化が生んだ特異な存在である。

アナトリアは、東はイル・ハーン朝、西はビザンツ帝国、南はマムルーク朝の支配と接し、諸侯国は小競り合いを繰り返していた。ところが、西のブルサを拠点としたオスマン朝が、一四世紀後半にバルカン半島に進出、一四五三年にはビザンツ帝国の首都コンスタンティノープルを奪取し、飛躍的に拡張する。このオスマン朝の拡張とともに建築も変化を始める。

オスマン朝では、一四世紀前半から単一ドームの空間に列柱廊を付けた小モスクが建てられた。ドーム移行部には、ペルシア風のスクインチではなく、ペンデンティブや折板構造を用いる。一五世紀になると、大ドームを前後に連ね、両側の小室とあわせ、T字形に一体的とした礼拝室を設けたモスクが造られる(図4-22、23)。このドーム配置は、ティムール朝のタブリーズやマシュハドのモスクに影響を与える。[11]

飛躍的な発展を遂げた建築が一五世紀の中葉に出現する。一つは、エディルネのウチ・シュレフェリ・モスクである(図4－24)。六角形の大ドーム室の両脇に二つずつの小ドームを加えて礼拝室とし、前面にアーケードを回した前庭を付加する。そして前庭の南西隅に三層のバルコニーを持つ鉛筆形の高いミナレットが建ち、他の三つの隅にも低いミナレットが建つ。

もう一つは、メフメト二世がコンスタンティノープルを陥落させ、ハギア・ソフィア大聖堂をモスクに改めた後、一四六〇年代に建設されたファーティフ複合建築である(図4－25)。礼拝室では大ドーム室の背後に半分の大きさの半ドームを接続し、全体の配置として諸宗教建築が整形に配列された複合建築である点が新しい。礼拝室のドームはハギア・ソフィアのドーム空間に倣ったことは明らかである。この傾向は、一六世紀以後に引き継がれ、オスマン朝を代表する建築家ミーマール・シナンの時代に最盛期を迎える。

マムルーク朝のエジプトの場合は、一五世紀に土着の地方色が盛り返してきたのに対し、オスマン朝の場合は、ビザンティン建築からの影響、とりわけコンスタンティノープル攻略後に名建築ハギア・ソフィアをモスクに改修した経験によって、一五世紀以降ペルシア様式から次第に脱却していく。

耽美主義——アンダルシア、マグリブ

一二世紀後半からペルシア様式が凌駕したアナトリア、大シリア、エジプト、インドと異なり、西のマグリブ(北西アフリカ)とアンダルシアはドラスティックな変化を求めなかった。この傾向は、一三世紀後半以後も、モロッコのマリーン朝、チュニジアのハフス朝、アンダルシアのナスル朝下で継続し、建築装飾は繊細さを極め、耽美主義的な方向に向かう。

一一世紀後半にペルシアで誕生し、一二世紀後半からイスラーム世界を風靡したマドラサ建築が、ハフス朝には一三世紀の半ばに、マリーン朝には一四世紀の初頭に到達した(図4-26)。マドラサの設立とともにエジプト以東の地域ではペルシア風建築が転写されたのに対し、マグリブでは、ローカルな住宅形式に似た建築が採用された。中庭をアーケードが囲い(図4-27)、その背後に小さな部屋が並び、礼拝室だけが大きく取られる。学生用の居室を配するために、小規模な光庭も多用される。

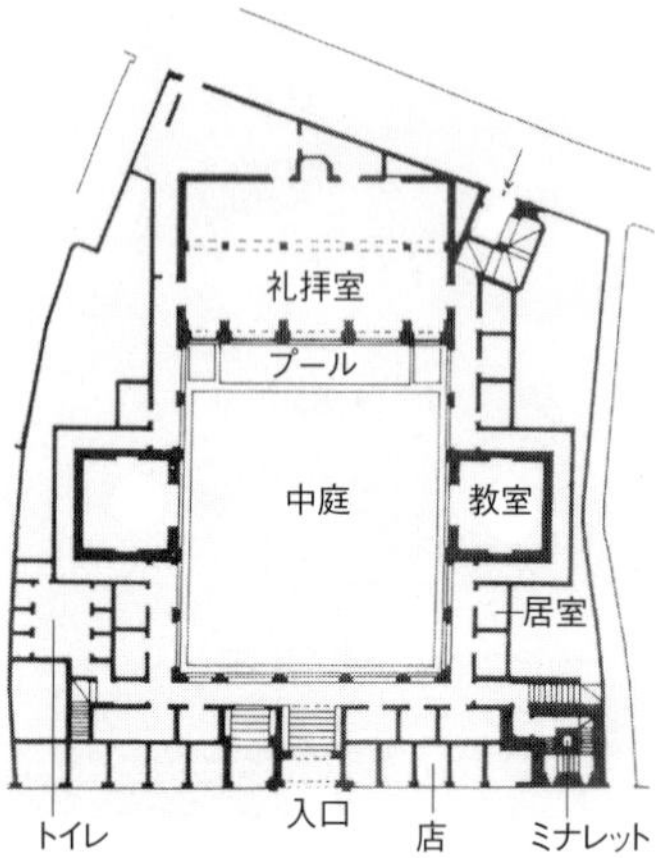

図4-26　フェズのブーイナーニヤ・マドラサ(1350-55年)平面図

図4-27　フェズのアッターリン・マドラサ(1323年)の中庭

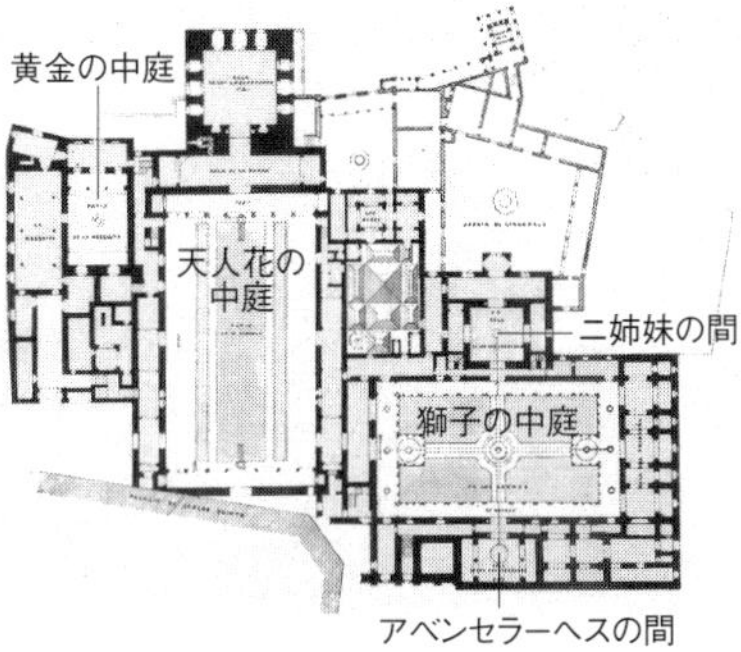

図4-28　グラナダのアルハンブラ宮殿(14世紀)平面図

図4-29　同獅子の中庭(1362-91年)

図4-30　同二姉妹の間天井

この時代のアンダルシアとマグリブにおいて最も特徴的なのは、装飾様式である。床面は石やタイルが張られ、高さ二メートル余りまでの腰壁がタイル張り、その上の壁を漆喰浮彫で飾り、最上部の軒や天井には木造彫刻や寄木細工をほどこす(図4-27)。しかも、各部が精細な装飾ですきまなく満たされ、床と腰壁は幾何学文様、その上の漆喰壁は流麗な植物文様、天井に至って再び幾何学文様という法則に拘る。同時代のペルシアではタイル技法が百花繚乱の様相を呈し、幾何学文様、植物文様、文字文様が混用されるが(口絵24)、なぜかアンダルシアとマグリブのタイルは、幾何学文様とモザイク・タイル技法に固執する(口絵27)。さらに幾何学文様は組紐文様へと進化することによって複雑化する。

アンダルシアではレコンキスタによって、イスラーム勢力が縮小し、グラナダ王国が最後の砦となった。その拠点であった有名なアルハンブラ宮殿(図4−28)の黄金の中庭、天人花の中庭、獅子の中庭(図4−29)でも、先述した装飾様式が共通する。獅子の中庭に面する諸室には、小曲面化した優美なムカルナスが飾られる(図4−30、口絵29)。後述するように、一四世紀はイスラーム世界一体にムカルナスが流行した時代だが、アンダルシアとマグリブでは、最も小さな曲面が最も多数集結する特色がある。しかも、各地で新たな極座標系が用いられていくのに、前時代の直交座標系の幾何学から抜け出さなかったのも地方色だ。

マリーン朝下のターザに残る大モスク(一一四二年建立)に一三世紀末に作られたアーチ・ネットは、コルドバの大モスク(一〇世紀)に始まるアーチ・ネットの、マグリブとアンダルシアにおける最後の実例である。細いリブを用いて一六角形にアーチを架け渡し、その間に漆喰細工を入れ込んだ造形は、手の込んだレース細工のようだ。その後、理由は不明だが、アーチ・ネットはペルシアの十八番となる。逆に東方から導入されたムカルナスは、アンダルシアとマグリブの伝統として継承される。

ムカルナス、タイル装飾、アーチ・ネットから見ても、装飾は耽美的な方向を極めてゆくことに注意が払われ、既存の様式をペルシア様式へと改変しなかったのがこの地方の特色といえよう。

土着風と異国風——インドの地方様式

インド亜大陸では、デリーで一三世紀後半に真の迫り持ちアーチ技法が確立し、ヒンドゥー転用材時代から脱却する。モスクや墓建築にもドームが用いられ、マドラサも導入された。トルコ系出自のデリー政権は、奴隷王朝、ハルジー朝、トゥグルク朝と交代し、インド亜大陸各地へと支配を伸ばしたが、デリーおよび西のムルタン地方の建築文化には一貫してペルシア化の流れがみられる。トゥグルク朝下一三四〇年代建設[12]ともいわれる首都デリーのベガンプール・モスクには、チャハール・イーワーン形式が採用された。しかし、トゥグルク朝が新たに占領した地では、当初はヒンドゥー転用材モスクを建てていた。

大きな転換点は、一三七〇年ころ、デリーを拠点としたトゥグルク朝から地方王朝が独立した時にある。東のベンガル地方では、インド亜大陸に類例のない大規模なトンネル・ヴォールトのイーワーンを冠し、ダマスカスのウマイヤ・モスクのような横長中庭を有するアディナ・モスク(図4－31)が、南のデカン地方では、先述したように多柱室に大ドームと中ドームをもつグルバルガの大モスク(図4－12)が建てられた。一方、デリーでは、グリッドを用い、各正方形ベイにドームを架け、中庭に十字形に柱廊を挿入することが流行し、大ドームはモスク建築から衰退する。おそらく、興隆した地方権力はモスク建築に変化を求め、一方弱体化したトゥグルク朝の建設力は低下したのだろう。

この変化はさらに広がり、一五世紀の前半には、ガンジス川流域のジャウンプル地方でチャハール・イーワーン・モスクを柱梁構法で建てる様式、西のグジャラート地方でアーチ壁の背後に柱梁構法でドームを接合する様式(図4－32)、南のマルワー地方でデカンと似た大ドームをもつ様式が成立する。

このように、インドでは各地に既存のヒンドゥー寺院の建築技術の様態やパトロンの選択によって

図4-31　パンドゥアのアディナ・モスク（1374/5年）

図4-32　アフマダーバードの大モスク（1423年）

地方様式が分化していく。東のベンガルにはデリーを経由した西アジア様式が受け入れられたことが、アディナ・モスクでのイーワーンの使用やドーム室モスクによって明らかである。そして、南のデカンやマンドゥーには新たな西アジア様式がおそらくデリーを経由せずに海路で移入されたことは、先述した特異な多弁形アーチやアーチ・ネット（図4－13）の存在によってわかる。一方、ジャウンプルやグジャラートではヒンドゥー様式を洗練することによって単なる転用材建築ではなく土着様式を選択した様式が導かれた。

なぜ、地方によってこれほど違う選択がなされたのだろう。南のデカン地方は、インド洋文化圏からの影響が強く、支配者であるバフマン朝ではペルシアと人的交流があったことは先に触れた。マンドゥーとビーダルには、一五世紀の宮殿建築が広大な城砦の中に残る。中世インドの宮廷ではペルシア語が用いられ、数多くの諸地域からの渡印ペルシア人が活躍した。ヒンドゥー様式に固執したかのように見えるグジャラート地方も、インド洋文化圏とはキャンベイなどの港市を通して深く関わり、ペルシア出身者やシッディと呼ばれるアフリカ人も活躍した。

インド西部グジャラート地方でのヒンドゥー様式への傾倒は、パトロンであるアフマド・シャー朝の嗜好や、現地の技術の高さに加え、前章で述べた一二世紀から続く沿岸部港市でのモスク建築の蓄積が大きく作用していたのではないだろうか。すなわち、長年かかってイスラーム商人階層の築いた民衆の様式が、支配者の様式に影響を与えた可能性を指摘できる。グジャラート地方にあるカティアワール地方、マングロールでの一四世紀半ばの実例は、如実に土着化した民衆レベルでのイスラーム様式の存在を伝える[13]。ヒンドゥー的と感じられる様式は、すでに民衆レベルでのイスラーム様式へと書き換えられていたのではないか。むしろ率先して土着的柱梁の様式が選択されていたのではないか。土着性を前時代の宗教

図4-33　アフマダーバードのサイイド・ウスマーンの墓(1460年ころ)

図4-34　デリーのムハンマド・シャーの墓(1443/4年)

とだけ結び付けるのは、一面的にすぎるであろう。

インド全体として留意せねばならないのは、各地における墓建築の発展である。基本となるのは第二章のサーマーン廟(図2－25)のようなキャノピー墓ではあるが、インド特有の形態が生まれてくる。数本の柱の上にドームを載せる形態、あるいは墓室を周廊で取り囲む周廊墓である(図4－33)。一二柱式プランや一回り大きい二八柱プランにドームを載せた墓の周囲に多重の周廊を設けるようになる。特にデリーでは、岩のドーム以降類例の少ない八角形周廊墓が、一四世紀末から次の時代のムガル朝に至るまで引き継がれた(図4－34)。ヒンドゥー教における祠堂の周囲を回る儀式、あるいは開放的な列柱建築である前殿(マンダパ)がこうした墓建築に影響を与えていたのかもしれない。

境域での選択

パクス・モンゴリカの時代、インド洋の交易活動が活性化したことで、各地の港市にイスラーム建築の痕跡が残った。地中海世界、オリエント世界、そして新たにイスラーム教が広がったインド世界を取り巻く境域を見ると、その様態から、土着的な建築文化を適用した土地と、ペルシア風の新様式や新技法を大きく導入した地に分かれる。

前者は、インドの西海岸から東南アジアのスマトラ島、ジャワ島に至る一帯である。木材を柱梁とし、傾斜屋根を架け、多層の建築とする。現存施設において、建設年代をこの時代に設定できるものは少ないが、一五〇〇年以後、インド西南マラバール海岸の木造多層モスク(図5－32)、インドネシアからマレーシア一帯にみられるピラミディカル・モスクという定型化した様式(図5-30)が広がることから、この時代に素地は作られていたと考えられる。インド西南部からインドネシアにかけての地域は、西アジアへのチーク材の供給地でもあり、豊富な木材を用いて土着のモスク様式を創出した。先述したグジャラート産の大理石彫刻はこの一帯にもみられるが、建築に西アジア的、ペルシア的なるものを見出すことは難しい。

一四七九年建立のジャワ島ドゥマックの大モスク(図4-35)は、礼拝室は三層で、中心の四本柱の周囲に二重に柱列を回している。上階に行くごとに平面が減少するため、ピラミッドのような形の多層屋根を架ける。この形式は、ジャワのヒンドゥー王宮に使われた形式で、王宮では多層階が吹きぬけとなる。しかし、ドゥマックでは三層の床が挿入される。この点では、マラバール海岸の多層モスクと類似し、インド西南とインドネシアとの関係を示唆する。とはいえ次の時代になると、東南アジアの木造多層モスクのほとんどが吹きぬけとなる(図5-31)。また、ジャワ島中部クドゥスのミナレットは、ヒンドゥー形式の煉瓦の塔で、ところどころに陶磁の皿が壁面にはめこまれる。最上階には太鼓が置かれ、礼拝の時刻を告げる。

図4-35　ドゥマックの大モスクの礼拝室内部(1479年)

目をはるか西へ転じて、西アフリカのトゥンブクトゥでは、サハラ交易を通して、マリ王国が栄えた。モスクは泥造りで、建設年代はそれほど古くないが、一四世紀ころからの伝統的技法と様式が引き継がれていたといわれ、ペルシア様式の影響はみられない。

一方、中国の東シナ海から南シナ海沿岸、および東アフリカには、ペルシア風の痕跡が残る。中国沿岸部では、南から広州、泉州、杭州の清真寺にその姿を辿ることができる。広州の清真寺のミナレット（一三五〇年）は円筒形で、杭州の清真寺のドーム（一三一四－二〇年）には先述した疑似ムカルナスがみられ、泉州の清真寺では入口（一三一〇年、口絵23）をイーワーン状に造る。ただしこの潮流は明の時代にな

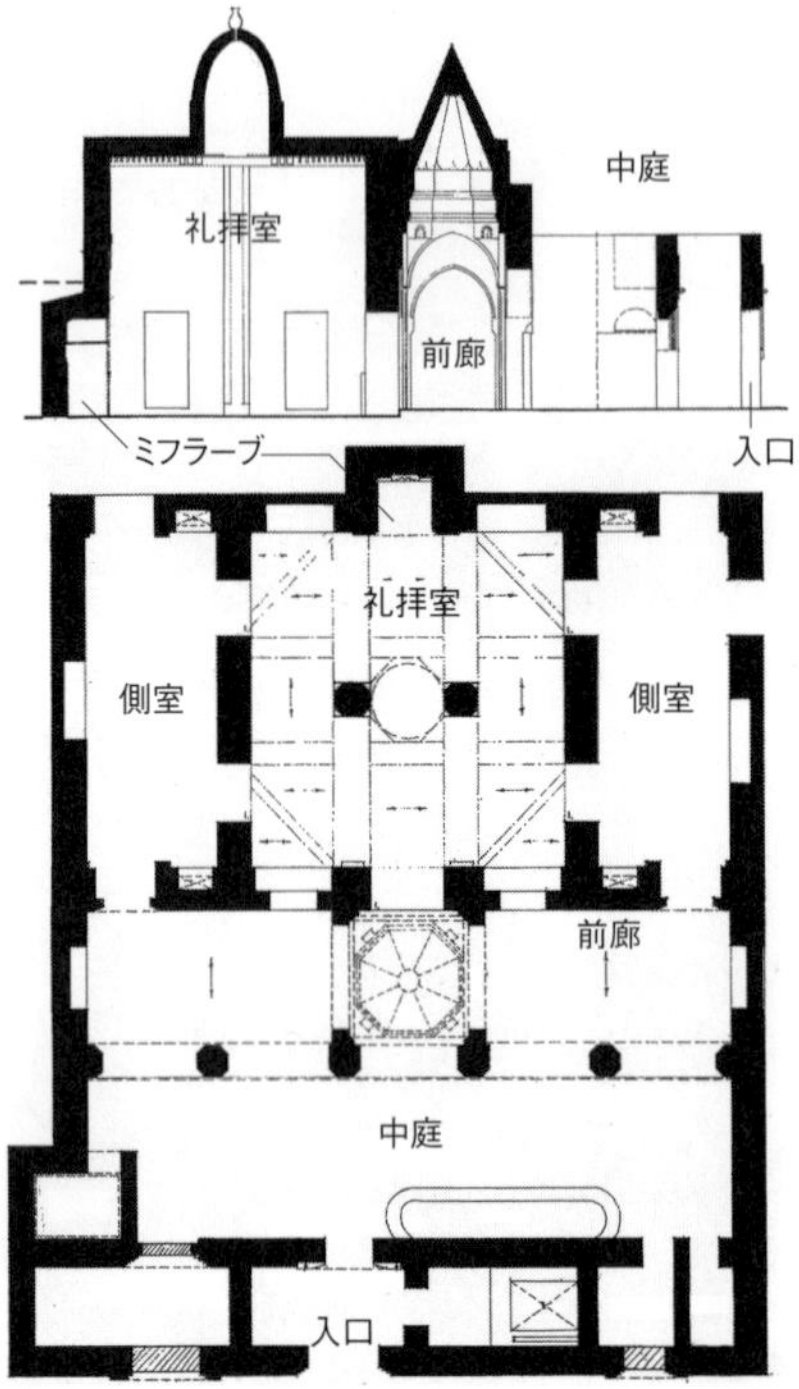

図 4-36　モガディシオのファクル・アッディン・モスク（1269 年）断面図（上）と平面図（下）

図 4-37　キルワの大モスク（15 世紀）の礼拝室内部

ると影を潜め、中国寺院風の清真寺が造られる。

東アフリカでは、モガディシオとさらに南のキルワにペルシア伝来の痕跡が残る。モガディシオのファクル・アッディン・モスクは、風変わりな建築である（図４－36）。前廊にはアナトリア風の錐状屋根、礼拝室の水平屋根に小さなドームを付ける。さらに、ミフラーブにはペルシア製のラスター彩タイルとグジャラート製の大理石を合わせて用いている。同地に建つ一三世紀後半の大モスクは多柱式縦長平面で、円筒形のミナレットと、多弁形のミフラーブをもつ。

起源をイランのシーラーズにあるとするシーラージー伝承をもつキルワでは、イエメンのハドラマウトからの移民により繁栄期を迎える。大モスク（図４－37）が拡張され、宮殿が建ち、小さなモスクもいくつか建設された。その様式はサンゴ石で造られた柱を並べ、各々のベイにアーチを架けてドームを築いていく様式で、インドのデリーやデカンの建築と類似する。天井の中央や墓に中国製の陶磁器を埋め込んで装飾とする点は、ジャワ島中部のクドゥスのミナレットやオマーンのモスクのミフラーブと共通する。宮殿は複数の中庭からなり、同時代インドのマンドゥーの宮殿に見るような多弁形のプールをもつ庭もある。ただし東アフリカも中国同様、次の時代になると、上述したペルシア風の要素は使われなくなる。

四　進化する技法

陶酔幻惑空間——ムカルナス

アンダルシアから中央アジア、疑似的なものを含めれば、インド洋から中国まで、広い地域でイスラームの表象となったのがムカルナスだ。材料や幾何学性、あるいは適用される場所などに地域色はあるものの、アーチによって区切られた小曲面を水平に並べ、それを垂直方向に積み重ねて、全体を凹面状の持ち送りにするもので、特異な様相ゆえにだれもがムカルナスだと認めることができる。複雑に入り組んだ曲面は、光を受けて移ろい、見る者を不思議な感覚へと誘う。一三世紀後半以後、各地でムカルナス技法が進化を遂げる。

ペルシアでは、ムカルナスは煉瓦製や漆喰製で、従来は部品の数が有限な直交座標系に偏っていた（口絵12）。一四世紀に入ると極座標系が導入され、一五世紀にはこれが主流となる（口絵26）。軀体とムカルナス面が離れ、軀体から吊り下げられるようになり、構造的に有利な極座標系へと移行したと推察され、その後ペルシアでは直交座標系はすたれ、極座標系が主流となる（図5－10）。この新しいムカルナスは一三世紀前半のアナトリアやシリアでは、石造ムカルナスとしてすでに流布し（図3－44）、一三世紀末になると、エジプトに導入される（口絵28）。これまでペルシア風の建築や要素が各地に拡張していくさまを述べたが、注目すべきは、シリアやアナトリアの石造ムカルナスの幾何学特性をペルシアのムカルナスが受容し、変容していく双方向の流れである。

その一方で、ムカルナスが一二五〇年以前とほとんど変わらないのはアンダルシアとマグリブだ。アルハンブラ宮殿に代表されるように、さまざまに利用され、小曲面が小さくなり、数多くの曲面から成り立つようになるが、直交座標系から離脱することはない（図４‐30、口絵29）。

なぜ、これほど各地でムカルナスが好まれたのだろう。一説に、イスラームの原子論的宇宙論、すなわち宇宙は微細な原子から成り立つという説を、建築的に表現したものであるとする[14]。ムカルナスの醸し出す陶酔的雰囲気は、ファナー（神との合一）に至る空間演出として神秘主義の興隆とも深く関係したといわれる。

また、この時代を特色付ける地方文化の再生・再興の流れにも関係があるかもしれない。地方色を前面に打ち出そうという意識の一方で、当該建築がイスラーム建築であるとの表象を何らかの形で残す必要性があり、その道具の一つがムカルナスであった可能性が考えられる。多くのミフラーブがムカルナスで飾られていることからも、これがイスラーム装飾において必ず使われるコーランの聖句を刻んだアラビア文字の碑銘、あるいは高度な幾何学文様や抽象的なアラベスク文様（様式化された植物文様）と比肩する重要な要素であったことが推察される。ムカルナスのもつ幾何学性、アーチ小曲面の使用、幻惑的な空間効果などが入り混じった特殊な造形が、イスラーム建築の共通言語としての効力を発揮したのではないだろうか。

図4-38　ラスター彩タイルと単色釉浮彫タイルの組合せ

図4-40　モザイク・タイルの細部

図4-39　モザイク・タイルの部品

多様な実験とその所産――タイル

前時代にタイル文化をになうようになったペルシアにおいて、一二五〇年から一四〇〇年までが多様なタイルの実験の時代、一五世紀はその所産の時代といえる。

イル・ハーン朝とチャガタイ・ウルスでは、タイルの多様な技法がみられる。従来のラスター彩タイル(図4－38)に加え、藍と金彩を用いるラジュヴァルディーナ・タイル、多彩釉のミーナーイー・タイル、浮彫を施す大型の陶板タイル(口絵24)、中央に穴をあけた穴空きタイル、異なる釉薬の境に縁《ふち》をおくハフトランギーと呼ばれる絵付けタイル、色タイルを刻んで再び接合するモザイク・タイル(モアッラグ、図4－39、40)、などである。絵付けの方法や過程、焼き方、タイルの一つ一つの形や大きさなど様々で、ペルシアの伝統としての煉瓦文化の素地に加え、中国の塼《せん》からの影響もみられる。

ところが、ティムール朝盛期に、急速に大建築を量産する中、タイル技法は絵付けタイルとモザイク・タイルに収斂していく。建物の軀体部と被覆部が分離し、建物各所がタイルで覆われるようになると、次第に矩形の土色のタイルと色タイルを組み合わせるハザール・バフ（バンナーイー）と呼ばれる技法が主流となり（図４－43上）、大柄な幾何学文様が建物のファサードを覆い尽くす（図４－41）。

ペルシア（イランおよびトゥーラーンからホラサーンにかけての中央アジアも含む）でのこうした潮流は、各地へ伝播する。さらに東では一三世紀にインダス川流域のパンジャーブ地方へ、一五世紀にはデリー周辺やデカン地方、ベンガル地方へ伝わる。デカンのバフマン朝のタイルは、先述した他の要素と同様、ティムール朝の技法の直輸入であった。ベンガル地方では、単色釉の矩形タイルが主流ながら、上絵付、下絵付などの技法もみられる（口絵22）。ただし、インドにおいては極端な雨季と乾季のせいか、釉薬の剝落が激しく、タイル技法は定着しない。

一方、西方へは、シリアやアナトリアへ影響を与える。一四世紀のシリアでは、白地に藍で植物やランプなどの文様を描いた六角形タイルが数多く産出されるようになる。その姿は、元時代の白磁藍彩を模したかのようである。アナトリアでは、すでに一三世紀にペルシアから到来し、培われたタイル技法があった（口絵10）。特に一五世紀のオスマン朝のブルサやイスタンブルには、ティムール朝のタイル技法が大きく影響を与え、イェシル・モスク（緑のモスク、図４－23）、チニリ・キョシュク（陶磁亭、図４－46）などが造られ、タイルに特化した命名で知られる。

エジプトでは色大理石の象嵌細工が主流で（口絵28）、タイルは根付かなかったが、シリアやアナトリアからいくつかのタイル技法が到来していた。さらに西のマグリブやアンダルシアには、一四世紀に突如としてタイル技法が現れ、腰壁の装飾法として定着していく。しかも技法はモザイク・タイルに、模様は幾何学文様に限定されるという特殊性を有する。色も緑、黒、黄、茶、白、青が使われ、全体として青の印象を与える東のタイルとは異なっている(口絵27)。また、幾何学文様は組紐文様として複雑化し、植物文様が使われることはない。マグリブやアンダルシアにおけるこのようなタイルが東方のタイルとどのような関係をもったのかはいまだに謎だ。各地に生活雑器としての陶器の技法があり、建築用材としてのタイルも製法上繋がる部分もあるが、モザイク・タイルに見るように建材独自の道を歩む場合もある(図4-39、40)。西のタイルは地元の陶器工房と関係があるのだろうが、ちょうど同じころマドラサが東方からもたらされているので、東方との繋がりも考えたい。

レコンキスタが進むイベリア半島では、一五世紀になるとモザイク・タイルとは一線を画したクエルダ・セカやクエンカという絵付け技法のタイルがキリスト教建築に現れる。クエルダ・セカはペルシアのハフトランギーと同様に、タイルの上にマンガンと油を混ぜたもので輪郭を描き、異なる色の釉薬が混ざらないようにする。一方、クエンカは押し型で粘土に凹凸を付けて、輪郭線を盛り上げる技法である。こうしたタイル技法が、マヨルカ島を経由してイタリアに入り、白地に明るい色で絵柄を描く錫釉タイルへと繋がる。

この時代は、イスラーム教の興隆とともに復活を遂げた西アジアのタイル文化が、イスラーム圏を超えて広がるスタートをきった時代と位置付けられる。

異教建築との交流——二重殻ドームとアーチ・ネット

ティムール朝期の代表的ドームとして、ドラムに内側ドームを入れ込み、その上に支持板を介して外側ドームを構築する極端な二重殻ドームを挙げることができる。しかし、それへの変容は、現存実例から見ると、一四世紀後半のわずかな期間に集中する。それ以前の二重殻ドームは、スルターニーヤのオルジェイトゥ廟（図4－8）の例に見るように、重量軽減の目的をもっていた。内側ドームと外側ドームの極端な乖離は、一四世紀半ばのイスファハーンのスルタン・バフト・アガー廟（図4－41）、コニヤ・ウルゲンチのトゥラベク・ハーヌム廟（図4－42）が現存最古であり、サマルカンドのシャーヒ・ズィンダにある一三八五年のシーリーン・ビカー・アガー廟が中間的な存在で、一三九〇年代のトルキスタンのアフマド・ヤザヴィー廟（図4－9）やサマルカンドのグーリ・アミール廟（図4－43）では鶴首形ともいえるような二重殻ドームが完成する。しかしカイロには、すでに一三六〇年代にティムール朝の二重殻ドームのほぼ完成形を見せる例がある（図4－44）。ただしカイロでは後続例がなく、高いドームの内側が井戸底のような単殻ドームとなる。

これら一連の事象は二重殻ドーム技法史を表し、その後の事例からもペルシアに二重殻ドーム技法の中心があると考えられる。それでは、ティムール朝の二重殻ドームの起源はどこにあるのだろう。そして、前述のいくつかの事例はどう結びつくのだろう。

ペルシアの北、カザフスタンからウクライナ一帯は、一四世紀にはジョチ・ウルスの領土であったが、今ではその遺構は残らない。一方、カイロのマムルークたちは、中央アジアやカフカス出身のトルコ系

図 4-43　サマルカンドのグーリ・アミール廟(1400-04 年)．外壁をハザール・バフ技法で飾る(上)．その内部(下)

図 4-44　カイロのスルターニーヤ廟(1360 年代)

図 4-41　イスファハーンのスルタン・バフト・アガー廟(14 世紀半ば)

図 4-42　コニヤ・ウルゲンチのトゥラベク・ハーヌム廟(14 世紀半ば，上)とその内部(下)

の人々であった。

木造のロシア正教の教会堂には、風変わりな玉葱形ドームが多い（図４－45）。玉葱形ドームの最初の例は明らかではないが、すでに一〇世紀からギリシア十字式教会堂の中央屋根には、高いドラムの上にドームが載り（図２－53）ロシア正教会としては一二世紀の例が残る[15]。小型ながらバリエーションの多いロシア正教の木造ドームが、ジョチ・ウルスの建築に影響を与え、木造と組積造の両方で二重殻ドームの技法が試されていたと考えられないだろうか。とすれば、一四世紀後半に、ペルシアとカイロに極端な二重殻ドームが同時に存在するという事象は、すでにジョチ・ウルスで試された形態がもたらされたからと考えられる。

図4-45　ロシア連邦カレリア共和国のキジー島にある木造教会（1714年，再建）

キリスト教建築との関連による技法の進化は、アーチ・ネットにも現れる。アーチ・ネット自体は、一四四頁で述べたようにマグリブの起源ながら、一三世紀後半のターザのモスク以降、西方世界からは姿を消す。一方、一二世紀前半にペルシアに導入された時、アーチ・ネットは天井に多く使われていたが、次第に、移行部に使う、二重にする、井桁状にする（図４－47）、などさまざまな事例を発展させ、ティムール朝期には、移行部の技法の主流としての位置を占める。その影響

図4-46　イスタンブルのチニリ・キョシュク（1472年）断面図

図4-47　サマルカンドのアクサライ（1464年）の天井

は、ティムール朝の領域を超え、オスマン朝のチニリ・キョシュク（図4－46）や先述したインドのバフマン朝（図4－13）へも波及する。

　こうした中で、先述したティムール朝の室内と外観が極端な乖離を見せる二重殻ドームが成立すると、次第に天井が低くなる。その一方で、井桁状のアーチ・ネットを用いることによって、室内が広くなる（図4－47）。この井桁状のアーチ・ネットは、一四世紀のアルメニア教会の前室（ガヴィット）に使われている。アルメニア建築は、アナトリアのイスラーム建築からムカルナスを取り入れる半面（図3－44）、井桁状のアーチ・ネットを中央アジアのティムール朝建築に与えたのであろう。このように、今までは建築史を宗教別に考えることで相互関係に充分な考察が加えられてこなかった技法もあり、宗教を超えた観点に立つことによって、さまざまな交流が浮き彫りになる。

五　それぞれの回帰

枠組みの相克──インドと中国

この時代、インド亜大陸にはイスラーム勢力による数多くの遺構が残る（口絵20、22）。東南アジアから中国沿岸部の諸都市にもすでに見てきたようにイスラーム教徒は増え、いくつかの遺構がある（口絵23）。

インド亜大陸では、イスラーム建築が土着建築の影響を受けただけではなく、イスラーム建築を介して伝わった新技術が、ヒンドゥー教建築やジャイナ教建築でも使われた。インドに土着技法として存在しなかったアーチやドームの技法は西アジアから到来し、イスラーム建築を通してインド各地に根付いていく。

ヒンドゥー建築史では、一三世紀以後はデカンの南のホイサラ朝やヴィジャヤナガル、あるいはベンガルやケーララなどにみられる地方色の濃いヒンドゥー様式について言及されることはあっても、一三世紀以前の、いわゆるヒンドゥー建築の黄金時代とそれ以後とは、隔絶する感が否めない。一三世紀までにヒンドゥー建築の根幹は完成したという史観に立ち、以後は巨大化した寺院を装飾が覆い尽くし、装飾の密度が高められていく時代であるといわれる(16)。

しかし、ヒンドゥー建築とイスラーム建築を繋ぐ枠組みを考えることによって、一三世紀以後のインドの建築史観は変容する可能性がある。そもそもインドという地域設定自体が建築を語るには大きすぎる。それぞれの州にそれぞれの言語と文字があるように、もう少し狭い地域の建築文化を、宗教を超えて丹念に考えていくことが必要だろう。たとえばグジャラート地方には土着技法の色濃いイスラーム建築が確立すると同時に、ジャイナ教寺院は、柱構造の前殿に配されていた持ち送りドームが大きくなり、イスラーム教徒の周廊墓(図4-33)と同様の一二柱あるいは二八柱の特徴的な柱配置をとるようになる。あるいはマンドゥーやビーダルに残るイスラーム為政者の宮殿建築は、一七世紀になってインド北西部ラジャスタン地方を中心とするヒンドゥー教徒のマハラジャ宮殿に大きく影響を与えることとなる。

中国では元、明を通して、「構造的な形式になんの変化もないまま、よりいっそう硬直し、直截的で、躍動感に欠け、おそらくより装飾的であると同時により繊細な」様相が形成された時代であるといわれる。[17] しかし中国のイスラーム建築を見れば、沿岸部には、西アジアから新たな要素がもたらされていたし、新疆とカザフスタンの間のイーニンには、チャガタイ・ウルスの遺構が残る(図4-4)。中国全土のモスクに土着化傾向が普及するのは一七世紀以後のことで、この時代には外来の新様式がイスラーム建築を通してもたらされていた。

中国の寺院建築史と、イスラームからもたらされた西アジア生まれの要素はどんな関係をもったのだろうか。元時代の大都宮殿の庭に建つ亭(パヴィリオン)、ヴォールトを用いた明時代の陵墓、ドームを斗拱《ときょう》で組みたてたような藻井《そうせい》(図5-63)、これらには何らかの西アジアとの交流の可能性を示唆する。

ルネサンスへの引き金——古代への覚醒

一五世紀のイタリアでは、ブルネレスキ設計のフィレンツェ大聖堂のドーム（図4－48）が建てられ、アルベルティの建築論に代表されるルネサンス建築の時代に入る。尖頭アーチとリブ・ヴォールトを用い、天を目指したゴシック建築から、古典様式の柱のオーダーを再評価し、半円アーチを用い、大ドーム建築を肯定する建築へと移行する。ギリシア・ローマに遡る古代の復興という文化潮流が、十字軍終結後の地中海世界において、交易によって栄えたイタリアの港市と富裕層によって導かれた。

彼らは、なぜ古代を規範に選んだのだろうか。フィレンツェ大聖堂のドームは、四二メートルもの内径のドームを八角形のリブで傘状の曲面とする二重殻ドームで、型枠を使わずに構築された。大きさは同時期のイスラーム圏のドームを凌ぎ、古代ローマのパンテオンのドームと比肩する。尖頭形の傘状ドームという点は、ゴシック建築にも先例があるが、重量軽減のための二重殻ドーム、ドームを高く立ち上げる八角形のドラム、型枠を使わない点など、イスラームのドームとの多くの共通点をもつ。

イタリアには古代建築が数多く残り、ルネサンスの建築家たちは、そこから学んだといわれるが、ルネサンスの三大発明といわれる火薬、羅針盤、活版印刷も、はるか東方世界からイスラーム世界を介して持ち込まれ改良された。前章で十字軍を介してゴシックとイスラームの関わりを述べたが、ルネサンスのドームにも、イスラームの影響が届いていたのではないだろうか。アラビア語に翻訳された古代ギリシア語やラテン語の文献が、西ヨーロッパに再び移入されたのと同様、エルサレムの岩のドーム（図2－23、24）、ダマスカスのウマイヤ・モスク（図2－2～4）やウマイヤ朝の宮殿（図2－34～37）に見たように、地中海の古代建築はイスラームが継承した。それを七〇〇年余りの期間をかけ、西アジア・中央アジアの建築文化をくみ入れながら発展させ、それがまたイタリアへと戻ったと考えてみることも、文化の継承という点から考えれば可能ではないだろうか。また、西洋建築の全てが同時にルネサンス様式に変容したわけではなく、イギリス、フランス、スペインなどでは、同時代にゴシック様式が盛期を迎えていた。それを考えあわせると、マムルーク朝やオスマン朝との交易で栄えたイタリアでこそ、ルネサンスという古代への覚醒がイスラームを介して進展したと考えることもできる。

一方、オスマン朝のイスタンブルでは、ビザンツ帝国の遺構ハギア・ソフィア(図1-7)が、その後のオスマン朝建築に大きく影響を与えていく。このように、ルネサンスを考えるためには、地中海地域のオスマン朝建築、マムルーク朝建築あるいは、それらと親密な間柄のティムール朝建築とも照合する

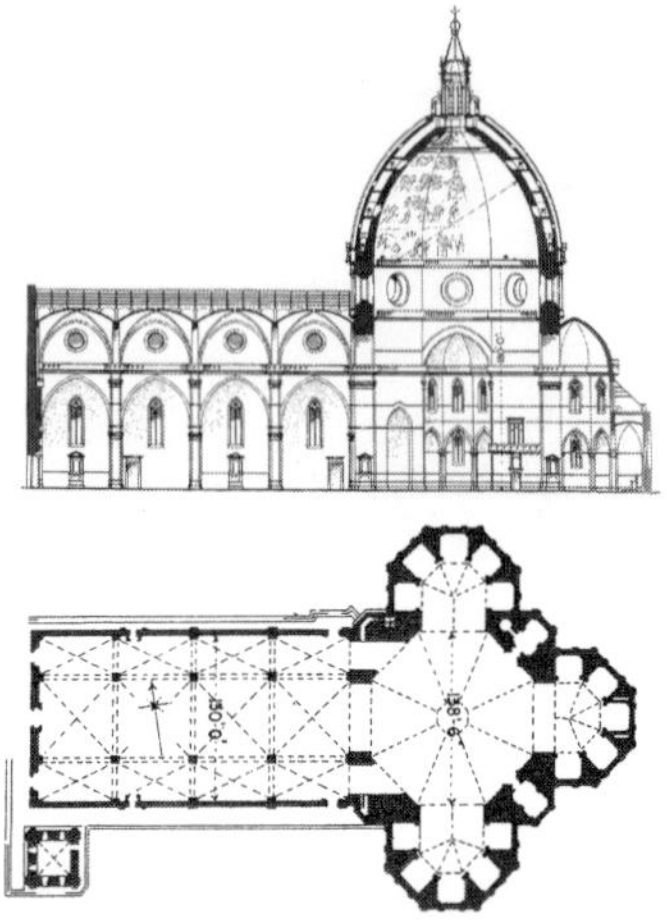

図4-48　フィレンツェ大聖堂ドーム(1446-61年)断面図(上)と平面図(下)

図4-49　コルドバのサンバルトロメ教会(1399年)．ゴシック風のリブ・ヴォールトとアルハンブラ風のタイルとスタッコの壁面装飾が併用される

必要がある。加えて、レコンキスタを通してキリスト教政権が再征服を果たしたイベリア半島では、ムスリム工人によるムデーハル建築が建てられる状況であった(図4－49)。

ルネサンス時代のイタリアが求めたのは、ロマネスク、ゴシックという段階的な発展からの方向転換だったのではないだろうか。そのアイディアの源泉として古代回帰が試みられたと考えると、イスラーム建築がモンゴル帝国崩壊後、それぞれの地でペルシア風からの脱却のために地方回帰の道筋をとったことと、類似性が浮かびあがる。それぞれの地の建築において、自己アイデンティティーを主張し、それまでの流れとは一線を画する風潮が導かれたのではないだろうか。

共時的世界へ

日本建築史で、屋根と天井が大きく乖離し、いわゆる本堂建築を高く覆う甍《いらか》のような高い屋根が鎌倉時代に構築される。禅宗様式では深い軒を支える斗栱が構造体ではなくなり、細かく密になっていく。イスラーム建築史では、モンゴル帝国以後ムカルナスが軀体から乖離することによって装飾性を増し、一四世紀後半には極端な二重殻ドームが成立する。イギリスやドイツの後期ゴシックでは、本来構造を担ったリブが細密化し複雑な意匠を見せる。従来、構造と装飾は一体であったのに、この時代、構造から生み出された造形が構造から切り離され、装飾へと純化していく。なぜ、遠く離れたところでこうした共時的事象が生じたのだろう。

モンゴル帝国は、中華世界とイスラーム世界を統合した帝国として、史上初の存在である。無論政治的、宗教的な統一を成し遂げたわけではないが、モンゴルの支配権拡大によって流通や交流が促進され、中でも、インド洋交易の発展には目を見張るものがある。

東西交易は古代から盛んではあったが、閉じた圏域がいくつかの結節点を共有しつつ東西を結んでいたといえる。しかし、この時代にはより広い範囲が圏域として機能するようになったようである。長距離を移動し、故郷へそして各地へと情報をもたらした人たちは、広い圏域の存在を物語る。ヴェネツィアから元朝の大都までを旅したマルコ・ポーロ、モロッコのタンジェから出立しデリーのトゥグルク朝に仕え故郷に戻ったイブン・バットゥータ、明からインドを越えアフリカ大陸東岸まで達したイスラーム教徒の将軍鄭和などである。さらに彼らを支えた船乗りや商人、移民、そして教団などの活発な交流活動があった。先述したように人の移動とともに、建築の部材や様式や技法も、活発に移動した痕跡を見ることができる。世界の広がりに対する情報の共有は、未知なるものへの関心をさらに掻き立て、次の時代のスペインやポルトガルによる大航海時代を準備する。

一方、インド洋に劣らず、地中海世界でも、東のマムルーク朝や新興勢力としてのオスマン朝が、イタリアの諸都市と活発な交易を行った。ヨーロッパが都市文化へ傾倒し、イタリア・ルネサンスの風潮が生じたのも、こうした状況によるものであった。一四世紀前半に地中海を黒死病の大流行が襲う。しかし大打撃の後の復興力は目覚ましく、ルネサンスの動きに拍車がかかったのもこの復興期と重なるようにも見える。

モンゴル帝国が瓦解し、一五世紀になると、イスラーム建築においてはペルシア風の流行から脱し、地方文化へ回帰する現象が見えてくることを述べた。各地の建築文化が地方様式を加味した定型化の時代に入り、効率性を担保する量産化、複合建築による壮大性などが主眼となっていく。こうした現象はイスラーム建築に限らず、中国の明時代の宮殿や寺院建築、インドのヒンドゥー建築、西洋のキリスト教会堂にも共通するように思われる。比較建築史的研究が期待される時代であろう。

注

(1)タブリーズのアリー・シャー・モスク(一三一〇―二〇年)は、中庭に幅三〇、高さ二五メートルに達する巨大なイーワーンを建設した風変わりなモスクで、巨大趣味を現す。

(2)チャハール・イーワーン形式はエジプトではカラーウーンの複合体の病院建築(一二八三―八五年)、一二九八年のシェイフ・ザイヌッディン複合建築、インドでは一三四〇年ころのベガンプール・モスクが現存初例である。エジプトのドゥ・ミナール形式は、ズワイラ門のミナレット(一四一九―二〇年)やスルタン・ハサン・マドラサ(一三五六年)に適用された。

(3)タイーズには礼拝室に三つのドームを採用したムザッファリーヤ・モスク(一二四九―九五年)、大ドームとドゥ・ミナールを採用したアシュラフィーヤ・モスク(一二九五―九七年)、六つのベイにそれぞれドームを架けるムッタビッヤ・モスク(一三九二年)が残る。

(4)ヤズドのルクヌッディン廟(一三二〇―二四年)、ビーダルのアフマド・シャー・バフマニー廟(一四三五年ころ)である。

(5)複数のベイを占める大ドームとして確認できるカイロにおける初例は、マムルーク朝のスルタン・ザーヒル・バイバルスのモスク(一二六六―六九年)で、十字軍のジャファの城から持ってきた木材で建てられた木造ドームである。

(6)デリーにはカーラーン・モスク(一三八七年)、ヒルキ・モスク(一三七五年)、カーリー・モスク(一三七〇年)など、トゥグルク朝期一四世紀後半に矩形のベイを基本として平面を構成するモスクが数多い。

(7)一四世紀にグジャラートで作られた大理石製品に関しては、以下の論文がある。Elizabeth Lambourn, 'The decoration of the Fakhr al-Din mosque in Mogadishu and other pieces of Gujarati marble carving on the East African coast,' *Azania*, 1999, pp.61-86. 家島彦一「第Ⅵ部 第3章 ランプ文様の装飾レリーフと文化交流」『海域からみた歴史』名古屋大学出版会、二〇〇六年、六六六–八六頁。深見奈緒子「ラールのミフラーブ」『第一六回ヘレニズム～イスラーム考古学研究』二〇〇九年。

(8)ベンガル地方パンドゥアのアディナ・モスク(一三六四–七四年)のドーミカル・ヴォールトの移行部、杭州の清真寺(一三一四–二〇年)のドーム移行部、泉州清真寺(一三一〇年)の入口イーワーン部分(口絵23)に実例が残る。

(9)Marc Aurel Stein, *Innermost Asia-detailed report of explorations in Central Asia, Kan-su and Eastern Īrān,* Oxford, 1928, vol.I, Text, p.442, pl.252 および p.515, pl.272 の写真参照。なお、同 vol.III, Plates and Plans, p.339 には図面が掲載されている。

(10)注(5)で述べたように、スルタン・ザーヒル・バイバルスのモスクでは、大ドームとともに中軸廊が高く構築され、ペルシア的な傾向を見せるが、木造である。加えてペルシア様式の一特色である開放的な広間としてのイーワーンは使われなかった。

(11)タブリーズのマスジディ・カブド(一四六五年)、マシュハドのマスジディ・シャー(一四五一年)はイランにあっては、特異なプランをもつモスクで、オスマン朝のT字形モスクや前後にドームを重ねるモスクとの関連性が考えられる。

(12)第三章注(11)同書、五二一–五三三頁。

(13)深見奈緒子「グジャラート州カティアワール地方の港市と中世イスラーム建築」『西南アジア研究No.75』二〇一一年、一一 - 四三頁、および同「グジャラート地方の港市における中世のモスク建築――様式史的検討」『第一八回ヘレニズム~イスラーム考古学研究』二〇一一年、一八六 - 二〇六頁。
(14)Yasser Tabba, 'The Muqarnas Dome : Its Origin and Meaning', *Muqarnas vol.3*, Brill, 1985, pp.61-74.
(15)ノヴゴロドの聖ソフィア教会は、一〇四五年から一〇五〇年に5つのドームの載る形式に改められ、その後一一五〇年の火災の後に、現状の膨らみのあるドームに改築された。
(16)ジョージ・ミッチェル著、神谷武夫訳『ヒンドゥ教の建築――ヒンドゥ寺院の意味と形態』鹿島出版会、一九九三年、一〇九頁、一一八 - 一九頁。
(17)アンドリュー・ボイド著、田中淡訳『中国の建築と都市』鹿島出版会、一九七九年、四五頁。

第五章　イスラーム大帝国の絢爛——一五〇〇－一七五〇年

一　大帝国鼎立

一五〇〇年を超えると、イスラーム世界では、東地中海のオスマン朝、ペルシアのサファヴィー朝、南アジアのムガル朝が鼎立する。この状況は中央のサファヴィー朝が瓦解し、両端の帝国に西欧列強の力が卓越する一八世紀半ばまで持続した。権力構造を鏡に映すかのように、建築文化もオスマン朝様式、サファヴィー朝様式、ムガル朝様式が、それぞれの首都、イスタンブル、イスファハーン、北インドのアグラ、デリー、ラホールを中心に花開き、近世イスラーム建築の絶頂期ともいえる時期を迎える。

オスマン朝は、アナトリアから東欧、大シリア、エジプト、北アフリカ、アラビア半島までを手中に収めた。聖都メッカとメディナの支配権を得、スンナ派を掌握する帝国となり、その後も第一次世界大戦敗戦まで続く。サファヴィー朝は、イラン西北のアゼルバイジャン地方から次第に南進し、イラン一帯を支配する。シーア派を奉じ、絢爛たるペルシア文化を創出する。ムガル朝は、ティムール朝の後継者を名乗ってインドに進出した家系で、南アジアを統一する。宮廷ではペルシア語が使われ、ペルシア文化への傾倒が強い。これら三つの王朝はともに遊牧トルコ系民族と深く関係することは興味深い。

(←シャイバーン朝)
アルマトゥイ
ウルムチ
トゥルファン
ヒヴァ・ハン朝
ジャーン朝
イーニン
カシュガル・ハン朝
ヒヴァ
カスピ海
アゼルバイジャン
アルダビール
ブハラ
コーカンド
サマルカンド
カシュガル
タブリーズ
ホラサーン
カズウィン
マシュハド
ヘラート
カーブル
イスラマバード
イスファハーン
ナジャフ
バスラ
サファヴィー朝
カンダハル
ラホール
ペルセポリス
シーラーズ
キルマーン
ラジャスタン
デリー(シャージャハーナーバード)
ホルムズ
バンダレ・アッバース
アグラ
ファテプル・スィークリー
ドーハ
ドバイ
ムルタン
パンジャーブ
ムガル朝
マスカット
アブダビ
シンド
アフマダーバード
ムンドラ
グジャラート
ベンガル
ジュナガード
スーラト
ヴェラヴァル
ディウ
マルワー
ダマン
ムンバイ
カノヌール
ビーダル
アーディル・シャー朝
ゴルコンダ・ハイデラーバード
シバーム
ダボル
ビジャプール
マスリパトナム
コンカン
クトゥブ・シャー朝
ゴア
アラビア海
デカン
カリカット
コロマンデル
コチン
ケーララ

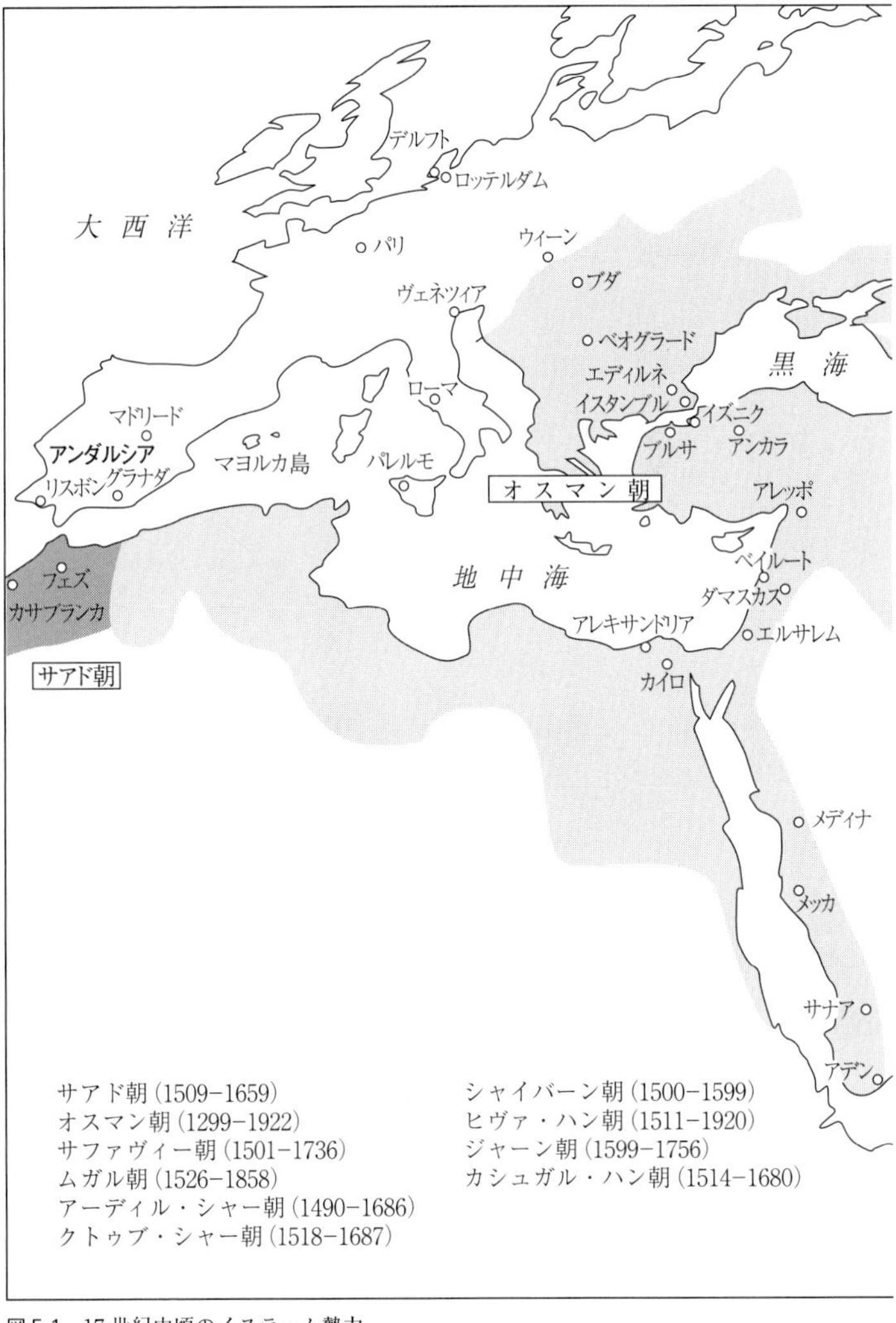

図5-1　17世紀中頃のイスラーム勢力

大帝国の狭間を見れば、ティムール朝の本拠地であった中央アジアには、一六世紀にはシャイバーン朝がブハラを首都としてサファヴィー朝と争うが、一七世紀になると、ブハラ、ヒヴァ、コーカンドなどを中心とした小勢力が台頭する。

また、インドではムガル朝が一六世紀半ばから支配権を亜大陸全域へと拡張するが、南インドのデカン地方は、一七世紀末まで独立を保つ。ビジャプールを首都としたアーディル・シャー朝と、ゴルコンダを首都としたクトゥブ・シャー朝が、北のムガル朝勢力と対抗し、最後まで覇権を握っていた。

メッカ、メディナに加え、地中海世界の大半はオスマン朝の手中に収まったが、モロッコはオスマン朝支配下には入らず、独立政権が存在した。一方、西欧諸国の台頭は目覚ましい。スペイン、ポルトガルの大航海時代に続き、イギリスやフランス等に東インド会社が組織され、インド洋を介して東西の関係は緊密度を増していく。オスマン朝は二度のウィーン包囲を達成するものの、その後はヨーロッパからの圧力が次第に増大していく。

二　三大様式と周辺世界

ハギア・ソフィアからスレイマニエ・モスクへ——大帝国の新様式

一四五三年、コンスタンティノープルを攻略したメフメト二世は、約九〇〇年前に構築されたハギア・ソフィア大聖堂(図1-7)に入り、礼拝を行い、教会堂をモスクへと改める。この世界屈指の名建

図5-3　同礼拝室内部を覆う中央の大ドームと前後に合体する半ドーム．大ドームの直径は27.5 m高さ53 m．一方，ハギア・ソフィアは31.24 m高さ55.6 mと大きさにおいては先例を凌駕することはできなかった．建築家シナンは，セリミエ(1568-75年)で，直径31.25 m高さ43.25 mのドームを完成させている(図5-54)

図5-2　イスタンブルのスレイマニエ・モスク(1550-57年)，礼拝室の大ドーム，左手前は半ドーム

図5-4　同前庭正面から礼拝室を臨む

築は彼に大きな感銘を与えた。彼の曽孫に当たるスレイマン大帝は、イスタンブルのスレイマニエ・モスクの建設に心血を注ぎ、ハギア・ソフィアと相似形に仕立て上げる(図5－2～4)。彼には、千年前のユスティニアヌス帝のビザンツ帝国とそこで造られた名作を凌駕せねばという使命感があったのかもしれない。

スレイマニエ・モスクは、大ドームの前後に、大ドームと同径の半ドームを合体させ、両側面を側廊としており、その形態がハギア・ソフィアと瓜二つだ(図1－7)。ハギア・ソフィアとスレイマニエ・モスクを比較すると、側廊部分が二層から単層に、大ドームが浅い皿形から半球形に、アーチが半円形から尖頭形に変わり、さらに大ドームを支える幅広

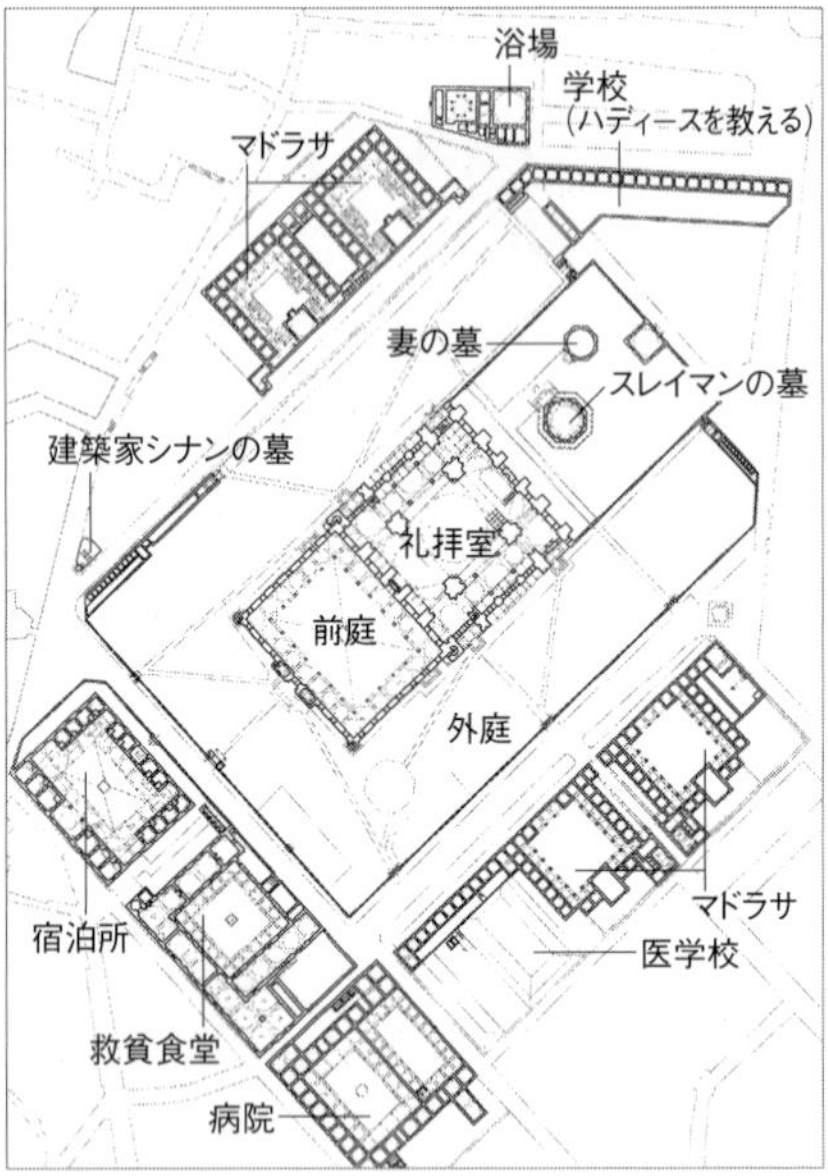

図5-5　同平面図

のアーチが出現するなど、巨大なドームを安定的に支える構造的工夫が盛り込まれた。

スレイマニエ・モスクにみられるもう一つの工夫は、建造物の複合化にある（図5-5）。前庭と大きな礼拝室を外庭（ズィヤーダ）が囲い、モスク付属の学院（マドラサ）、病院、救貧食堂、宿泊所などが取り巻き、全体が巨大な複合建築となる。コンスタンティノープルを攻略したメフメト二世から歴代スルタンたちは、自らの名前を付けた宗教複合建築を構築し、イスタンブルの七つの丘にそれぞれ鎮座させる。こうして自身の墓を含む宗教施設を中心とした公共施設群（キュッリイエ）が成立する。

スレイマニエの場合、礼拝室のキブラ壁の背後に、あたかも礼拝の先達者のようにスレイマン大帝の墓建築が屹立し、后ヒュッレムの墓が寄り添う。この二つの墓建築は、八角形の平面にドームを戴く墓塔の系列に属するもので、後述するムガル朝皇帝の墓建築（図5-56〜58）に比べると簡素である。

ヒュッレム妃はウクライナから来た白人奴隷で、後宮に入り、権勢をふるい、さまざまな公共建築の建設に関与した。宮廷女性、皇子、高官もこぞって宗教建築を寄進し、首都の壮麗化が進む。

その仕事を一手に引き受けた建築家シナンの存在からも、一六世紀中葉をオスマン朝様式の躍動期と位置付けられる。コンスタンティノープル征服から一〇〇年余り、モスク建築では、大ドームを中心に半ドームを用いて礼拝室を膨らませていく手法がさまざまに試みられる。オスマン朝の建築は、ペルシア様式を積極的に受容したアナトリアの一五世紀までとは異なり、コンスタンティノープルを中心にアナトリアからバルカンに蓄積されてきたキリスト教建築文化を受容する道を選んだ。と同時に屹立する細身の塔に錐状屋根を冠する鉛筆形のミナレットやキュッリイェという新要素が、イスラームを奉じるオスマン朝建築の表象となっていく(口絵31)。この方向転換には、ペルシア様式との訣別の意が込められたのではないだろうか。こうしたオスマン朝の新様式はアナトリアやバルカンばかりでなく、その領域に編入された大シリア、北アフリカ、アラビア半島へも移植された(1)。

後述するサファヴィー朝様式、ムガル朝様式が一七世紀に黄金期を迎えたのに対し、オスマン朝様式はすでに一六世紀中葉には黄金期を迎えていた。一七世紀に入ると政情が不安定となり、イスタンブルでの建設活動の中心はキュッリイェなど大規模な宗教建築から邸宅建築へと移る。モスクは全体のボリュームよりも高さを求めるようになり、一七世紀後半には西欧のバロック様式の影響を見せ、次の時代への先駆けとなる。一方、一六世紀前半と一七世紀後半のウィーン包囲により、カフェやハンマーム(トルコ式公衆浴場)などイスタンブルの都市文化がヨーロッパの都市にもたらされた(2)。

図5-6　イスファハーンの王の広場から，王のモスクを望む

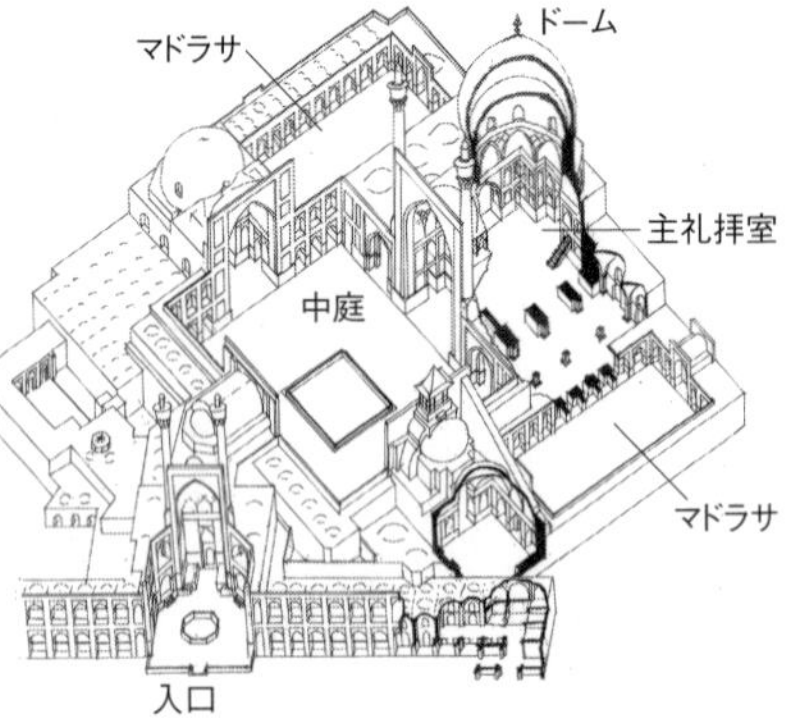

図5-7　イスファハーンの王のモスク(1611-38年)立体透視図

ペルシア様式の集大成——イスファハーンでの結実

アゼルバイジャン地方の小都市アルダビール出自のサファヴィー朝は、タブリーズを本拠としていた白羊朝を滅ぼし、首都をタブリーズ、カズウィン、イスファハーンと移し、イラン中原を目指した。イランでは、ティムール朝期から、モザイク・タイル、二重殻ドーム、中庭のアーチ構成など、中央アジアよりも均整のとれた優美な建築文化が熟成していた(口絵18)。その道筋がサファヴィー朝のもとで極められ、一一世紀以来のペルシア文化の集大成として、首都イスファハーンで結実する。王のモスクと聖職者長のモスクがその代表である。

王の広場(図5-6)の南辺を占める王のモスクは、ティムール朝のビービー・ハーヌム・モスク(図4-5)を継承しながら、いくつかの改良を見せる。まず、入口から前室に入ると、突然軸線が一三五度振れる(図5-7)。キブラ方向と広場の方向の調整の工夫が、ダイナミックな空間演出と化す。加えて、聳える対のミナレットが、入口前と主礼拝室前に置かれ、設置面の角度がずれているため空間に躍動感を与える。主礼拝室は二重殻ドームを冠し、外殻ドームは風船のように空へ浮かび上がり、内殻ドームはびっしりとアラベスク文様で埋め尽くされる(図５−８)。外殻ドームのボリュームはティムール朝建築にはみられない膨らみだ。モスクの中庭からその奥両隅に挿入されたマドラサの中庭への連続性が、中庭空間をより広く感じさせる。

すなわち、人間が歩みを進めることによる視点の変化に対応する建築となっている。それまでのペルシア建築には、撮影ポイントのようないくつかの焦点はあったが、サファヴィー朝様式では、写真撮影対応から動画撮影対応に切り替わったかのようであり、どこから見ても見せ場がある。王のモスクは、チャハール・イーワーン形式(図５−９)、ドーム室、モザイク・タイルや絵付けタイル、ムカルナスやアーチ・ネット(口絵34)など、ペルシア様式が長い時間を

図 5-8　同主礼拝室のドーム内部，中央奥がミフラーブ

図 5-9　同中庭，左が主礼拝堂

かけ習熟した様式と技法の集大成である。

聖職者長のモスク(図5－10～13)は、王のモスクが壮大で稀有なモニュメントであるのに対し、念入りに作られた宝石箱のような作品だ。王のモスクが入口以外をすべて絵付けタイルで覆い尽くすのに対し、聖職者長のモスクはすべてモザイク・タイルで仕上げている(口絵32)。ただし、見せ場の連続する動的空間という点において両者は共通する。

後述するように、人口五〇万人を抱えた一七世紀のイスファハーンには、宮殿をはじめ、マドラサ、

図5-10　聖職者長のモスク(1603-19年)入口上部，モザイク・タイルで覆われたムカルナス

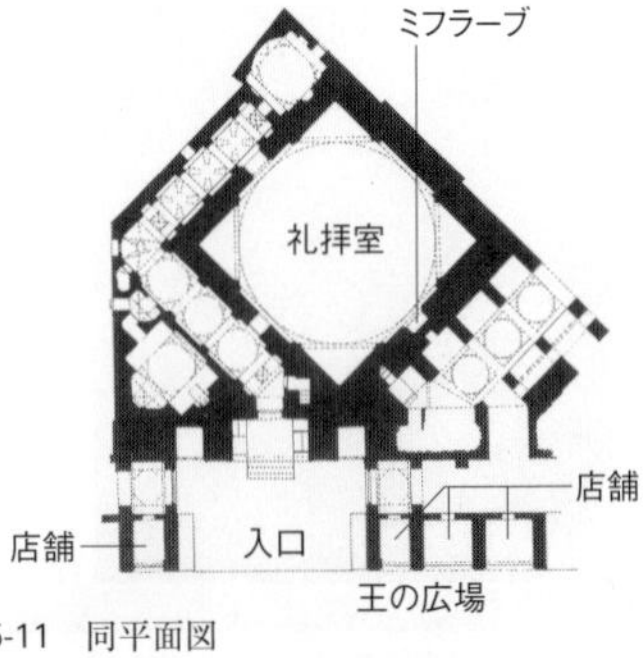

図5-11　同平面図

図5-12　同礼拝室のドーム内部，正方形の部屋にアーチ・ネットで16頂点を導き，ドームを載せる

モスク、サライ(商館)、ハンマームなど公共建築が軒を連ねた。新築ばかりでなく、八世紀創設の大モスクにおいては、大イーワーンへのムカルナス付け替えなどの改築も行われ(口絵5)、大モスクと王の広場を繋ぐ旧来のバーザール(市場)も整備された。世界の半分とも謳われたイスファハーンには、北ドイツのゴットルフ公爵が派遣したオレアーリウス、スウェーデンから来たケンペル、フランス商人のシャルダンなどが滞在し、イスファハーンについての記述とともに写実性をもって描いた銅版画(図5－14)を掲載した書物が出版され、ヨーロッパ人の関心を高めた。

なお、インド洋交易の中継点となったキルマーン、王家の故地アルダビール、シーア派の聖地マシュハドなどにも、壮麗なサファヴィー朝様式の建築が残る。

図5-13　聖職者長のモスクを王の広場から見る．左手はバーザールの店舗

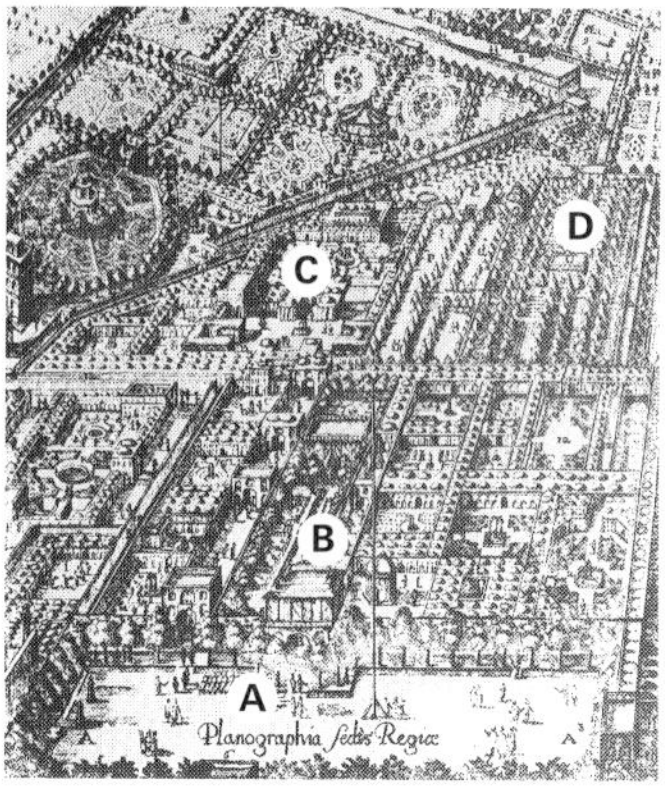

図5-14　イスファハーンの宮殿域を鳥瞰したケンペルの銅版画．「王の広場」東辺から「宮殿域」を描く．A：公的謁見広場，B：私的謁見宮殿，C：ハレム，D：私的庭園．現在Aの部分に大門宮(図5-50)，Dの部分に40柱宮，図の左上に8天宮(口絵33)が残る．Dの上部からチャハール・バーグ大通り(図5-52)がスタートする(図5-48)

ペルシア様式の変容――インド亜大陸での折衷

インドのデリーでは、一四世紀末のティムールの侵入以来、中央アジア出身の遊牧系の小競り合いが続いた。その一つ、ティムール朝の末裔バーブルが一五二六年にデリーに侵入し、支配を築く。彼の母はチンギス・ハーンの末裔の家系で、モンゴル人を表すムガル朝と呼ばれる。バーブルは故地、中央アジアを懐かしみ、理想とした。彼の息子フマーユーンはインド出自のスール朝との戦いに敗れ、一時期サファヴィー朝に逃亡した。サファヴィー朝滞在によりペルシア的素養を身に付け、一五五五年にデリーに戻りムガル朝を再興した。帰還後、不慮の死を遂げ、デリーに埋葬される（図5－56）。

三代アクバルの治世から、六代アウラングゼーブまでの一五〇年間に、インド亜大陸の大半を手中に収め、ムガル朝は黄金期を迎える。ムガル朝様式は、祖先の地であるペルシアの建築と、建設の舞台となったインド土着の建築との間を揺れ動く折衷様式である。タージ・マハル（図5－58）のようなペルシア様式にも大理石やチャトリ（亭、屋上にある）などインド土着要素が混入し、アクバル廟（図5－57）のような梁や柱を用いたインド土着様式にもイーワーンやアラベスク文様（口絵35）などペルシア的要素が混入する。二重殻ドームやムカルナスなど当時新たに導入された最新のペルシア様式がみられる半面、アーチ構法や八角形周廊墓など既に導入後一〇〇余年を超えインドに根付いたペルシア様式も存在していた。加えて、領土の拡大とともに、インド各地に存在したヒンドゥー教建築やインド各地で一五世紀に花開いた多様なイスラーム様式も取りこんだので、ムガル朝における折衷様式の読解は一筋縄ではいかない。

帰還一年後に急死した父の跡をついだアクバルは、グジャラートを併合し、勝利を記念して新都ファテプル・スィークリーを造営する。これは赤砂岩の宮殿都市で全体としてヒンドゥー建築の色合いが濃い（口絵37）。一五世紀にヒンドゥー風のイスラーム建築を採用していたグジャラート地方から工人が連行されたことに加え、彼自身、ヒンドゥー教徒との融和政策をとり、ラジャスタンのヒンドゥー王家から妻を迎えるなど、積極的に折衷様式に傾倒していた。

彼の五〇年に及ぶ治世の後、息子ジャハーンギールが王位に就く。サファヴィー朝出身の大宰相の娘を后とし、ラホールを中心に多くの庭園建築を残す。その息子で後継者のシャージャハーンは先述の大宰相の孫娘と結婚するのだが、彼女が有名なタージ・マハル（図5－58）の主となる。こうした経緯から、建築においても一七世紀前半にはペルシア的影響が色濃くなる（口絵36）。輝く白大理石が多用され、建築がより優雅になる。六代アウラングゼーブは熱心なイスラーム教徒で、ヒンドゥー教を弾圧するなど父や祖父とは一線を画したが、ムガル朝様式はさらに洗練の度を増し、玉葱形のドーム、下端が膨らむ柱や反転する多弁形アーチなど、優美さが強調される。

シャージャハーンがデリーに築いた大モスク（図5－15～17）は、高い基壇上にほぼ正方形の中庭を回廊が取り巻いており、キブラ側（西）に礼拝室、他三方に大階段に続く門を配する。門をイーワーンとするペルシア式チャハール・イーワーン形式の変形ながら、高い基壇や大階段はヒンドゥー教寺院と共通する。膨らみをもつ二重殻ドームはサファヴィー朝様式と共通するが、三つのドームを中央と両脇に配置するのはインド的だ。インド原産の赤砂岩と白大理石の象嵌細工は（口絵35）、建造物を覆いつくす文様という点ではペルシアのタイル細工と類似するが、素材、技法、色合いは全く異なる。象嵌細工の発展には、イタリアのメディチ家との関係を指摘する説もある[3]。デリーとアグラの風物を記録したフランス人旅行者ベルニエはタージ・マハルの象嵌について「フィエレンツェの大公礼拝堂の壁を飾っているのと同じ種類の宝石類」と記述している[4]。

ムガル朝の君主たちは、宮殿都市の造営に傾倒し、デリー、アグラ、ファテプル・スィークリー、ラ

図 5-15　デリーの大モスク（1650-56 年）．中庭から礼拝室を臨む

図 5-16　同礼拝室内部，右手がミフラーブ

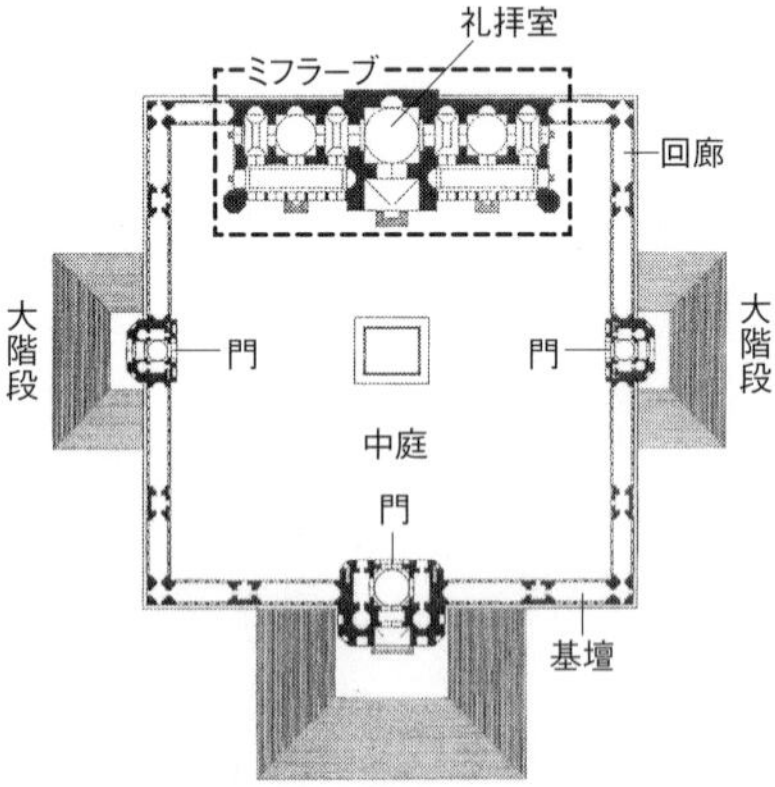

図 5-17　同平面図

ホール、デリー（シャージャハーナーバード）と遷都を繰りかえす。ベンガル、グジャラート、マルワー、シンド、パンジャーブなど諸地方を併合し、各地に根付いていた地方様式を北インドの首都の様式に加味していく半面、北インドの首都においてペルシアから新様式を導入して土着様式と折衷したムガル朝様式を帝国各地に伝え、各地独特の建築にムガル朝様式という汎インド的様式をもたらした。

ペルシア様式からの分化——中央アジアとデカン

サファヴィー朝様式とムガル朝様式は、ティムール朝様式から生じた二つの潮流といえる。しかし、もう一つ、ティムール朝が中心としたブハラやサマルカンドにも、ティムール朝様式の血を引く建築が残る。一六世紀においては、発展途上であったサファヴィー朝様式やムガル朝様式に比して、建築的蓄積はむしろ中央アジアにおいて豊かであった。

ブハラの町は、一六世紀後半にシャイバーン朝の君主と神秘主義教団の指導者によって整備され、数多くの建築が残る[5]（図5－18）。アーチ・ネットやタイル技法といったティムール朝期の技法がそのまま使われ、さらに洗練される。アーチ・ネットでは従来よりも細かな分節（図5－19）が、モザイク・タイルでは流麗なアラベスク文様が好まれた。ただし、サファヴィー朝やムガル朝を席巻した膨らみのある二重殻ドームはなぜか現れず、ティムール朝の砲弾形やリブ付きの二重殻ドームがそのまま維持される。

この傾向は一七世紀に引き継がれ、サマルカンドのレギスタン広場（図5－20、口絵39）やブハラ中心部にある池リャビ・ハウズの周辺整備にその痕跡がある。コの字形に空間を作るのは、中央アジアの特色である。さらに東のカシュガルのアパック・ホジャ廟(図5－21)では、中央アジアから伝わったドーム、イーワーン、タイルなどを用いているが、洗練された様式が変容し、むしろ土着的な様相をみせる。

一方、インドの南でも、ムガル朝に対抗したデカン地方にペルシア様式の熟成がみられる。前章で述べた一四世紀後半から一五世紀のバフマン朝に移入されたペルシア様式が、ビーダル、ビジャプール、ゴルコンダやハイデラーバードで花開く。後述するようにアーチ・ネットに固執する半面、次第に土着の様相を濃くし、デカン地方固有の折衷をみせる。たとえばアーチのスパンドレル(三角小間)に描かれ

図5-18　ブハラのチョル・バクル複合建築(1559-69年)．左から修道院，マドラサ，モスク

図5-19　同モスク内部のアーチ・ネット．長方形ベイ，半ドームに採用される

図5-20　サマルカンドのレギスタン広場(17世紀前半)

るメダイオン(円盤文様)に円盤を支える茎のような装飾が描かれ、軒には木造を模した持ち送りと軒板が石彫で表現され、軒上にジャリ(石の打抜き細工)と呼ばれるバトルメント(狭間胸壁)が配される。対のミナレットの形も、塔身を数段に分節し宝珠形のドームを冠する細い土筆《つくし》のようなビジャプール風(図5-25)、バルコニーを強調するゴルコンダ風(図5-24)など、地域色を明らかにするようになる。

一五世紀にデカン一帯を支配したバフマン朝は、一六世紀初頭に四つに分列する。バフマン朝の首都であったビーダルを領有したのはバリード・シャー朝で、大規模四分庭園に建つ開放的な墓建築が特徴的である。ムガル朝皇帝の大庭園付墓建築と時を同じくするが、墓建築の形は異なり、あたかもゾロアスター教のチャハール・ターク(図1-8)のようである(図5-22)。こうした形の墓建築は、一五世紀のホルムズ王国にも、またデカン地方への海からの入口となった西海岸のダボルにも

図5-21　カシュガルのアパック・ホジャ廟(17世紀)

図5-22　ビーダルのアリー・バリードの墓(1580年ころ)内部．四方を大きく開口し，24頂点のアーチ・ネットをもつ

存在する。ホルムズ、ダボル、ビーダルの地理的位置と建設年代を勘案すると、チャハール・タークのような墓建築はインド洋を渡るルートからもたらされたのかもしれない。バリード・シャー朝は一七世紀までには後述する二王朝に併合されてしまう[7]。

アーディル・シャー朝のビジャプールでは、九ベイを占める多柱室内の大ドームなど、ペルシア的な要素をもつモスク、墓、宮殿などがある（図5－23）。同時に、細部の石造彫刻ではインド土着の装飾が洗練され、柱梁構造も再びみられるようになる。さらに平天井や船底天井のモスクも造られる。ドームは宝珠形になり、膨らみは増すが二重殻ドームとすることはなく、見上げると、あたかも井戸底のような狭くて高い空間がモスク中央に造られる。墓建築のバリエーションが多いことも、アーディル・シャー朝の地域色の一つである。

クトゥブ・シャー朝のゴルコンダは、インドの築城術を見せる山城で、麓に王家の墓地が置かれた。この地の墓建築は巨大化の道を歩み、一七世紀には巨大なキャノピー墓の周囲を低層のアーケードを巡らす周廊墓が定型化する。一六世紀後半にはゴルコンダの南東に新都ハイデラーバードが築かれる。その中央の交差点に、チャハール・ミナール（四本のミナレット）が造られた。これが一階は四方門、二階をモスクとする交差点建築（チャハール・スー）である。四方に道が延びるのは、ヒンドゥー教の『マーナサーラ』（ヒンドゥー教の建築書）に記された理想都市からの影響を物語り、ムガル朝下のヒンドゥー都市ジャイプールにもマーナサーラを応用した都市計画がみられる。チャハール・ミナールの南西に新たな大モスクとして建設されたメッカ・モスク（図5－24）は、柱や軒に出隅入隅が際立つ彫塑的造形で、ヒンドゥー建築との折衷をあらわす。

デカンの四つの王朝ともに墓建築が焦点となり、ペルシア的要素の土着化という点ではムガル朝と類似するが、それぞれ土着化の程度は異なる。パトロンの出自、インド亜大陸の北と南、という基層となる建築文化の相違に加え、ペルシア世界との窓口の相違もあるかもしれない。ムガル朝はサファヴィー朝と陸で接し人的交流も盛んで、海路ではグジャラート地方のヴェラヴァル港、ついでスーラト港が窓口となった。一方アーディル・シャー朝は、インド西岸コンカン地方のダボル港が窓口で、ペルシア人

図5-23　ビジャプールの大モスク(1576年)中庭，中央の大ドームは9ベイを占める

図5-24　ハイデラーバードのメッカ・モスク(1617年)

図5-25　ダボルのモスク(17世紀)

ばかりでなくアラビア半島や東アフリカからも多くの人々が流入した。クトゥブ・シャー朝は、インド亜大陸東岸コロマンデル地方のマスリパトナムを窓口として、ペルシア・アラビア半島と交流をもち、スマトラやジャワなど東南アジアとの交流も盛んであった。

ダボルに残るアーディル・シャー朝の后が建てたモスク(図5－25)は、ビジャプールにあるモスクと酷似するが、特別念入りに造られたミフラーブ部分は、ビジャプールに例をみないほどの出来ばえだ。インド洋周辺では、地中海地域と異なり為政者は内陸深くに都を築き、港市を間接的に支配する場合が多い。港市には大建築が少ないので、港市に残る建造物の研究は少ない(8)。それらと内陸部にある建造物との関係を問い直すことは、今後の課題といえよう。

境域のローカリズム

中国の沿岸部、東南アジア、東アフリカ、西アフリカのイスラーム建築は、さらなる土着化を遂げ、地方色の濃いモニュメントを築く。

中国の清真寺は、中国寺院の様式をそのまま利用するようになり、一四世紀に移入されたドームやイーワーンなどのペルシア的建築要素が継承されなくなる。加えて、新たな様式も移入されず、全て土着様式を借りるようになる(図5－26)。建築全体は中庭をもつ四合院建築を東西軸上に並べていく。礼拝室は西奥に位置し、広い礼拝室を造るために切妻棟を連棟とし、西側最奥のミフラーブが独立した部屋となり(図5－26)その上に方形屋根《ほうぎょう》をもつようになる。ミナレットは光塔と呼ばれ、多層の中国風の

図5-26　北京牛街の清真寺(1696年)．最奥がミフラーブの部屋

図5-27　洪水泉の清真寺光塔(18世紀)

図5-28　シェラの大モスクのミナレット

図5-29　ラムの大モスク内部．サンゴ石の太い柱と梁で構築される

塔となる(図5－27)。塔の内部やミフラーブの部屋には栱《ひじき》と斗《ます》を組んで擬似的ドーム天井をなす藻井《そうせい》が使われ、中国のタイル塼《せん》には、花鳥など具象的な浮彫が施される。中国風建築を基盤とする様式が成立する。

一五世紀までにペルシア風の移入を見た東アフリカでも土着的傾向が強まる。ずんぐりとした無装飾のミナレットが好まれた(図5－28)。サンゴ石を用いて縦長平面のモスクを造ることは一五世紀までと変わらないが、ドームやヴォールトは使わず平天井と

図5-32　カリカットのミスカル・モスク(1578/9年)の三階建ての礼拝室

図5-30　ジョクジャカルタの大モスク(18世紀)．右手前がセランビ，奥が礼拝室

図5-33　同一階内部．天井が張られ二階礼拝室の床となる

図5-31　同礼拝室内部．屋根まで吹き抜けとした大空間．奥中央がミフラーブ

する。柱配置もあたかも目隠しのように中央を柱列とし、他の地域ではみられない太い柱を密に林立させた平屋根の東アフリカ独自のモスク様式が成立した(図5－29)。

東南アジアでは、木造のピラミディカル・モスクという多重の方形屋根をもつ礼拝室が定型化し、中庭の代わりに前殿(セランビ)が加わる(図5－30)。礼拝室内部の吹き抜け形式は本来、ヒンドゥーの王宮建築にみられた形式がそのまま利用されたといわれる(図5－31)。南インドのケーララ地方にも木造モスク建築がある(図5－32、33)。東南アジアと南インドでは木造モスクの平面や構成は異なる。東南アジアでは同心方形平面と内部吹き抜けを、南アジアではキブラに向かって縦長の平面と多層階を特徴とする。(9) しかしともに、木造軸組の身舎と廂を用いる。

西アフリカでは、泥を用いた多柱式のモスクが特徴的だ。柱間は狭く、泥の壁に毎年の手入れのための木材の足場が突き出る。縦条の凹凸が反復するファサードは、土着建築を反映する(図6 - 25)。

イスラーム世界から見ると周縁といえるこれらの地域でローカルな道筋が選択された要因はどこにあるのだろうか。一つには、あまりにもイスラーム世界の中心とは異なる生態系と、濃厚な基層建築文化の存在が大きいだろう。前章で指摘した中国や東アフリカというペルシア風の移入を経験した土地においても、折衷様式ではなく地方性を主軸とする様式に傾いていくことは、選択が積極的で意図的であったことを意味している。宗教はイスラーム教ながら、異なる文化体系を強調するかのような多様なモスク建築は、自らの風土と文化という個性を強く主張する。

三　技法の方向性

アーチ・ネットへの固執――デカンでの展開

ペルシア的要素の一つ、アーチ・ネットはインドのデカン地方で特異な発展を遂げる。アーチ・ネットは、円を等分する互いに隣り合わない頂点同士を結んで星形を描き、線をアーチに置き換えて立体的な籠にしたものである(口絵3)。その種類は地域、時代によって多様だが、幾何学的な構成方法は共通するので、八頂点の場合を紹介する。円を八等分(八頂点)し隣り合う点を結ぶ(一辺横断)

図 5-34　ビーダルのスルタン・ワリー・ウッラー(1522-25 年)のアーチ・ネット(8 頂点 2 辺横断・8 基点)

図 5-35　ビジャプールのムスタファ・ハーン・モスク(17 世紀)のアーチ・ネット(下層は 14 頂点 4 辺横断・4 基点，上層は 14 頂点 3 辺横断)

と正八角形になるが、隣りの次(二辺横断)の頂点を結ぶと星形(図5－34)ができ、さらに次(三辺横断)の頂点を結ぶと異なる星形(図2－14)もできる。それぞれの線分をアーチに置き換えたものが立体的なアーチ・ネットである。ただし、アーチを頂から足まで完全な形で残す必要はないので、矩形の部屋に適合させるため、部屋の四隅の四点か(図5－35下層)、各辺二点の八点(図5－22)が選ばれ、それ以外の頂点に達するアーチの立ち上がり部分は削除される。これらを四基点と八基点と呼ぶ。四基点の場合、正方形ベイだけでなく、長方形ベイにも適用できる(図5－19)。

デカンのアーチ・ネットの最も古い現存例は一四二三年建立のビーダルの大モスクで、四本のアーチで囲まれる正方形のベイの四隅を山形アーチ断片が繋ぐものと、正八角形から正二四角形を導く大ドームの事例がある(図4－13)。これらはアーチの頂部の山形を繋ぐ部分からそのまま球面へと移行し傘状曲面とするので、ティムール朝の技法（図4 - 47）が直接移入されたことを物語る。[10]

ビーダルの大モスクから半世紀ほど経た、一五世紀末から一六世紀初頭になると八頂点二辺横断・八基点とするアーチ・ネットが、同じくビーダルの小規模墓建築のドームに数例残る（図5 - 34）。ここではアーチ・ネットを構成するそれぞれのアーチの頂部に、アーチの収まる垂直面をそのまま立ち上げ、八角筒（ドラム）とする変化がみられる。傘状曲面を用いずにドラムとする点は、これ以後デカン独自の処理法となる。この構法が採用された理由は謎であるが、その後のデカンのアーチ・ネットは必ずこの処理法を用い、ペルシア系のアーチ・ネット（口絵34）とは異なる道を選択する。一五世紀末は、デカンでの技法咀嚼の実験期間だったのかもしれない。

注目すべき発展は、その直後一五二〇年代から一五〇年余りの時期に集中し、基本となる頂点数の種類、長方形ベイなどの種類など多彩になる。平面に落としてみると、六、八、一〇、一二、一四、一六、一八、二四頂点が用いられ、長方形ベイの種類も多く、全体で二〇種を超える天井状図を描くことができる。これは同時代の中央アジアやサファヴィー朝、あるいはムガル朝と比べても、極端に多いバリエーションである。また他の地方ではアーチ・ネット以外にも、スクインチ・アーチ（口絵36）やムカルナス（口絵33）、あるいはそれらの併用（口絵39）などがみられるのに比べ、デカンではほとんどのドームがアーチ・ネットを採用した。

なかでもビジャプールでは特にその傾向が顕著で、ムスタファ・ハーンのモスクでは、幾何学的に難易度の高い一四頂点を用いる[11]（図5 - 35）。またアーディル・シャー朝の君主の墓、ゴル・グンバズで

図 5-36　ビジャプールのゴル・グンバズ(1656 年)のアーチ・ネット(8 頂点 2 辺横断・8 基点)

図 5-37　ビジャプールのハッジ・ハサン廟(1614 年)のアーチ・ネット(下層は 8 頂点 2 辺横断・8 基点の変形．上層は 16 頂点 2 辺横断の変形)

は八頂点二辺横断という基本的な形ながら、一辺四三メートルもの巨大な部屋に応用された(図5－36)。ハッジ・ハサン廟はアーチを直線にしてしまうという異質な例だ(図5－37)。今となってはどのような建築家や工人が活躍したのかは不明であるが、あたかもアーチ・ネット専門家が腕を競い合っていたかのようだ(12)。

なぜ、これほどにアーチ・ネットに執着したのだろうか。ペルシアではアーチ・ネットが構造的、構法的意味をなくし、躯体から離れた意匠と化していくのに比べ(図5－8、12)、デカンではアーチ・ネットの幾何学性によって平面の長方形ベイの縦横比が決められ、アーチの頂部に多角形の筒(ドラム)を残すことからも何らかの構法的意図をもっていたことが推察される。また、デカンでは宝珠状のドームやそれを取り巻く連弁形装飾(口絵38)、定型化した構成の軒細工なども固執性をもって極められる（図５－23〜25）。ある選択を執拗に極めていくのは、デカンの地域的特色なのかもしれない。

イスラーム世界を超えて――タイル文化の躍動

タイルの伝統は、ペルシア世界で絶頂期を迎える。サファヴィー朝がその筆頭にあげられ（口絵32）、さらに中央アジアにも同じく高度な技法が確認できる。絵付けタイルとモザイク・タイルが双璧で、ともに流麗な植物文様が中心となり、藍を基調に緑、黄、トルコブルー、白、黒の色彩が使われ、建物内外がタイルで覆われる。この潮流は、インド亜大陸へも何度か影響を与えたことがインドに現存する数棟のタイル装飾をもつ建物から読みとれる。しかし雨季があり、釉薬が剝落しやすいことに加え、石の国インドでは大理石象嵌が好まれ（口絵35）、タイルは根付かない。中国でも清朝時代にはカラフルな陶板が障壁を飾るようになるが、中央アジアからの伝播によるのかもしれない。

一方、オスマン朝のタイルは、スレイマニエ・モスク建設に伴い地中海岸のイズニクで発達を遂げる。[13]ティムール朝からハフトランギー技法が導入され、一五五〇年代に下絵付けによる多彩釉タイルが開発される（口絵30）。トマト赤と呼ばれる際立った朱の彩色が加わり、白地に藍、緑、赤、トルコブルーの絵付けタイルへと収斂する。大きさは約二五センチ角でペルシアのものと比べると文様の抽象度が低く、描かれた花の種類を読み取ることができる。オスマン朝下のシリアでは、白地藍彩に緑やトルコブルーの絵付けタイルが流行する。

この時代のタイル文化の躍動は、西欧においてみられる。それは一四世紀アルハンブラ宮殿や北アフリカの腰壁モザイク・タイル（口絵27）に始まり、イベリア半島のキリスト教建築においてクエルダ・セカやクエンカと呼ばれる一種の絵付け技法が生まれた。このタイル文化はマヨルカ島から南イタリアに伝わり、さらに南イタリアで白地に数色の絵付けを施す多彩錫釉タイルが生まれ、一六世紀になると、この技法がオランダのデルフトやロッテルダムに伝わる。オランダで東インド会社のもたらす白磁藍彩の中国陶磁の影響を受け、白地に藍色で文様を描くタイルが作られる。この流行はオランダからロンドンへと伝わり、ロンドンで白地に青の中国陶磁風のタイルが量産された。この潮流は、西欧を左回りに一巡してポルトガルへ波及し、一七世紀にアズレージョ・タイルとして大流行し、新大陸へも伝わる。しかしこうした西欧タイル技法の起源とは、一四世紀の北アフリカとアンダルシアに共通する多彩なモザイク・タイルであり、白地に藍彩という色合いや絵付けタイルという技法は見当たらない。インド洋交易によってもたらされた中国陶磁の風合いが、オランダ、イギリス、ポルトガルの建築用材としてのタイルに影響したのである。その一方で、幾何学モザイク・タイルは、一六世紀以後もモロッコの伝統として残っていく。

タイルは、釉薬によって耐候性が増し、他の彩色法に比べて鮮やかな色彩が長続きする。さらに色彩に地域色が現れることも特色である。白地に藍という中国陶磁のイメージが一七世紀のヨーロッパで愛好され、タイル文化の中心ともいえるサファヴィー朝でも、キルマーンではヨーロッパへの輸出用に白地に中国磁器を模した藍の陶器が焼かれただけでなく、モスクにも白地藍彩のタイルが残る。白地藍彩のタイルの初例は、一四世紀のシリアにみられるが、イスラーム世界では一般に青地、あるいは多彩なタイルが好まれ、一七世紀ヨーロッパにおける流行とは異なるものであった。

一七五〇年を超えると、イスラーム建築が西洋建築をもっぱら取り入れると従来は説かれてきた。しかし、タイルや後述するドームという個別要素を見ると、ヨーロッパとイスラームの影響関係が一七世紀に活性化し、イスラーム建築での蓄積を基礎にしヨーロッパの発展が顕著となっていったようにみえる。

ドームに見る二つの潮流――地中海とオリエント

イスラームの始まり以来、東西の技法を取り入れ、蓄積されたドームの技法は、この時代になるとあたかもイスラーム発生以前の世界を写し取ったかのように二つに分化する。一つはペルシア世界を中心とするドーム、もう一つは地中海世界を中心とするドームである。

サファヴィー朝（図５－39）、ムガル朝（図５－38）を中心とする前者は、二重殻ドームを用い、内観と外観を乖離させる。外側のドームが膨らみ、風船のような姿になる。一方、内側ではムカルナスやアーチ・ネットを極度に複雑化するもの（図５－19）と、原初的なスクインチ・アーチに単純化するもの（図５－８）との二方向に分かれるが、両者とも構造的力強さから離れ、薄い膜のように空間を覆う。

移行部の双璧ともいえるムカルナスとアーチ・ネットは、アーチを用いる点は共通するが、持ち送りの一形式ともいえるムカルナスと、迫持ちを追求したアーチ・ネットは別々の道を歩んできた。一七世紀になるとサファヴィー朝のイスファハーンで両者が融合した今までにない形式が生ずる（口絵33、図５

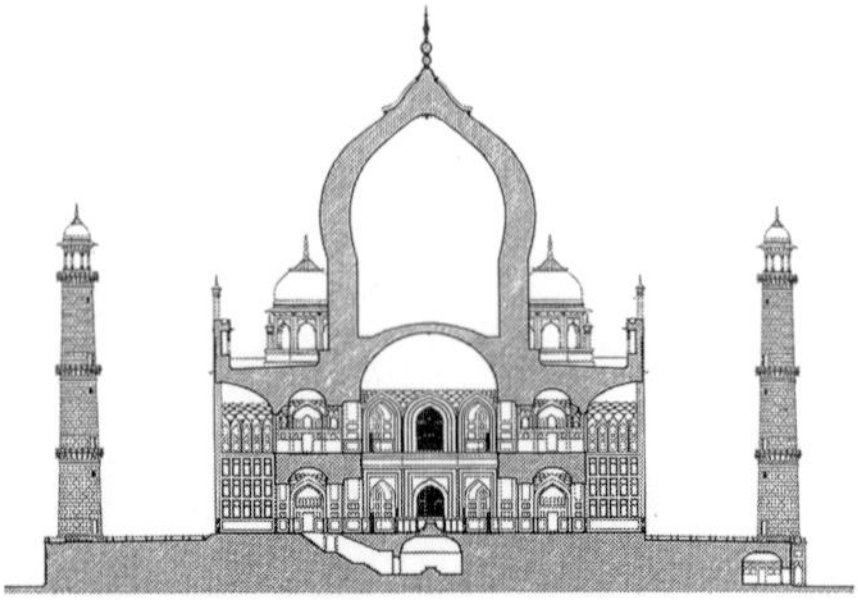

図 5-38　アグラのタージ・マハル(1631-47 年)断面図

図 5-39　イスファハーンのマーダレ・シャー(1694-1722 年)のドームとその内部．内側の半球形ドームと外側のドームは乖離している

ー40)。分節における複雑さを極めた技法と位置付けられよう。他方、単純さへの回帰は、聖職者長のモスクのドーム(図5ー12)にみられる。あまりにも壮麗なアラベスク文様のタイル細工を目立たせるため、装飾と化した移行部はむしろ脇役となり、比較的大きな面から構成される。両極端の例が同時代に共存することは、興味深い。

一方、オスマン朝に、地中海世界のドームの例を見ることができる。オスマン朝では単殻ドームをペンデンティブで支える技法(図5ー41)が好まれ、その姿は千年前のハギア・ソフィア(図1ー7)と類似する。とはいえハギア・ソフィアでは達成できなかった、半球形のドーム、多様な多角形に載るドームと半ドームからなる構成、

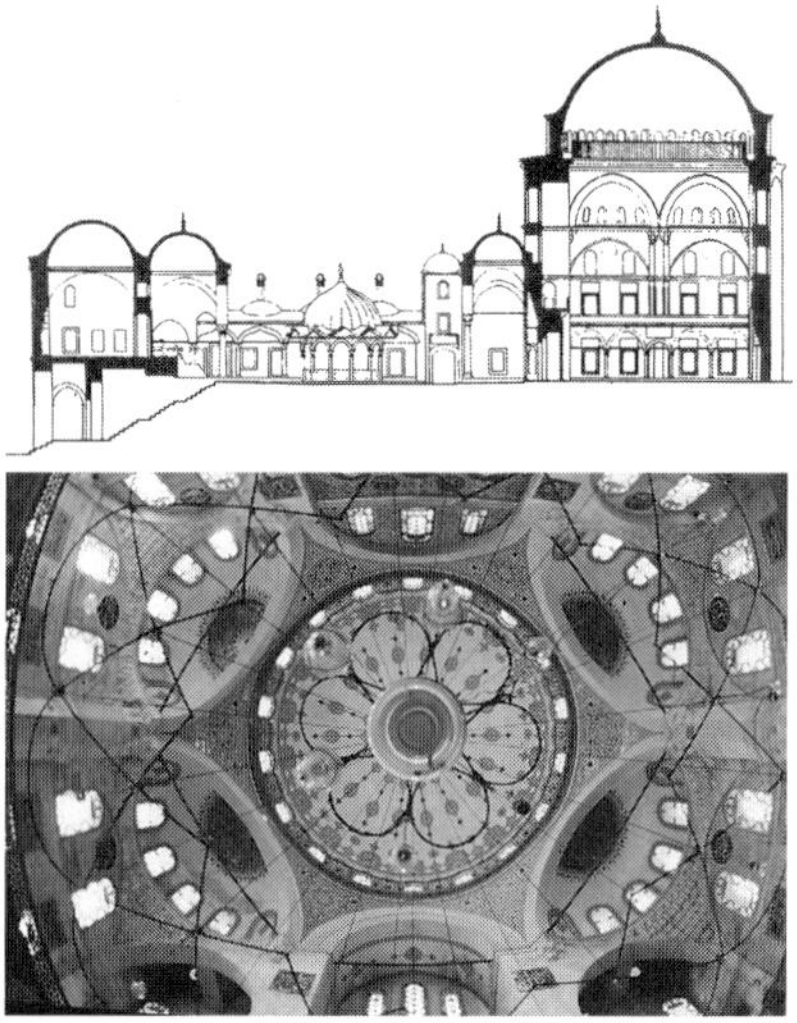

図 5-41　イスタンブルのソコルル・メフメット・パシャ・モスク(1568/9 年). 断面図(上)とドーム内部(下)

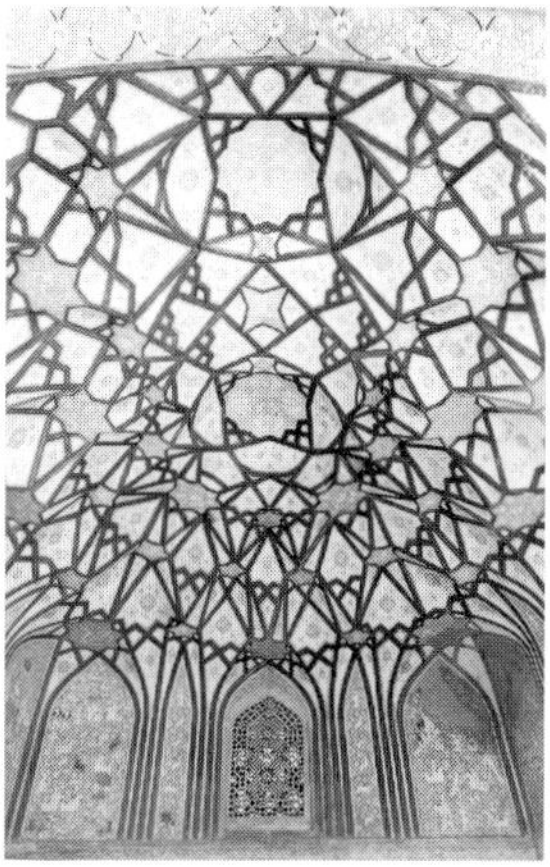

図 5-40　ナーイーンのサファヴィー朝住宅(17 世紀)の天井. 層状に積み重なるムカルナス曲面の一つ一つにアーチ・ネットが採用される

尖頭アーチの採用による高さ調節などの構造問題がこの時期に解決された。

さらに地中海世界の西、ヨーロッパではドームが中心的課題となり、新たな形を生んだ。ミケランジェロのサンピエトロ寺院のドームをはじめ、ルネサンス建築はドームに大きく傾倒した。ルネサンスは古典への回帰を目指したものではあるが、ギリシア建築に大ドームはない。ローマ建築でも円形平面に大ドームを載せたパンテオンは現存したが、浴場などのドームはすでに崩壊していた。ルネサンスのドームの直接の手本となったのは、オスマン朝のドームをはじめとするイスラーム建築において展開したドームだったのだろう。この時代、地中海世界を越えて、ペルシア世界からも二重殻ドームという技法を学び、続くバロック時代には楕円ドームなど世界に類のない新種を生む（図５－

61)。この推進力を見れば、建築においても、西洋とイスラームの、活力における優位が交代する予兆を読み取れよう。

海からの介入――ポルトガル、英蘭東インド会社

大航海時代の到来により、イスラーム教徒を数多く抱えるインド洋海域の港市に西欧の足跡が残る。ポルトガルは、アフリカ大陸沿岸を経由して一四九八年にヴァスコ・ダ・ガマがカリカットに達して以来、一五一〇年にゴア、一五一一年にマラッカ、一五一五年にホルムズと次々に拠点を築く。海に面して頑丈な要塞が建設され、兵営や倉庫が並び、教会建築も残る。しかしゴアとダマンあるいはディウのように二〇世紀までポルトガル支配下にあったインド西岸の都市では、現存建築としては一八世紀後半以後のものが多いので、一八世紀前半までの様相だけをすくい上げることは難しい。

一六二二年にサファヴィー朝に取り戻されたホルムズ、一五九三年建造の東アフリカのモンバサのフォート・ジーザス砦、一五〇五年建設のインドのカノヌール城などを見ると、第一に必要とされたのは防備のための堅牢さである。ルネサンス時代にヨーロッパに根付いた築城術が顕著で、当時ヨーロッパで流行したルネサンス様式などの装飾的な様式の影は薄い。最初は軍事建築専門家による砦だったのだろう(図5-42)。

次第に、ポルトガルの装飾様式が波及するようになり、半円アーチももたらされた。ホルムズに残る三廊式の半地下建築は、太いリブを用いた四分ヴォールトをもつ建築で、いわゆるゴシック様式の部類

に入る（図5－43）。教会あるいは地下貯水槽といわれるが、ペルシアには類のない建築である。一七世紀に入ると、ゴアやダマン、ディウに教会建築が残る（図5－44）。ファサードは派手なバロック様式ながら単廊式とし、木造切妻やトンネル・ヴォールトにするものが多い。祭壇の木彫装飾等にインド的影響がみられるが、概してポルトガルの様式がそのままに移入された。

　ポルトガル領のゴアを中心にキリスト教布教は続くが、一七世紀には、インド洋交易においてはイギリスとオランダが東インド会社を通して勢力を伸ばし始める。一六〇〇年にイギリス東インド会社、一六〇二年にオランダ東インド会社が設立され、インド洋交易によって富を蓄えてゆく。彼らはスーラトに大きな拠点を置いた。ホルムズの東バンダレ・アッバースなどいくつかの港市には、東インド会社の存在が知られるが、当時の建造物自体は残らない。イスファハーンのイギリス東インド会社は伝統的商館を転用したものだったようだ。

図5-42　ディウの城砦（16世紀）

図5-43　ホルムズの半地下建築の内部（16世紀）

図5-44　ゴアのボム・ジェズ・バシリカ（1594年着工，1604年献堂）

図5-45　スーラトのオランダ人墓地

布教を錦の御旗として富と信者を獲得しようとしたポルトガルとは異なり、イギリス・オランダは、もっぱら経済性を重視したせいか、自分たちの建築を現地へと移入することには積極的ではなかったようだ。そのような姿勢をとるイギリスとオランダが関与した興味深い折衷の事例は、スーラトにあるイギリス人墓地とオランダ人墓地（図5－45）にみられる。インドで発達したイスラーム教徒の墓建築が、キリスト教徒の墓に用いられたのである。その様式は当時同地を支配していたムガル朝様式の亜流のように映る。

四　新たなヴィジョンの提示

為政者の居城――公と私

壮麗なイスラーム帝国建築を築いた支配者たちは、統治の象徴として、帝国の実務の中心に優雅な住まいとなる宮殿建築を残した。イスタンブルのトプカプ宮殿（図５－46）、イスファハーンの宮殿域（図５－14）、アグラ、デリー、ラホールの三都市にあるラール・キラー（赤い城、図５－47）、そしてアグラ近郊のファテプル・スィークリー（口絵37）などだ。いずれも当時そのままの姿が残っているわけではないが、前時代までの宮殿建築と比べれば保存状況は良好で、宮殿内の行動様式もある程度推察可能である。

三大帝国の宮殿は、基本的な構成原理に「中庭」を用いるという点で一五世紀までのイスラームの宮殿と、共通する。宮殿は帝国の威信を表明し、贅を尽くした優雅な宮廷生活を営む場であった。軍事施設、国政を司る執務空間、使節あるいは臣下や市民との公的あるいは私的な謁見の場、為政者の生活空間、そして宮殿を維持する人々の空間が、中庭建築をユニットとして構成される。

三大帝国の宮殿は、ともに都市の端に位置している。[14] そして庭園が宮殿域のかなりの割合を占めることも、新たな、共通する傾向である。トプカプ宮殿は、敷地が自然の丘陵にあるため、宮殿の中枢部が自然の庭園に囲まれた形状となる（図５－46）。シャージャハーナーバード（＝現在のオールド・デリー）の宮殿では、広大な四分庭園が宮殿域にいくつも配置される（図５－47）。イスファハーン（図５－48）では庭園群が宮殿域（図５－14）と接する形で広がり、新市街の軸を形成する。

庭園を多用することに加え、宮殿が都市計画に影響を与えていく点も三大帝国の宮殿に共通する大きな変容である。トプカプ宮殿では、正門前のモスクに改装されたハギア・ソフィアと広場としてのヒッ

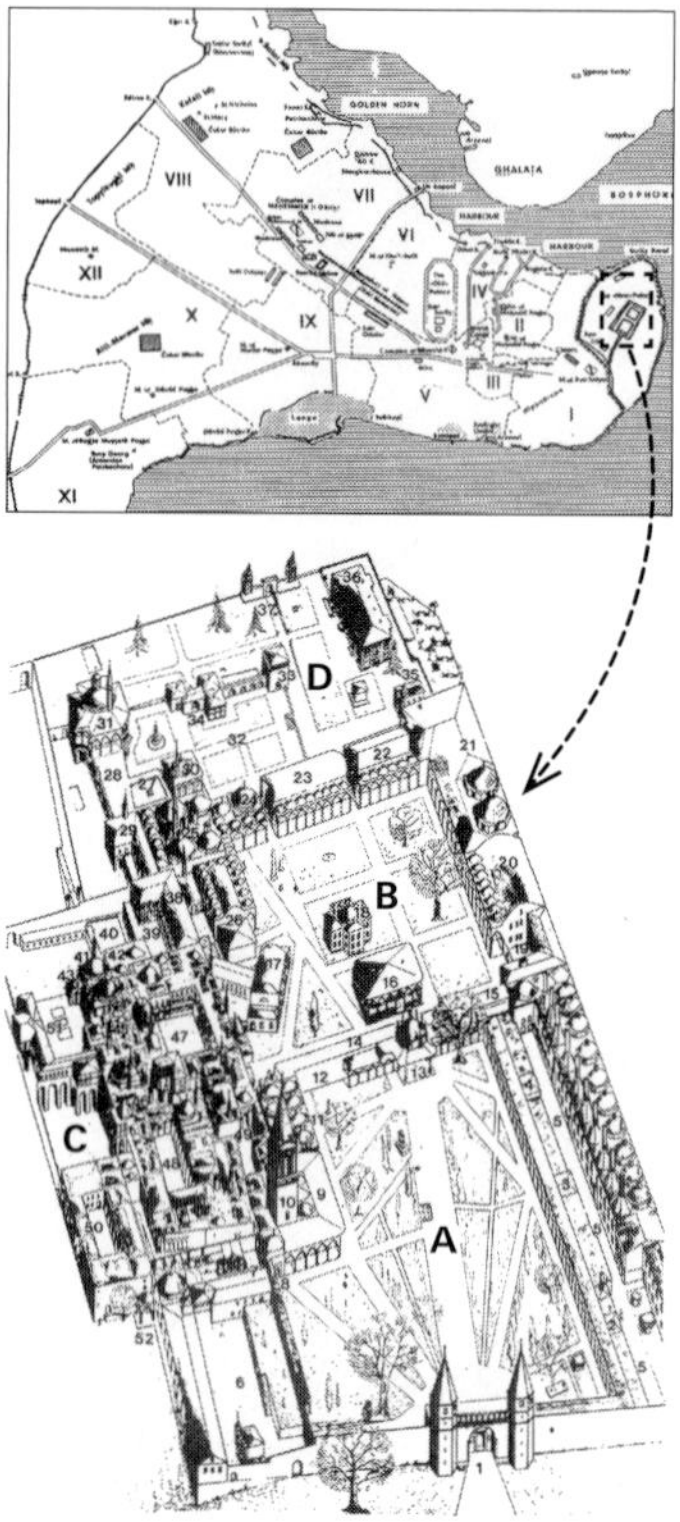

図 5-46　イスタンブルの地図（上）とトプカプ宮殿（1459 年）中枢部鳥瞰図（下）

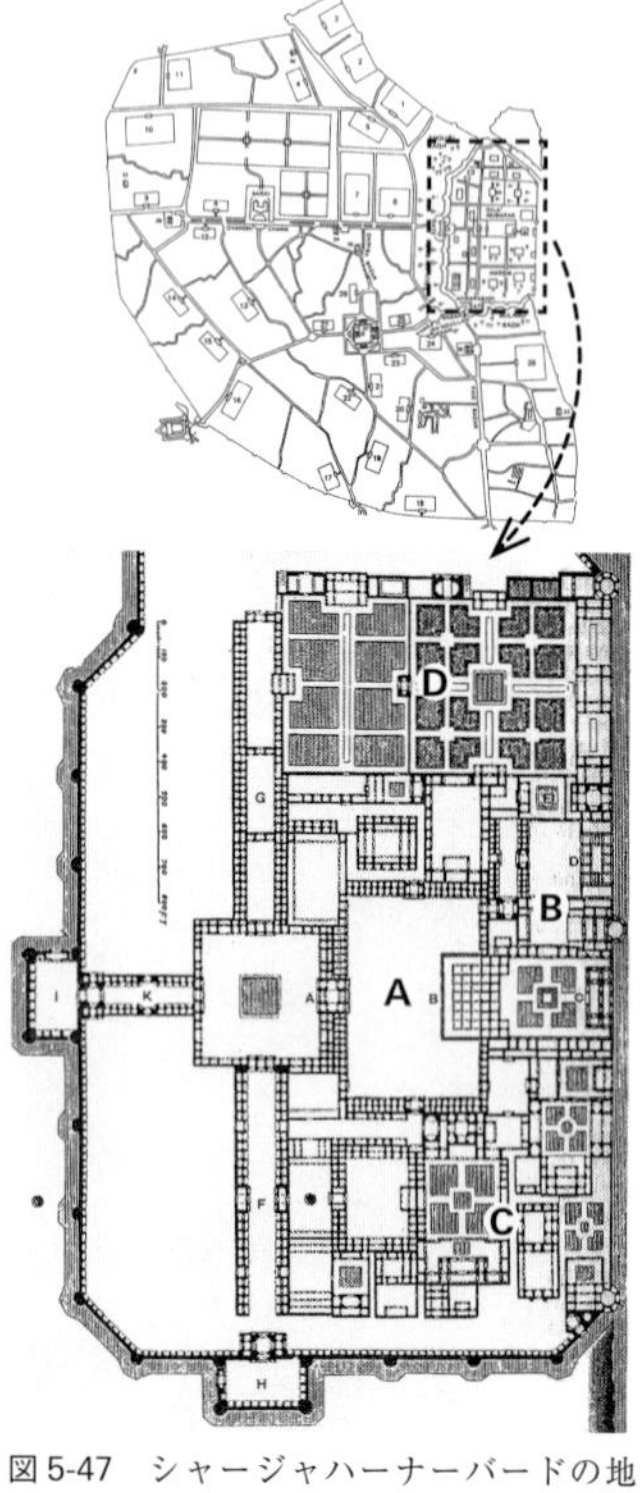

図 5-47　シャージャハーナーバードの地図（上）とラール・キラー（1639-48 年）平面図（下）．図 46・47 ともに A：公的謁見空間，B：私的謁見空間，C：ハレム，D：私的庭園

ポドローム（古代ローマ時代の競技場）を含む一帯が祝祭空間として整備される。スルタン・アフメト・モスク（口絵31）もその一環として建設された。一七世紀に宮殿と市壁が一挙に建設されたシャージャハーナーバードでは、宮殿の西門からまっすぐ伸びる大通りが目抜き通りとなった。イスファハーンでも宮殿域の西端から幅八〇メートル、長さ三キロメートルのチャハール・バーグ大通りの両側に四分庭園が配され、

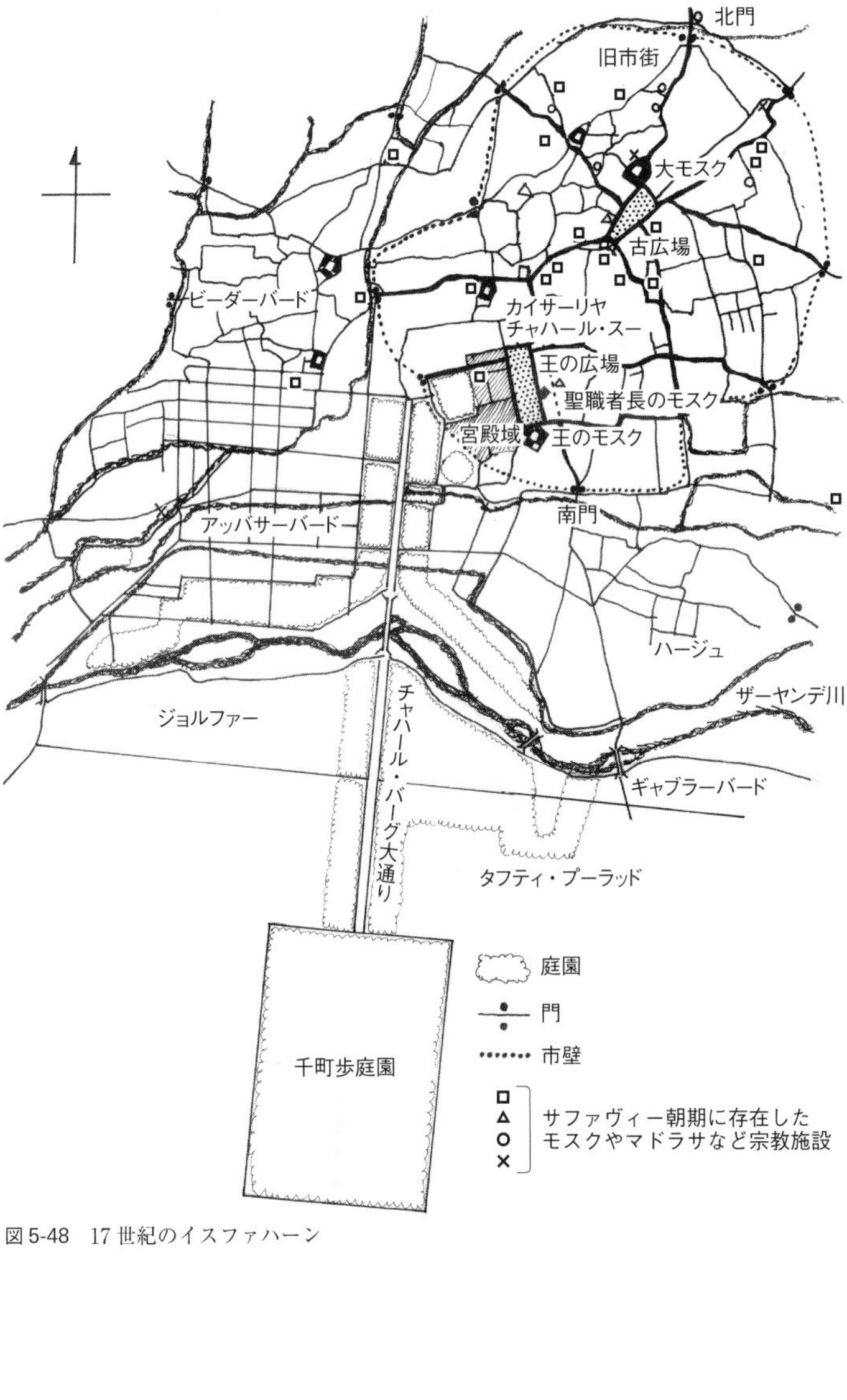

図5-48　17世紀のイスファハーン

新たな都市軸となる（図5－48）。

それぞれの宮殿の個性も見逃せない。トプカプ宮殿では幾何学的対称性を隠すような配置をとる。玉座の間やそこに置かれる玉座の位置も中心軸を外れた西北隅に位置する。遊牧系トルコ出自のオスマン朝の生活様式や宮廷儀礼によるものかもしれない。また、二〇世紀まで王朝が持続したことで、台所、厩舎、工房、倉庫、ハレムなど、宮殿を支える人々の生活が見えてくる点は興味深い。ムガル朝では、四つの首都にそれぞれ壮大な宮殿が造営されるが、赤砂岩造の堅固な城壁と壮麗な城門を共通の特色とする。そして、アグラ、ファテプル・スィークリー、ラホール、シャージャハーナーバードと年代順に次第に配置の幾何学性を極めていく。イスファハーンの場合、周囲を堅固な城壁で囲まないという選択をしたので、本書では宮殿域と呼ぶが、後述するような、世界に先駆けた庭園都市の思想が読みとれる。

アーバニズムへの布石——庭園都市イスファハーン

イスファハーンは西から東へ向かって流れるザーヤンデ川に育まれた古い町で、ブワイフ朝、セルジューク朝が首都を置いた（図5－48）。半径一キロメートル余りの市壁の中心に大モスクと古広場（イスラーム以前は馬術競技場であったが、ブワイフ朝時代までには町の中心広場となり、アッバース一世の王の広場建設以後古広場と呼ばれるようになる）、北門から南門を繋ぐバーザールが存在した。古広場は、バーザールに連なり、市のたつフレキシブルな空間であった。その後サファヴィー朝の君主アッバース一世によって一六世紀末から一七世紀初頭に、都市の方向性が転換する。

アッバース一世はまず、カイサーリヤ（図５－49）とチャハール・スーの建設を始める。カイサーリヤは貴重品を扱う商館で王の広場に接続し、チャハール・スーはバーザールの交差点に建つ商業建築である。彼はまず、この都市の開発を旧来のバーザールと結び付け、商業活動を支える投資に専念する。そして、旧来の南門へと通じる道と並行するように南北五二六メートル東西一五六メートルという巨大な王の広場（図５－50）を計画した。加えてその周りに三重の店舗列と有蓋通廊を設け、広場を新しいバーザールが取り巻くように造った。一五九七年に広場が完成し、商人たちが店舗列を満たすようになると、

図 5-49　王の広場からカイサーリヤへの入口

図 5-50　王の広場．奥に王のモスク，右に大門宮，左に聖職者長のモスク

図 5-51　エルラッハの描いた王の広場．宮殿域への入口に建つ大門宮

図5-52　緑道沿いに大庭園への入口の建物が並ぶチャハール・バーグ大通り．シャルダン『イスファハーン誌』より

はじめてカズウィンからイスファハーンへの遷都を宣言した。

さらに、王の広場の西辺を占める区域を宮殿域とし、入口に大門宮を建設する（図5－14、51）。この一帯は城外との境界にあたる部分で、ティムール朝の宮殿が存在し、兵営を置いた場所だった。ここにアッバース一世は古都への新参者としてのサファヴィー家とその臣下たちが暮らす空間を準備した。宮殿は中庭建築を並べたもので、周囲には厳めしい城壁を設けなかった。その北西隅に当たる部分から大通り（チャハール・バーグ大通り）を引き、一六〇二年にザーヤンデ川を渡る橋が完成し、南の千町歩庭園への緑道となる。同年、王の広場の東辺に聖職者長のモスクを計画する（図5－10～13）。新たな大モスクとして王のモスク（図5－6～9）に着手したのは、それから約十年後の一六一二年、完成は一六三八年と遅れる。

こうして新しくなった都への流入人口を受け入れるために、アッバース一世は新住宅地（新市街）を建設する。チャハール・バーグ大通りの西側、川の北岸にアッバサーバード、南岸にジョルファーを築き、さらにビーダーバード、ハージュ、ギャブラーバードといった新市街も建設する（図5－48）。旧市街が中庭住宅と袋小路という都市構造をもつのに対し、これらの新住宅地には庭園付きの独立住宅と碁盤目状の都市構造という新たな概念が導入された。政治、経済、宗教の中心としての首都が、市壁をめぐらせた旧市街を温存しながら整備された[15]。

一七世紀後半にイスファハーンに滞在したフランス人宝石商人シャルダンはこの都市のその後をこう語る。人口五〇万人を超える大都市に成長し、古い市壁は家々の合間に埋もれてしまい、旧市街と新市街の境目はつかなくなった。貴顕や裕福な商人は旧市街と新市街の両方に住宅をもち、王の広場は謁見ばかりでなく市民が共有する都市広場として賑わっている、と[16]。

従来の囲郭都市ではなく、近代的な庭園都市の道を選び、しかも歴史的蓄積のある旧市街を共存させ、市民は両者を受容するという状況が創出されたのだ。イスファハーンは、バロック都市、近代のガーデン・シティー、現代の旧市街の保存を先取りする存在であったといえよう。

建築家の技量——シナン

イスラーム世界では建築家の影は薄い。建築物とともに名を残すのはパトロンで、少数の書家、棟梁、工人の名前が建造物の記銘に残る程度だ。イスラーム建築史上、建築家シナンは特別有名な例外的存在で、存命中に数百の設計を手掛け、多くのモニュメントを創出した。

ルネサンス以前の世界では、ヨーロッパにおいても建築は職能集団が担当し、個人名を残さない。ルネサンスから個人としての建築家の存在が重要視されるようになったのである。シナン（一四八九？－一五八八年）の名とその存在にも、イタリア・ルネサンスの建築家たちの存在が関与しているのではないだろうか。彼はミケランジェロ(一四七五-一五六四年)やパッラーディオ(一五〇八-八〇年)とほぼ同時代を生きたのである。

スレイマン大帝の葬儀を描いた細密画の中に、墓室への納棺の先達としてシナンが描かれている(図5-53)。シナンはカイセリ近くの出身のキリスト教徒で、デヴシルメ制度(強制徴用)によって一五一二年にイスタンブルに連行され、イスラーム教に改宗し、オスマン朝宮廷に仕える。イェニチェリ軍団(常備歩兵)に参加し、各地の遠征に同行する中で出世し、一五三八年には帝国の建設長官に任命された。その後数多くの建設に関与するが、パトロンはスルタンや后をはじめ皇太后や皇太子などオスマン家の人々、大宰相や地方長官あるいはハレムの黒人宦官、大商人など多岐にわたる。建設地もイスタンブル

図 5-53　物差しを持つシナン(左端)

図 5-54　シナン後期の名作エディルネのセリミエ・モスク(1568-75 年)

が主だが、東欧や大シリアにも及ぶ。

彼の建築上の焦点は大ドームモスク（図５－54）のバリエーションと、モスクを取り巻くキュッリイェのまとめ方（図５－５）に集中する。単一ドームだけのモスクに平屋根のモスク、一例だけだが多柱式モスク（図５－55）にも関与するが、腕の見せ場は先の二つの課題にある。

大ドームを支持する基部の形とそれに接合するセミ・ドームの数を見ると、基部が正方形の場合には、一つ、二つ（図５－３）、三つ、四つ（口絵31）の四通りの設計例があり、六角形の場合は、四つ（図５－41下）と、五つの二通りが、八角形の場合、四つ、五つ、七つ、八つの四通り設計例がある。さらに側廊部分の作り方、ドームの支持方法の立案は、シナンの手に拠っていたのであろう。ドームの高さと光の取り入れ方にそれぞれの作品の個性が光る。

一方、彼のキュッリイェのまとめ方は、前廊および回廊で囲まれた前庭の配置に加え、自由度の高い大敷地の幾何学的配置（図５－５）、不整形敷地でのキブラ軸と建物軸の対応、特に段差のある敷地の場合の工夫が読み取れる（図５－41）。しかし、キュッリイェを構成する墓建築（八角形か六角形平面）、浴場、マドラサや商業施設などは、定型化したものを利用する傾向がみえる。

図 5-55　イスタンブルのピヤーレ・パシャ・モスク（1573 年）の多柱式礼拝室，多柱式モスクはムハンマド以来モスクの定型であった

シナンは、ルネサンスがもたらした個人の才能の強調、首都と支配地での建設活動を重視したオスマン帝国の姿勢、そしてその最盛期を生きた建築長官という条件が生んだ近世イスラーム世界の建築家像といえよう。

理想空間の構築——ムガル朝の大庭園付墓建築

イスラームの墓建築の中でも、インド近世の墓建築は特筆に値する。ビジャプール(口絵38、図5-36)や、ゴルコンダなど各地で墓建築が数多く造られたが、中でもムガル朝様式において、ペルシアの宮殿に多用された四分庭園と深い関係をもつ墓建築が造られた。

その理由の一つには、ムガル朝初代バーブルはインドで没したが、故郷を懐かしみ、遺体はカーブルに運ばれ庭園に葬られた。彼は暑いインドを嫌い、中央アジアの庭園文化に傾倒した。それまでの権力者は墓建築を永遠に維持するための仕組みに心血を注いでいたが、死後の住まいとしての庭園に対するバーブルの執着が新たなムガル朝墓建築の発端となった。コーランに描かれる天国は乾燥地帯に人工的に造られた水と緑に溢れる庭園である。最後の審判の待機の場としての墓建築は死後の宮殿であり、それゆえ天国を想起させる庭園に建つことが必要だった。

二代フマーユーンの墓建築は、四分庭園の中心に建つ(図5-56)。墓建築自体は中心に大ドーム、四隅にドーム室をもつ。この形がサイコロの「五の目」に似ているので、五の目プランと呼ばれ、イスファハーンの宮殿建築と共通性をもつ。その祖形は、ティムール朝の庭園に構築されたパヴィリオンに遡る。ティムール朝後半の王家の廟は、次第に墓室以外の諸室を増やし、アフガニスタンのガズナでは一五世紀後半に点対称の形が生まれていた[17]。三代アクバル(図5-57)、四代ジャハンギールの墓建築も広大な四分庭園の中央に位置する。五代シャージャハーンは、幾何学的な四分庭園を手前に、雄大なジャムナー川の流れを背後に、白大理石の基壇を計画し、四本のミナレットに囲まれた墓建築タージ・マハルを配置した(図5-58)。

アグラのジャムナー川沿いには、タージ・マハルをはじめ庭園付き墓建築が並ぶ。それに比べ、庭園

図5-56　デリーのフマーユーン廟(1562-72年)

図5-57　アグラ近郊シカンドラのアクバル廟(1605-13年)基壇上に，インド土着の梁柱構法の建物が載り，チャトリ(あずまやのような小塔)が多用される

図5-58　アグラのタージ・マハル(1631-47年)

文化を享受したサファヴィー朝ではあったが、庭園と墓建築の結びつきは薄いままで、君主は聖者のもとに葬られることが多い。イスファハーンのチャハール・バーグ大通りに庭園は並んでいるが、墓はタフティ・プーラッドというネクロポリス（死者の町、図5－48）に構築された。

ムガル朝とほぼ同時期の南インドのビーダルでも、四分庭園付きの墓建築が構築されたことを先述したが、この伝統はアーディル・シャー朝のビジャプールに継承される。彼らはシーア派を奉じていた。同じくシーア派を奉じたクトゥブ・シャー朝の君主は、ゴルコンダ城の麓に広大な王家の墓地を囲い込み、庭園のパヴィリオンのように墓建築を配した。インド出自でムガル朝の二代フマーユーンを失脚させたスール朝の君主たちも庭園に建つ墓を造り、シェル・シャー・スールは人工湖に浮かぶ八角形周廊付きの墓を構築した。

これらを考え合わせると、広大な庭園付き墓建築は中央アジア出身のバーブルが四分庭園へ傾倒したことに端を発し、インドのムガル朝をはじめとする諸王朝で好まれたといえよう。

五　壮麗なる空間へ

古典主義とその変容――ヨーロッパの動向

一五世紀前半、フィレンツェからイタリア全土へと広まったルネサンス様式は、一六世紀初頭のローマで古典建築を手本に、均斉がとれ静的な安定感のある構成をもつ様式として完成する。そしてイタリアはマニエリスムの時代に突入し、さらなる変化を求めるようになる。他方、ルネサンス様式は、一六世紀に、古典建築の柱の装飾様式を通じて、次第にイタリアからヨーロッパ各地に伝播し、邸宅や城館に用いられるようになる。その一つ、グラナダのアルハンブラ宮殿に付加されたカール五世宮は、円形中庭を二層の円柱列で囲み、イスラーム支配下に建設されたアルハンブラとは全く異なる古典的造形を見せる(図5－59)。

しかし、ヨーロッパ全体がルネサンス建築一色に染まったわけではなく、ゴシック様式の建築もまだ造られていた。フランス、イギリス、ドイツには、後期ゴシックに属する、リブの精細な装飾を極めた一六世紀の教会堂が残る。大航海時代に、アジアやアフリカへと進出したスペインとポルトガル本土では、一五世紀後半になってフランスから移入されたゴシック建築が隆盛期を迎える(口絵16)。インド洋のポル

図5-59　アルハンブラ宮殿のカール5世宮(16世紀初)

図5-60　サンピエトロ寺院(ローマ，1656-67年)

トガル拠点ホルムズでも、その片隣がみてとれる(図5-43)。さらに、レコンキスタとともに、キリスト教支配者のもとでイスラーム教徒の工人たちによるムデーハル建築が流行する(図4-49)。さらにゴシックとムデーハルが折衷したプラテレスコ(銀細工)様式は、キリスト教の布教とともに遠くアメリカ大陸にも伝わった。

「塔や胸壁などの権力の証しを放棄し、古典的オーダーによって示されるはるかに微妙な優越をあらわす言語を受け入れるまでには、一世紀以上を費やした[18]」といわれるように、ルネサンスの建築がヨーロッパ全体を巻き込むようになるのは、一七世紀になってからであった。

オランダとイギリスは、東インド会社を通じてアジアやアメリカで優位に立つようになるが、建築ではイタリア、フランスに追随し、イギリスでは一七世紀になって本格的なルネサンス建築が導入され、パッラーディオが持て囃された。

一七世紀には、文化的先進地イタリアでの潮流は、バロック時代を迎える。ルターらの宗教改革に対し、反宗教改革の中心となったサンピエトロ寺院では、ベルニーニが大ドームと、広大な視界をもつ楕円形広場を完成させた(図5-60)。今までに類を見ないドーム建築も造られる(図5-61)。

一七世紀後半になると、ルイ一四世のフランスがヴェルサイユ宮殿を通してバロック建築モデルの主要発信地としてイタリアにとってかわり、各地にヴェルサイユを手本に宮殿建築が造られる。豪華絢爛な宮殿は、一八世紀になると繊細優美なロココ様式を生む。

手法を意味するマニエリスム、歪んだ真珠を意味するバロック、庭園の岩組みに由来するロココと

図5-62　エルラッハ設計の教会図

図5-61　トリノのサンティッシマ・シンドネ礼拝堂(1667-94年)

は、一九世紀に生まれた呼称で、それぞれ、正統的な古典主義からの変容・離脱を意味する。変容の様態として、ドームに多様な幾何学性がみられること、さらに劇的な広場の演出や幾何学庭園への傾倒などが語られる。実は、これらは本章で詳述したイスラームの建築で培われた技法や様式と同様な傾向を示している。シナン設計の一連の大ドームモスク、庭園都市イスファハーンの王の広場とチャハール・バーグ大通り、ムガル朝皇帝たちの墓建築などを考えると、イスラーム建築からの影響によってこれらの変容が引き起こされたと考えてもよいのではないだろうか。

一方、一七世紀のヨーロッパでは、中国趣味やトルコ趣味が流行する。ペルシアや中国への訪問記が図版入りで出版され(図5-14、52)、前述したようにカフェやハンマームも導入される。エルラッハの『歴史的建築の構想』(一七二一年刊)には、自作の設計図に加え(図5-62)、メッカとメディナの建築、オスマン朝建築、さらにイスファハーンの王の広場（図5－51）が紹介された。[19] ロココ様式と中国趣味やトルコ趣味の異国情緒とが調和し、人気となる。

中華文明とその周辺——東方の動向

東方に目を転じよう。独自の建築伝統をもつインドには、ペルシア的イスラームとインド土着様式が折衷したムガル様式が花開いた。無論、ヒンドゥー寺院建築やヒンドゥー王侯の宮殿も各々の様式で構築されたが、ムガル様式との比較なしには語れない状況を呈するようになった。

インド南部から東南アジアにかけては土着建築の伝統が根強かったことを、同地の木造モスクについて紹介した（図5－30、31）。イスラーム教徒が多く住んだ島嶼部の港市ばかりでなく、タイやミャンマーなど大陸部には、地域色の濃い仏教建築や宮殿建築が造られた。

中国には明清時代を通じて王城として営まれた北京の紫禁城がある。前朝後寝の原則に従い、南前面に公的空間、北背面に私的空間を配し、それぞれの空間をさらに階層化し、周廊で囲むスタイルは、イスラームの中庭空間を用いた宮殿にも類似し、囲い込む空間文化といえる。ただし、同時期のイスラームの宮殿と比べると、空間の序列化と南北の中心軸線の強固さにおいて紫禁城は徹底している。また、都市計画における幾何学的規律を遵守し、宮殿が都市の中心となっている点は、イスラームの宮殿と異なる。

中国の庭園は興味深い姿を見せる。人工的な矩形で囲んだ庭園の内部は、自然を写し、非対称性を貫く配置をする。外周だけでなくその内部にも矩形に分節するイスラームの四分庭園とは正反対である。乾隆帝が完成させた河北省承徳の避暑山荘では、山の斜面に一一の離宮が、川を見下ろして点在する。都市や住宅には仁義礼智を重んじる儒教の精神が、また非対称の自然を描写する庭園には神秘性を重んじる道教の概念が、適用された結果と説明される[20]。建築のレベルでは同じく囲い込む空間文化に属するイスラームの場合、第二章で述べたように、乾燥地域における天国の思想が幾何学的な配置をもつ庭園を生みだし、乾燥地域における稠密居住が中庭建築の有機的集合としての都市を生みだした。

もう一つ注目すべきは、明朝のもとで、仏教導入以前の中国思想に基づく皇帝の陵墓建築と壇建築が復活したことである。明の一三陵では、地下墓室を備えた円形の墳丘（陵）の前面に、三つの中庭建築（寝）を並べる形をとる。また北京の天壇は、「天円地方」という宇宙観を表した壮大なモニュメントで、二棟の円形建築には藻井《そうせい》（図5－63）を用いた

図5-63　藻井の一例

図5-64　西寧のタール寺

ドーム天井がある。藻井の誕生は宋時代に遡るが、イスラームが主題としたドーム空間との類似性を考えさせる。

清朝が藩部に編入したチベットの様式を伝える建造物も今に残る（図5－64）。ラサに残るポタラ宮は一七世紀の建築で、先述の避暑山荘にもチベット様式が採用された。同じく藩部に編入されたモンゴルや新疆では、中国式の建築が移入される。ラマ教が導入されたモンゴルには、ゲル（移動式天幕）の遊牧文化が、イスラーム教が主流となった新疆には、木造を多用したペルシア風建築の伝統があったが、清朝のもとで中国様式に傾いていく。

中国周辺のヴェトナム、朝鮮、日本では、建築文化がそれぞれの地域色を濃くしていく。日本では、安土桃山文化から元禄文化の時期にあたり、城郭建築や日光東照宮など、絢爛豪華な建築と、桂離宮や修学院離宮にみるような侘《わび》や寂《さび》を追求した建築が併存する。

近世の栄華

イスラーム教誕生以来千年を経て、ユーラシア一帯に広がったイスラーム建築は、近世三大イスラーム帝国においてまさに絶頂期を迎えていた。アラビア半島に生まれた思想体系が世界の半分近くの地に流布し、それぞれの地でイスラーム教徒が関与する建築文化を構築した。

聖典コーランに描かれた天国としての理想空間は、預言者ムハンマドの生きた地に根差したものだった。早くにイスラームが拡張した中緯度乾燥地域で、既往の文化を積極的に取り入れつつ、姿を整えた建築様式がイスラームの思想とともに各地に流布した。そこにイスラーム建築の基盤ともいえる統一性が設定された。砂漠という厳しい自然を制御するための囲まれた空間への拘り、神への畏れが生み出した具象性の否定と、対称性と反復性を軸とした幾何学性、アーチとドームのもつ集中性などが美の基盤となった。近世三大イスラーム帝国の様式は、それぞれの出自や表現形式は異なるが、追求した美はこうした同じ思想に根差していた。

同時に、既往の建築文化を拘りなく取り入れるイスラームの姿勢は、拡張後にも維持された。その結果、各地に多様なイスラーム建築文化を生んだ。その様相は、この時代、三大帝国周辺の地域色の濃い建築文化にみられる。

イスラーム建築は、ヨーロッパにおいてルネサンスとそれに続く一連の建築文化とも深く関係をもった。前章で述べたルネサンスの誕生に関してだけでなく、マニエリスム、バロック、ロココと続くヨーロッパ古典主義の変容には、隣り合わせたオスマン朝だけでなく、サファヴィー朝やムガル朝様式の庭園や宮殿に関する新たなヴィジョンが投影されていた可能性も見逃せない。ヨーロッパのタイルやドームに見る技法や造形の躍動は、ヨーロッパ建築台頭の前兆といえよう。

ムガル朝より東では、中華文明圏としての括りが大きな意味をもつようになる。木造軸組み傾斜屋根というスタイルを共有する文化であったが、明清時代の朝貢貿易によって中国の求心力が高まり、一つの大きな中心とその周辺とでもいえる構図を呈するようになる。新疆にまで移入された中国風モスク、あるいは東南アジアからインド西岸に及ぶ木造モスクは、むしろこの文脈の上からも考察されねばならない。

イスラーム建築、あるいはヨーロッパ・中国といった枠組みを超えて、一七世紀の建築としての共通性を指摘することもできる。イスラーム三大帝国の宮殿、フランスのヴェルサイユ宮殿、中国思想を貫く紫禁城は、ともに一七世紀の王権の表象であり、豪華絢爛、派手、艶やかと形容される自己主張の強い建築である。江戸城や二条城もその一端に位置している。

注

（1）シリア、エジプト、北アフリカ、イエメン等では、前時代まで用いられていた建築様式とまったく異なるオスマン朝風の建築がそのまま受容される。各地のシナンの作品についてはGülru Necipoğlu, *The Age of Sinan: Architectural Culture in the Ottoman Empire*. Reaktion Books, 2005。地域別には、バルカン半島では、Machiel Kiel, *Studies on the Ottoman Architecture of Balkans*, Variorum, 1990。シリアでは、Çigdem Kafesçioglu, 'In the Image of Rum: Ottoman Architectural Patronage in Sixteenth Century Aleppo and Damascus', *Muqarnas, XVI*, 1999, pp.70–96。イエメンでは、Geoffrey King and Ronald Lewcock, Arabia, *Architecture of the Islamic World*, George Michell, ed. Thames and Hudson Ltd., 1978 あるいは Barbara Finster, 'An Outline of the History of Islamic Religious Architecture in Yemen', *Muqarnas IX*, E. J. Brill, 1992, pp.142–144。エジプトでは、Mohamed Abul Amayem, *Islamic Monuments of Cairo in the Ottoman Period, Vol.1 Vol.2*, Research Center for Islamic History and Culture, 2003, 2011。北アフリカでは、Alī Mas'ūd El-Ballūssh, *A History of Libyan Mosque Architecture During the Ottoman and Karamanlī Period, 1551–1911*, General Publ., Distribution and

Advertising Comp., 1984, Eva Schubert ed. *Ifriqiya Thirteen Centuries of Art and Architecture in Tunisia*, Museum with No Frontiers, 2002 など。

(2)佐藤次高『砂糖のイスラーム生活史』岩波書店、二〇〇八年、二三〇－二三二頁。

(3)ed. Dalu Jones, *A Mirror of Princes – the Mughals and the Medici*, Marg Publications, 1987.

(4)ベルニエ著、倉田信子訳『ムガル帝国誌(二)』岩波文庫、二〇〇一年、八四頁。

(5)Robert D. McChesney, 'Economic and Social Aspects of the Public Architecture of Bukhara in the 1560's and 1570's', *Islamic Arts* 2, 1987, pp.217-242.

(6)イランのホルムズ島には、マクタブ・ハーネと呼ばれる三棟の一五世紀の墓建築が半壊の状態で現存する。また、インドのダボルには、建設年代は不明ながら、四方を開口した墓建築が現存する。

(7)デカンのもっとも北に位置したのはアフマドナガルを中心としたニザーム・シャー朝で、黒色玄武岩の石積み建築が特色である。ただし、北からのムガル朝の進行により、シャージャハーン時代一六三六年にムガル朝に征服される。George Michell and Mark Zebrowski, *The New Cambridge History of India Vol.1.7. Architecture and Art of the Deccan Sultanates*, Cambridge University Press, 1999.

(8)Mehrdad Shokoohy, *Muslim Architecture of South India*, Routledge Curzon, 2003では、後述するカリカット(図5－32)など南インドの実例を取り上げる。シュコーヒーには取り上げられていないが、コロマンデル海岸のキラカライには、ナーヤカ朝時代の特色をみせる興味深い石造モスクが残る。

(9)東南アジアの木造モスク建築は、マレーシアとインドネシアを中心に分布し、タイ南部にも広がる。通例、基壇を築き、同心方形平面の木造建築とするが、いくつかの特例もある。高床式で、アーチ形のミフラーブをもたないカンポン・ラウト・モスク(コタバルへ移築、一七三〇年代)、同様でしかも縦長平面をもつスーラオ・アウルは、民家の建築に近い。なお、タイ南部にはナラティワートのクルーセ・モスク(一七六九年建造との伝承）は、煉瓦造で中心にドームをもち、周囲を回廊が囲むタイプで、インドや西アジアからの建築文化の流入を伝える。これらを比較した文献はいまだ書かれていない。
(10)傘状曲面はペルシア語で太陽を意味するシャムセと呼ばれ、ティムール朝、シャイバーン朝（図５－19）、サファヴィー朝（図５－12）、ムガル朝（口絵36）のアーチ・ネットに共通する。
(11)ムスタファ・ハーンのモスクでは、中央ベイに一四角形を用いるために、中央ベイの縦横比が異なる。
(12)クトゥブ・シャー朝でも同様なアーチ・ネットが多用される。幾何学的バリエーションはアーディル・シャー朝より少なく、アーチの幅が太くなり、交差による陰翳的装飾効果を高める方向に発展する。
(13)アラ・アルトゥン「イズニク・タイルと陶器」『トルコの陶器とタイル』中近東文化センター、二〇〇〇年、四三－五三頁。
(14)第二章で述べたように、初期には預言者ムハンマドのメディナの家を倣い、都市の中央に大モスクと隣り合わせることが多かったが、一〇世紀には既存都市とは別に宮殿都市を築くようになる。その後の宮殿は都市の端に位置することが多い。
(15)深見奈緒子「イスファハーンのサファヴィー朝期の住宅に関する一考察」『東洋文化研究所紀要第一三九冊』二〇〇〇年、一五二－二〇六頁。
(16)羽田正編『シャルダン『イスファハーン誌』研究』東京大学東洋文化研究所報告、一九九六年。
(17)ガズナのウルグ・ベク廟があげられる。深見奈緒子他「ウルグ・ベク廟の特徴とその形成過程──ティムール朝時代の墓廟建築に関する研究８」『日本建築学会大会学術講演梗概集』一九九三年、一三三七－一三三八頁。
(18)ジョン・モスグローヴ編、飯田喜四郎・小寺武久監訳『フレッチャー世界建築の歴史──建築・美術・デザインの変遷』西村書店、一九九六年、七七五頁。
(19)中村恵三編著『フィッシャー・フォン・エルラッハ「歴史的建築の構想」注解』中央公論美術出版、一九九九五年。

(20)アンドリュー・ボイド著、田中淡訳『中国の建築と都市』鹿島出版会、一九七九年、一一二頁。

第六章　「イスラーム建築」の創出――一七五〇－一九五〇年

一　西欧近代の覇権

建築史の成立とサラセン建築

まず西欧での成り行きを見定めたい。一八世紀後半のフランスで、ルネサンス以来の古典を範としたにしてもあまりにも装飾に傾いたバロック、ロココ趣味への批判から、真の古典主義を再生しようという新古典主義が起こる。新古典主義は、人間の理性に基づいた自然科学を重視することによって従来の権威や価値を批判した啓蒙思想によって引き起こされた。ギリシアやローマの遺跡に対する最新の考古学発掘成果が建築に反映され、古典の普遍的原理が追求され、柱のオーダーが整理された。

一八世紀末には、理性と伝統を重んじる新古典主義に対抗してロマン主義が生まれ、ゴシックなどの中世建築が見直される一方で、異国の建築への関心が高まる。一八世紀半ばまでは、ゴシック風を基盤としてそこに中国風、トルコ風の異国趣味を味付けした建築が造られていたが、一八世紀後半になると、拡大する西欧の覇権を背景に、異国の建築文化の図版が以前にも増して数多く出版され、それらを参考に、本格的に異国の要素をとり入れた建築が造られるようになる。

図6-1　上：シュヴェッツィンゲン王宮のモスク(1780-95年)．下：キュー・ガーデンのモスク(1763年)

若いころスウェーデン東インド会社社員としてインドと中国に滞在したチェンバーズによる『キュー・ガーデンの庭園群と建築詳解』(一七六三年)に端を発し、コルカタに本拠を置く王立アジア協会が一七八四年に発足、インドの遺跡研究が始まり、インドにあるイスラーム建築も紹介された。一方フランスではナポレオンのエジプト侵攻に伴いカイロの宮殿やモスクを紹介した『エジプト誌』(一八〇九－二二年)が記される。さらに、スペインやシチリアなどヨーロッパに残るイスラーム遺産に関する書籍も相次ぐ。特にアルハンブラ宮殿に関しては詳細な図解を伴った、オーウェン・ジョーンズの著作が大きな影響を与えた。ペルシアに関しても、コストとフランダンの『ペルシアへの旅』(一八五一年)が記された。

一八世紀後半、当時流行しつつあった自然の風景をとりこんだ絵画的なピクチャレスク建築、あるいは人工物が自然に戻る姿を好む廃墟趣味と呼応し、モスク建築は、庭園に建つパヴィリオンとして、イギリス、フランス、ドイツで流行する(図6－1)。一九世紀になると、イギリスの王立アジア協会と深い関係をもつインドのムガル風建築、ナポレオンによって紹介されたエジプトのマムルーク風建築、ア

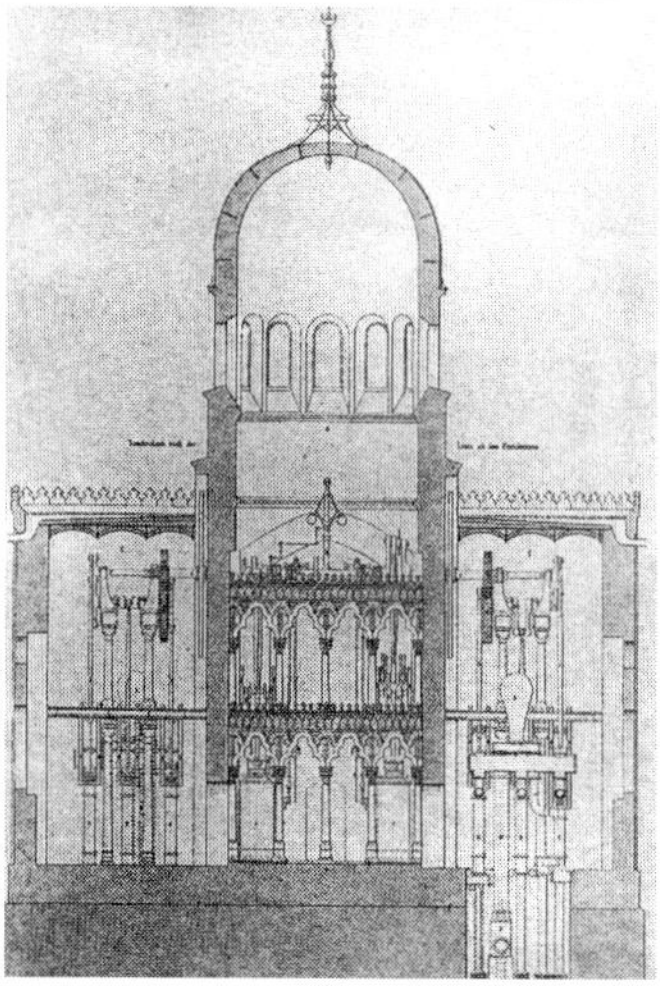

図6-2 上右：ブライトン宮(1815-22年)．上左：ツァントのヴィルヘルマ(1842-46年)．下：ペルジウスの蒸気機関の家(1841-43年)．それぞれムガル風，アルハンブラ風，マムルーク風である

ルハンブラ風建築が大きな引用源であったことを物語る建築（図6-2）が造られる。さらに、各地から紹介された事例の要素を混入したり、さらにはゴシック風の基盤もあいまって、今までに存在しなかった「イスラーム風建築」がヨーロッパ各地で生まれ、娯楽施設や邸宅建築へと浸透していく。

一九世紀には建築史学の興隆も歩みを一にし、古典に始まる様式の整理が行われる。建築史では、前時代のエルラッハを別として、もっぱらギリシア・ローマから中世以後の西欧が対象となっていた。しかし、イスラーム風の建築がヨーロッパで流行していたにもかかわらず、一九世紀前半には本書で取りあげたようなムスリムの関係した建築は、建築様式史の中には組み込まれなかった。

一九世紀後半になると、ヴィクトリア女王の下で繁栄を極めた大英帝国に、建築進化論に基づいた世界建築史というジャンルが浮上する。ファーガソンとフレッチャーがその代表である。[1] ファーガソンは、キリスト教建築(第二部)とそれ以外(第一部)に分け世界の建築の著述を試み、第一部の九巻で「サラセン建築」という名称でイスラーム教徒が造った建築をまとめて扱う。その序文で、モハメタニスム(イスラーム教)の驚くべき拡張力と既存文化との親和力を強調する。さらに彼は「それゆえ、拡張した地域では既存の建築文化がそのまま継承された。一方で、宗教の一体性により、一種の均質性へと洗練されるけれども、地域性を失うことはない。したがって、サラセン建築という括りのもとで、民族や様式の差異を捉えることができる」と説く。そして、「シリア、エジプト、ペルシア、インド、スペイン、コンスタンティノープルに分けて詳述する」と述べる。ギリシア、ローマへと遡らせるヨーロッパ建築史学の中に、世界という視点を組み込み、その一葉として「サラセン建築史」を位置付けたのである。一方、フレッチャーは、「非歴史的様式」としてインド、中国、日本、中央アメリカ、サラセンの建築を記述し、それ以外を「歴史的様式」として記述する。建築の系統樹を用い、幹から頂部に達する歴史的様式と枝分かれした非歴史的様式とを区別する。こうして、「サラセン建築」という言葉で、イスラーム教徒たちが残した建築遺産をとらえる意識が次第に定着していく。

明治以来、西欧の学問体系を取り入れた日本で、イスラームを含む世界建築史に初めて注目するのは、実際にインドや中東に赴いた伊東忠太(一八六七 - 一九五四年)である。[2] 彼は、世界の建築文化を古代系、東洋系、西洋系に分け、東洋系をさらに支那系、印度系、回教系に分類する。さらに、彼は西欧のイスラーム芸術に対する低い評価を批判し、西欧の伝統を鼓舞するばかりでなく、アジアに生きる日本人としてより高く「回教系建築」を評価すべきであるとの論考を著す。

一九世紀には、自由、平等、科学、進歩で代表される西欧に対し、狂信、独裁、野蛮、専制のイスラームという二項対立的な図式が導かれるようになり、この時代に初めて「イスラーム世界」という概念が成立したと羽田は説く。[3] イスラーム建築という括りも呼称こそ異なるが、この時代の「サラセン建築」に由来する。当時のヨーロッパの建築家が設計した異国風建築は、ヨーロッパが作り上げた非ヨーロッパ様式の集成であるにもかかわらず、「サラセン様式」「ムーア様式」などと呼ばれた。イスラーム建築史とは、当時の西欧の建築家たちが、それらの名称の典拠として建築文化の歴史を構築し、自己の設計を歴史性をもつものとして正統性を与える基準の設定だったのかもしれない。

二〇世紀の前半には、ヘルツフェルトやクレスウェルをはじめとする西欧の建築史学者によってイスラーム建築史の基盤が形成された。当時の世界情勢を反映して中東アラブ、マグリブ、アナトリア、ペルシア、インドという地域別の歴史が編まれた。それらは、支配王朝別の編年を目指した研究で、より古い時代の遺構が脚光を浴びる傾向にあった。[4]

列強のもとに世界が植民地化された二〇世紀前半、時代の流れはスピードを増し、変動の時代に突入する。植民地に残されていた建造物は、宗主国によって、遺産としてより詳細に研究されるようになったが、西欧から定義したイスラーム建築への疑問や問いかけは生じなかった。ヨーロッパにおける異国趣味の建築から始まり、一九世紀後半のイギリス「サラセン建築」として始まったイスラーム建築史は、賦与の枠組みとして定着していくのである。

洋風建築と新市街——独立国と植民地

ヨーロッパで建築史学が構築され、サラセン様式としてイスラームの建築が紹介されたころ、日本が明治時代にお雇い外国人を通して洋風建築を実現したように、非ヨーロッパ世界の各地では洋風建築が導入された。とはいえ、西欧との政治的、地理的関係によって温度差が見られる。

ヨーロッパに近いオスマン朝が、最も早い対応を見せる。首都イスタンブルのモスクでは、一八世紀後半のヌール・オスマニエ(図6－3)以来、今までにない曲線や楕円を用いたバロック的な要素が加味されるようになる。洋風を貫徹したのは、ボスフォラス海峡に面するドルマ・バフチェ宮殿(図6－4)で、エコール・デ・ボザールで学んだアルメニア人建築家バリアンの手によるものである。一方、イランという地の利から独立を貫いたカージャール朝は、ナーセロッディーン・シャーのヨーロッパへの外遊に伴い、一九世紀後半に見様見真似の洋風建築がもたらされたが、実際の建設にあたってはオスマン朝の洋風建築が手本となった。軍隊や教育制度などには西欧人を登用して洋風化が見られるのに対し、本格的な洋風建築の登場は、一九三〇年代と遅れる。

植民地となった国々には一八世紀後半からの洋風建築が残る。英領インドにおいては、コルカタやムンバイに教会堂をはじめ、市庁舎や駅(図6－5)などの公共建築が整備される。一九世紀になると弱体化したムガル朝のもと、各地の領主(ヒンドゥー教を奉じたラージャあるいはイスラーム教を奉じたナワーブ)の多くがそれぞれに洋風建築導入の窓口を開き、首都の邸宅(口絵43)を洋風に造るばかりでなく、新たな都市計画を導入しようとした。ロシアが中央アジア進出の窓口としたサマルカンドには、一八七〇年代に旧市街に接して放射状の広い街路をもつ新市街がロシアの手で計画された(図6－6)。その後も、

図6-3　イスタンブルのヌール・オスマニエ・モスク(1748-55年)

図6-4　ドルマ・バフチェ宮殿(1843-56年)

図6-5　ムンバイのヴィクトリア駅(1888年)

カイロのガーデン・シティー、北アフリカのフランス植民地など、相次いで新市街が計画されている。ただし、この場合留意せねばならないのは、既存の都市のすべてが一掃され新市街に生まれ変わったわけではなく、長い年月をかけて培われた旧市街は、被支配国においては現地の人々の居住地、独立国においては古い市街地としてそのまま継承された点である。それゆえ、近代的都市と古い様相を伝える都市が併存する形となった。加えて各地に建築伝統が根強く併存し、後述するようにそれぞれが新たな時代へと突入した。

二〇世紀になると、洋風建築と近代的都市計画導入という潮流は、植民地化された多くの地域でますます加速する。その背景には、それぞれの地域における歴史的蓄積を無視した、西欧近代の圧力とそれへの信奉があった。

図 6-6　サマルカンド新市街(19 世紀末)

二　イスラーム建築の対応

受動的寄せ集め

前章までは、ムハンマド以来のイスラーム教徒に関わる建築の歴史を読み解いてきた。宗教建築も世俗建築も、中央アジアからスペインまで一括りに見ようという視点は、ファーガソンの「サラセン建築」史に始まる。それ以前のイスラーム教徒にこうした自覚があったわけではないようだ。しかし、ヨーロッパからの刺激は、結果的に括られていく「イスラーム建築」にもいくつかの変容をもたらす。一つは、先述したような洋風建築や近代的都市計画が持ち込まれると同時に、産業革命に始まる新たな技術がもたらされたことである。もう一つは、イスラーム教徒の創出した様式という括りを拠り所に、はるか遠くの、またはるか昔のイスラーム教徒の様式が要素として移入され、寄せ集めの様式が生み出されたことである。すなわち、イスラーム側でも西欧の「サラセン建築」と同じ動きが確認できるのである。

図6-7 カイロのマリオット・ホテル(1860年代)

図6-8 ブハラのアブドゥル・アズィズ・ハーンの宮殿(19世紀末)

カイロのマリオット・ホテル(図6-7)は、エジプト総督イスマーイール・パシャが築いた宮殿(一八六〇年代建立)で、新古典主義を基盤とし、サラセン様式を細部に用いた折衷様式である。現存しないキオスク(あずまや)とファサードのバルコニーには、鋳鉄製のアルハンブラ風のモチーフが使われていた。

図6-9　クアラルンプールの大モスク（1897年）

図6-10　神戸モスク（1931年）

これらは、ドイツ人建築家ディービチェの手による。彼の指示によって、ザクセンのラウホハマー鋳造所で製作された五トンもの鋳造品がトリエステ経由でカイロへと運ばれた。彼は、若いころシチリア、北アフリカ、スペインを旅し、アルハンブラ風建築を造るようになったものの、西欧では気前のよいパトロンを見つけることができず、エジプト総督お抱えの建築家となり、カイロで活躍した。産業革命によって可能となった鋳造建築部品とともに、一四世紀のアンダルシアで展開した様式が、一九世紀末のカイロへとヨーロッパ人によって運ばれた。この時代、アルハンブラ風建築は、遠く中央アジアのブハラの宮殿（図6－8）へも、イタリアで学んだロシア人建築家によってもたらされている。

東南アジアでは、ムガル風とアルハンブラ風が入り混じったモスクが植民地時代に造られるようになった。イギリス人建築家の手によるクアラルンプールの大モスクは、壁面にコルドバのモスクを想起させる赤白の縞模様、大柄でアルハンブラ風の多弁形アーチ、ゴシック風尖頭アーチが囲むアーケード、さらにムガル風のミナレットとドームを配している（図6－9）。

このように、距離的にも時間的にも離れた細部を寄せ集め、異なる土地に移植するという、今までにない近代的様相の建築が出現する。そのパトロンは、ムスリムであっても、建築家はヨーロッパの非ムスリムである場合が多い。インド系ムスリムによって建立された神戸モスクもチェコ人建築家の設計で、インド風とエジプト風を加味している（図6－10）。ヨーロッパの建築家たちは異国での設計に、ヨーロッパで学んだイスラーム風建築を採用したのである。

能動的折衷

とはいえ、各地のイスラーム建築を見ていくと、この時代ヨーロッパ人建築家の活躍のもとで、その寄せ集め的な展開を受動的に受け入れていたばかりではなく、能動的な変容も見出すことができる。

イランのカーシャーンは、古くからラスター彩タイルの生産地として有名な町である。町の中央をバーザールが貫き、その中ほどに商業建築の秀作といえるティムチェ・アミノッドーレがある（図6－11）。絨毯商組合のサライとして、一九世紀後半に建設された。隊商宿を指していたサライは、この時代になると、広域に活動するイスラーム商人たちが各地に拠点として置いた事務所の建物を指すようになる。なかでも中庭にドームを架けた建物をティムチェと呼ぶ。このティムチェ・アミノッドーレの中央広間を覆う曲面天井は、前章までに説明した、ムカルナスとアーチネットの融合の究極ともいえるような複雑な天井で、前時代までのサファヴィー朝建築とは一線を画す技法が認められる。

図6-11　カーシャーンのティムチェ・アミノッドーレ内部（1863年）

図6-12　ボルジェルディー邸中庭（1857年）

カーシャーンは一九世紀後半、首都テヘラーンの繁栄に伴い、建設ラッシュを迎え、当時の大邸宅や住宅が今も市壁内に数多く残る。この時期、大商人の間で、ウスタード・アリー・マリヤームという名の建築家が持て囃される。彼は最初はうだつが上がらなかったものの、マリヤームという女性パトロンの自邸を建てたことから名を馳せ、売れっ子建築家として、数多くの伝統的な住宅を手掛けた（図6－12）。彼はアリーという名にパトロンの名前を付けて呼ばれている。それらの住宅には、伝統的な様式を用いながらも、サファヴィー朝期とは異なり、ピンクのバラを描いたタイル（口絵41）や、中庭ファサードに半円を用いた破風飾りを付けるなど、今までにない工夫がみられる。バラはイランで愛好された花だが、ピンクは一九世紀のヨーロッパでの流行色である。先のティムチェ・アミノッドーレも彼の作品である。伝統様式の練磨、ヨーロッパ建築との折衷、こうした建築家の存在などは、いずれも一九世紀後半のカーシャーンという町が生んだ、近代の能動的な変容の一つと捉えられよう。

西インドのジュナガードに、一度見たら目に焼き付いてしまう風変わりな建築がある。ヒンドゥー寺院のような出隅入隅を繰り返す平面に、ゴシックの三弁尖頭アーチを用い、ヒンドゥー寺院のシカラのように小ドームを構成するマハバット・ハーンの墓である(図6－13)。となりには、タージ・マハルを模したのか、四隅に螺旋状の外階段を回したミナレットを建て、アーチ窓の外側の三角形の壁にはロココ的な分厚い曲線浮彫をほどこし、五つのドームが山形にそびえるロシアの教会堂のような大臣の墓が寄り添う(図6－14)。

図6-13　ジュナガードのマハバット・ハーンの墓(1882年)

図6-14　ジュナガードの大臣の墓(19世紀末)

ジュナガードは、イスラーム教徒の太守が治める首都であった。一八世紀後半以後、他の多くのイスラームの権力者たちは、自分たちの墓建築を壮麗に造ることに固執しなくなった。ただ、ジュナガードにおいては、一八世紀後半から一九世紀末まで、歴代の王の墓が残り、いずれも装飾過多の奇抜なスタイルである。外観ドームが算盤《そろばん》の珠のような形になってしまうものもある。

これらの墓の建築家の名前は知られていない。けれどもヨーロッパ人の手に拠ると判断するには、彼らの作品と比べてあまりにも斬新奇抜すぎるし、類例が見当たらない。そして、これら二つもジュナガード王家の墓建築の道筋をそれほど大きく逸脱しているわけではない。おそらく地元の王家のために働く工人たちが、洋風の建築や、ムンバイなどでのヨーロッパ人建築家による盛んな建設活動に触発され、自らの手で折衷様式を導いたのではないだろうか。

このような能動的な折衷、変容が各地で起こりつつあったことは重要である（口絵42）。それではその背後に、「イスラーム建築」という自覚があったかといえば、それは疑問である。変容を触発したのは、当時の工人や市民をも巻き込む時代の雰囲気ではなかったろうか。

交差する幻想

ヨーロッパが「サラセン」、あるいは「オリエント」として表現し異国に求めたものの一つに、退廃的な幻想があった。オスマン朝から伝わった魅惑的なカフェ、ハンマーム（公衆浴場）に加え、麻薬やハレムなどからイメージされる官能的な非日常と、どこまでも反復する幾何学文様や絡みつく植物文様、あるいは有機的なムカルナスなどが呼応して、ヨーロッパでのイスラーム像が作られていった。贅沢な絨毯や手のこんだ工芸品なども「オリエンタル・ラグジュアリー」としてイスラーム風建築と結びつき、離宮や娯楽施設に多用された。はるか日本の迎賓館赤坂離宮に残る東の間（喫煙室）（図6－15）もこの流れに属する。

その一方で、奇妙な現象がある。カージャール朝の首都テヘラーンのゴレスタン宮殿の天井には、乳房を露わにした洋装の女性像が描かれる(図6－16)。サファヴィー朝宮殿にも女性像は描かれるが、このような図像は出てこない。さらに、ナーセロッディーン・シャーがヨーロッパ外遊から帰ると、ハレムの女性たちの間で、当時フランスのバレリーナが着たチュチュに倣い脚を露わにした服装が流行する(図6－17)。ヨーロッパの夢見た放埒で退廃的なイメージは、真実だったのだろうか。むしろ、カージャール朝の人々は、西欧に因習からの逸脱や甘美な生活を夢見たのかもしれない。

先に紹介したオスマン朝のドルマ・バフチェ宮殿が洋風建築を取り入れたのは、パトロンであったオスマン朝側からすれば、何も新古典主義を取り入れることによって、自らの文化のルーツとしてギリシ

図6-15　迎賓館赤坂離宮東の間(1909年)

図6-16　ゴレスタン宮殿の天井

図6-17　カージャール朝の女性

アやローマ建築を認識し、その復活を願ったからではない。当時最上の贅沢、あるいは最新の流行は洋風建築にあるとみなしたからではなかったか。異国の珍しい文化に対して、互いが幻影を描きあっていたのではないだろうか。ヨーロッパのいわゆるオリエントに対する幻想だけが存在していたかのような理解も再検討されるべきだろう。

三　ナショナリズムとローカリティー

見直される古代

一〇〇〇年ころ、アラブ統一様式のイスラーム建築が広まったペルシアで、ペルシア文化復興の動きが見られることを第三章で確認した。それまで退いていたサーサーン朝期（二二六－六五一年）のドーム、イーワーンなどが、土と煉瓦を用いる土着技法と結び付いて復活する。その約八〇〇年後、一九世紀のイランで、イスラーム化以前の文化が見直される。彼らの古代はアケメネス朝（紀元前五五〇－紀元前三三〇年）に遡る。アケメネス朝の春の都ペルセポリスの宮殿遺跡に倣い、高い基壇の上に石造の太い円柱を並べる作風が流行する（図6－18）。宮殿ばかりでなく、邸宅や墓建築にもこうした傾向が顕著になる。

ペルセポリスは帝国の各地から技術や工人が集結して造り上げた帝国宮殿群である。ギリシアやエジプトからもたらされた石造技術によって、それまでのイランにはない太い石造円柱を林立させた大広間が造られた。円柱にはフルーティング（溝彫り）を施し、梁との間に造形的な柱頭を挿入する。

なぜ、この時代、ペルセポリスが源泉とされたのだろうか。おそらく、ギリシア、エジプトからインドにいたる大領域をペルシア人が統治していた大帝国という意味において、支配者としてのカージャール朝には、古代ペルシアに遡る正統性が重要であったのではないか。カージャール朝の王たちは古代の浮彫の隣りに、自分たちの像を刻ませる（図6－19）。さらに建築からみれば、当時流行しつつあった古代ギリシアの柱のオーダーを中心とした新古典主義の延長線上に、ペルセポリスの柱はうまく適合する。直接にヨーロッパ建築を取り入れることができないでいたカージャール朝では、柱の造形を通じて自らの古代と当時のヨーロッパ建築を重ね合わせたのかもしれない。柱の立ち並ぶ開放的な広間（ターラール）をもち、漆喰の壁にヨーロッパの絵葉書や絵画をはめ込むことが庶民の住宅にも普及する。古代と伝統と西洋が入り混じって、新

図6-18　ゴレスタン宮殿のタフテ・マルマル（19世紀）

図6-19　ターキボスターンのカージャール朝期の浮彫

たな流行を作っていった。

　二つの古代復興は、復興させる時代が異なるだけではない。一一世紀初頭の場合、途絶えていた土着の技法の復活は、トルコ族による帝国建築に反応したものであった。一九世紀の場合、ペルシア人としてのルーツに加えて、当時最先端のヨーロッパへの連続性を意識させるもので、支配者ばかりでなく市民をも巻き込む動きであった。

図6-20　テヘラーン国立博物館(1937年)

図6-21　アタチュルク廟(1942-55年)

　一九世紀末になると、フランスやドイツによる古代ペルシアの遺跡の考古学研究が進み、二〇世紀パフラヴィー朝の時代になると、サーサーン朝のイーワーンをモチーフとしたテヘラーンの国立博物館や(図6－20)、キュロス大王の墓をモチーフとしたフェルドーシー廟などが建設され、考古学の成果がナショナル・アイデンティティー構築に用いられた。イスラーム以前の古代建築が自己のルーツとして必要とされたのはイランだけではない。トルコ共和国の初代大統領を葬ったアタチュルク廟(図6－21)は、古代の墳丘の上に建てられた。一見モダンな造形にみえるが、トルコ人設計者エミン・オナトは「シュメールからヒッタイトまで遡るトルコ古典文明との連環を表現したものだ」と述べている。

伝統の形成

世界遺産に指定されている歴史的なイスラームの旧市街で目にする景観には、数百年も遡る建造物もなかには含まれてはいるが、一九世紀から二〇世紀前半に造られたものが多く、建物の総体としては近代の都市といっても過言ではない。逆にいえば、一九五〇年以後、イスラーム圏の諸都市は爆発的な勢いで変貌しつつあり、それまで比較的安定して営まれてきた都市の姿が旧市街に残されたともいえよう。

イエメンの摩天楼都市シバーム（図6－22）、ウズベキスタンの二重城壁都市ヒヴァのイチャン・カラー（図6－23）、タンザニアのサンゴ石の港市ザンジバル（図7－20）など、いずれも一九世紀後半の建築的蓄積が大きい。一九世紀にはアジアやアフリカの諸都市は欧化政策に邁進させられたと考えがちだが、実はこの時代も、それぞれの地域に根差した伝統を構築していた。日本でも川越の蔵造りや各地に数多く残る町家が明治時代に造られていたのと同じ状況である。先に述べた洋風建築への傾倒は、限られた都市のしかも部分的な様相であって、一九五〇年以降一挙に広がる世界共通の様式とは異なり、この時代を包んでいたのはローカルな建築文化であり、私たちが今日、「伝統」とみなすものが形作られていたと考えるのが適当であろう。

もちろんモスクなどの宗教建築においても、伝統的な様式で造られることが続いていた。西アフリカや東南アジア、新疆など、一八世紀以前に建造された現存遺構が限られている地においては、一九世紀から二〇世紀前半の建造物によってそれ以前の様相を類推するほかない。二〇世紀初頭に建設されたジェンネの泥の大モスク(図6-24)のような例からも、現地で得られる材料とローカルな技法を用いた土地固有の造形は、数百年の間、変わることなく持続してきたと考えられる。

図6-22　シバームの遠景．東西320 m 南北240 m の市壁内に現在437軒の塔状住宅がある．753年創建の大モスクに加え，5つのモスクがあり，市壁内人口は1880年代2000人，現在7000人である

図6-23　イチャン・カラー．東西400 m 南北720 m の市壁内に，モスクやマドラサなど50軒の歴史的建築と250軒の住宅がある，多くの歴史的建造物は19世紀の建立で，大モスクは1788/9年に再建された

図6-24　ジェンネの泥の大モスク(1907年)

カイロのリファーイー・モスクは、先に述べたエジプト総督イスマーイール・パシャの母の発願によって、一四世紀のマムルーク朝のスルタン・ハサン・モスクに向かい合う形で建設が始まる(図6−25)。総督の死による工事中断の後、スルタン・ハサン・モスクに比肩するマムルーク様式で完成されるが、それを成し遂げたのはハンガリー人建築家であった。彼は西洋で紹介されたマムルーク朝様式の研究に基づいて細部にまでこの様式を貫徹させた。二〇世紀のエジプトにおけるモスク建築にマムルーク様式が選ばれたのである。

図6-25 カイロのリファーイー・モスク(右, 1869-1912年). 左はマムルーク朝のスルタン・ハサン・モスク(1356-63年)

図6-26 ウルムチの中国風モスク, 陝西寺

新疆では、一八世紀後半以後になると、数多くの中国風モスクが建てられる(図6−26)。カザフスタン国境に近いイーニンにはロシア風のモスクも造られ(図6−27)、カザフ族との関係が言及される。さらに、いわゆるペルシア風のカシュガルのエミン・モスクのような煉瓦造のモスク(図6−28)や、中央アジア風に木の柱を林立させ平屋根を葺くエスティカール・モ

スクのような建造物も共存し、ウイグル族との関係が説かれる。新疆においては、民族の主張に基づく様式の選択がなされた。

イラクのナジャフ、カルバラなどに残るシーア派のイマームたちの葬られた聖廟は、サファヴィー様式の膨らみのある黄金のドームを戴き、目が眩むようなガラスや金の細工で覆われる(図6-29)。それは、イラン国内にあるコムやマシュハドの聖廟と同様だ。現代ではイランとイラクに分かれているが、シーア派という広がりのもとで様式が選択された。一九世紀に建設されたテヘラーンのサライに伝わる

図 6-27　イーニンのロシア風モスク，ゴル寺

図 6-28　トゥルファンのエミン・モスク(1778 年)

図 6-29　バグダードのカージマイン廟

寄進文書には、サライの収益をイラクの聖廟の維持に充てるよう指定したものもある。これら諸例が語るのは、多様な様式からの選択が可能となった近代には、時代と土地というそれぞれの建築のもつ基本情報だけでなく、様式を主体的に選択した側の意識をくみ取らねばならないことである。その背景には、土地の固有性、民族の伝統、信仰の系譜などの意図が込められた。

多様性とネットワークから考える

最後に、インド洋海域について言及したい。オマーンは一六五〇年にポルトガルからマスカットを奪回し、一七四一年にはブーサイード朝が成立する。インド洋を商圏とする海洋王国となったブーサイード朝は、一八三二年にアラビア半島のマスカットから東アフリカのザンジバルへと遷都する。象牙や黒人奴隷の取引を通して富を築き、ザンジバルはその象徴となった。この時代、植民地を獲得していたのは西欧諸国だけだと考えがちであるが、アラビア半島にあるオマーンにとって、ザンジバルは一種の植民地であった。

東アフリカの建築には、インド洋交易の跡を伝える、モノ、人、技術、様式などの情報が残されている。一九世紀のザンジバルでは、多くのインド商人が働いていた。彼らの多くは、グジャラート地方の港市ムンドラからザンジバルへと出向き、イスマーイール派(シーア派ムスリムの一派)の集会所やヒンドゥー寺院を建設した。ムスリム商人は家族を呼び寄せて定着することが多く、ヒンドゥー商人の多くはその富を故郷に持ち帰り豪壮な自邸を建設する。中でも徴税請負人として富を築いたヒンドゥー

図6-30　ザンジバルのジェイラム・シブジーの商館(19世紀後半)

図6-31　ムンドラのイブジー・シブジー自邸(19世紀後半)

教徒のシブジー兄弟が有名で、ムンドラとザンジバルには、彼らが営んだ商館(図6－30)と自邸(6－31)が残る。双方とも、多層建築で、出窓やバルコニー、南インド産のチーク材を用いた根太天井や格子枠の扉など、グジャラート地方の建築的特色をみせる。一九世紀半ばにドイツ人技師のもと南インドのマンガロールで瓦の工業生産が始まるが、これがはるかザンジバルまで運ばれ、傾斜屋根に用いられている。

マスカットから移住した王家は、イランのカージャール朝と縁組を行う。イランから輿入れした后の希望で、ザンジバルの離宮にはハンマームが建設される(図6－32)。そこには、当時イランで造られたアーチ・ネットの屋根架構がみられる。

ザンジバルにはジャパニーズ・バーと呼ばれる商店建築が残り(図6－33)、博物館にも数点の日本画が展示され、日本との交流を伝える。しかしより強固な証拠は、二〇世紀初頭に愛知県で工業生産されたヴィクトリア風のタイルが数多くみられることである。この時代、日本産のタイルがインド洋の多くの港市にもたらされていた。

ザンジバルは一九世紀末にはイギリスの保護領に編入され、王立英国建築家協会員のシンクレアの作品も建てられ、町は東へと広がり、近代化されていく。とはいえ、インド出身者やゾロアスター教徒など宗教も出身も多様な人々が暮らす港市であり、多様な建築文化を享受していた。一九世紀半ばから後半に建てられたストーン・タウンと呼ばれるサンゴ石造の建物群には、第三章で紹介したキジムカジ・モスクに遡るスワヒリ建築の伝統が流れている。

この時代のアジアやアフリカは植民地建築として一括して語られる傾向が否めない。その根底には、ヨーロッパが他者として認識したイスラームという、ヨーロッパからの視座がある。

図 6-32　ザンジバルのハンマーム

図 6-33　ジャパニーズ・バー

しかし、この時代のオマーンやザンジバルの人々の移動、そしてインド洋交易に従事していた多様なインド商人たちの足跡と建築遺産を注意深く観察すれば、宗教や地域を超えた「環インド洋建築」とでも呼びうる建築文化の交流と広がりを見ることができる。イスラーム建築、あるいはイスラーム建築史という枠組みをいったん視座から外し、代わりに港市のネットワークを視座に据えることによって、建築史と都市史の枠組みを再考する可能性を開くことができるのではないだろうか。

注

(1) James Fergusson, *The Illustrated Handbook of Architecture*, John Murray, 1855. Banister Fletcher, *A History of Architecture upon the Comparative Method*, London, 1896.

(2) 伊東忠太「建築進化の原則より見たる我邦建築の前途」『建築雑誌第二六五号』一九〇九年、四－三六頁。同「回教建築」『伊藤忠太著作集4 東洋建築の研究(下)』原書房、一九八二年。

(3) 羽田正『イスラーム世界の創造』東京大学出版会、二〇〇五年、一三九－五六頁。

(4) 深見奈緒子「10 建築が伝える情報」『記録と表象——史料が語るイスラーム世界』東京大学出版会、二〇〇五年、二七〇－七二頁。

第七章　イスラーム建築の現在と未来――一九五〇年以後

一　戦後の建築

独立国家の表象

第二次世界大戦の終結に続き、アジアやアフリカの多くの地域が現代的国民国家として成立する過程で、イスラーム教を国教とした国、あるいは多くのイスラーム教徒を抱える国において、国立のモスクが建設されるようになった。そのデザインは大きく三つに分けられる。第一に新たな技術や工法を誇示する現代様式、第二に時代や地域を超えたイスラーム建築の諸要素を混合する折衷様式、第三に既存の伝統的様式に依拠した復古様式である。

インドネシアのジャカルタに一九五五年にキリスト教徒の建築家シラバンによって設計されたイスティクラール（独立）モスクがある（図7－1、2）。大ドームと屹立するミナレット、それらを統合する中庭、という定番の造形要素を用いるものの、今までの既存様式に依拠せず、鉄とステンレス、コンクリート、ガラスといった新素材と新技術を用いることによって現代様式を生み出した。

パキスタンの新首都イスラマバードのファイサル・モスク（図7－3）は、トルコ人建築家が祖国で提

図 7-1　ジャカルタのイスティクラール・モスク（1961 年着工，1978 年完成）

図 7-2　同内部

図 7-3　イスラマバードのファイサル・モスク（1969 年）

出したが受け入れられなかった建築案が、設計のコンペで選ばれたものである。マレーシアのクアラルンプールのナガラ・モスク（図7－4）も、大ドームを傘状の折板構造に置き換え、現代様式に挑戦する。ただし、九〇年代以後になると、一九九二年完成のローマのモスクのように欧米でのモスクでは見られるものの、イスラーム教徒がマジョリティーを占める地域では減少する。

第二の折衷様式は、いわゆるイスラーム風のテイストを前面に出すが、既存の一様式には帰着しない。すなわち、一八世紀後半以後のヨーロッパで生まれたイスラーム風建築と同様な手法で、時代や地域を超えた要素を混交する。ブルネイのスルタン・オマル・アリー・モスク（図7－5）、アルマティー（カザフスタン）の中央モスク（図7－6）、マスカット（オマーン）のスルタン・カーブース・モスク（図7－7）、カザンのゴル・シャリーフ・モスク（二〇〇五年）などがある。一九八〇年代からサウド家によって進められたメッカの聖モスク（図1－16）とメディナの預言者のモスクの大改修も同様である。

ドームやアーチ、ミナレットに加え、煌めくアラベスク模様、複雑なムカルナス、コーランの一節を示すアラビア文字などの要素を時代や地域の文脈からは切り離して混在させている。オイル・マネーを

図7-4　クアラルンプールのナガラ・モスク（1965年）

図7-5　ブルネイのスルタン・オマル・アリー・モスク（1958年）

図7-6　アルマティーの中央モスク（1999年）．ドームは改装工事中（2010年）

つぎ込んで、イスラーム建築のさらなるステレオ・タイプ化を図っているかのようだ。一九五〇年代から折衷様式は始まるが、二一世紀に入ってもなおイスラーム諸国で最も愛好される。

第三に、復古様式がある。レバノンのベイルートに二〇〇五年に完成したムハンマド・アミン・モスク(図7－8)を見れば、一六世紀に盛期をむかえたオスマン朝様式が用いられたことは明白である。設計者のレバノン人建築家アズミ・ファクーリは、ローマ神殿で名高い、レバノンのバールベックに建設されたウマイヤ朝期(八世紀)の大モスクの復元事業にも携わった人物であるから、歴史性に依拠したのであろうが、一五一六年にオスマン帝国に占領されその支配下に編入されたベイルートの歴史を考えると、二一世紀の造形に五〇〇年前の支配者側の様式を採用するのはやや奇異に映る。このイスラーム大帝国のかつての栄光にあやかろうということなのか、あるいはその汎トルコ主義に依拠しようということなのか、日本の東京ジャーミ(図7－9)をはじめ、中央アジアなど世界各地にオスマン朝風のモスクが建てられるという、一定の傾向が見られる。

一九九〇年以後になると、アジアやアフリカでの大規模モスクは、それぞれの土地での復古様式が顕著になる。モロッコのカサブランカにあるハサン二世モスク(図7－10)は、マグリブ様式を採用した。先に折衷様式として紹介したカザフスタンのアルマティーの中央モスクは、建築後一〇年を経て、大ドームの外観を、それまでの青一色の平滑タイルから縦条リブとモザイクタイルで構成するティムール朝風に改築した(図7－6)。これはソ連からの独立後、カザフスタンのメッカとでもいうべき存在となっている世界遺産アフマド・ヤサヴィー廟(図4－9)をモデルとしていることは確かである。これらはその地においてかつて栄華を誇った時代の様式を自らの表象として取り入れる。

一方、その都市の歴史と採用された様式とがどのような文脈で結びつけられているのか理解に苦しむ例もある。建築家にとって建築史とは世界各地の過去のさまざまな建築様式をデザインソースとして提供するデザインブックなのかと問いかけたくなるほどである。たとえばドバイのジュメイラ・モスク（図７－11）はエジプトのマムルーク朝様式を、アブダビのシェイフ・ザイド・モスクのファサードはムガル朝様式を採る。一九世紀ヨーロッパのイスラーム風建築（図６－２）が引用源としたムガル朝建築、

図7-7　マスカットのスルタン・カーブース・モスク（2001年）

図7-8　ベイルートのムハンマド・アミン・モスク（2005年）

図7-9　東京ジャーミ（2001年）

マムルーク朝建築、アルハンブラが、建築家や施主の意識内に今なお受け継がれているのだろうか。

アブダビの首長が国力を傾けて建設したシェイフ・ザイド・モスクは、不思議な様相を見せる。ファサードには白大理石、三つのドームというムガル朝の復古様式を誇示し、その内部にはコルドバのメスキータを彷彿とさせる馬蹄形アーチやアーチ・ネット、あるいはアールヌーボー風のアラベスクやスイス製のシャンデリアを用いるなど、イスラームの寄せ集めを超えた折衷的な側面をあわせもつ。回廊は馬蹄形アーチと対の柱、柱には生え上る蔓草、類例のない金の柱頭という奇妙な造形だ(図7－12)。加

図 7-10　カサブランカのハサン 2 世モスク(1993 年)

図 7-11　ドバイのジュメイラ・モスク(1978 年)

図 7-12　アブダビのシェイフ・ザイド・モスク(2004-07 年)

えてその白い被覆には数万のＬＥＤ電球が埋め込まれ、月の運行とともに外壁の色を変え、記念日にはライトショーが催されるなど、現代技術を満載する。現代、折衷、復古様式の範疇を超えた、二一世紀初頭の湾岸が生んだ新生代様式といったらよいのかもしれない。

イスラーム建築再考

技術革新によって生まれた欧米の二〇世紀のモダニズム建築は、機能主義と合理主義を目指し、鉄、コンクリート、ガラスなどによる無機的・無装飾のビルに代表されるインターナショナル・スタイルがその中心である。すでに第二次世界大戦前から、ケマル・アタテュルクが率いたトルコ共和国、あるいはレザー・シャーのパフラヴィー朝イランでも、モダニズム建築が受け入れられ、大戦後は一段とその数を増した。

その後七〇年代には装飾や象徴性を取り戻そうとポストモダン建築が顕著となる。その一つに、矩形の建造物から離れ曲線や曲面を多用し、流体のような建造物(図7－13)を目指す流れがある。ザハ・ハディドは、現代の女性著名建築家の一人で、こうした流れに属している(図7－14)。彼女は、一九五〇年にバグダードのスンナ派の裕福な家庭に生まれる。両親ともにイラク北部のモスル出身

図7-13　テヘラーンのアーザーディ・タワー(1971年)

で、父は大蔵大臣を務めた人物である。

彼女は、イギリス人建築家ノーマン・フォスターとともに、サウド家の二一世紀に予定されているメッカの聖モスク拡張計画の設計者として指名されたという情報が流れた。この計画は、二〇〇八年に世界から十数名の著名な建築家が指名され、アイディアを提示した。十数名の中にはイスラーム教徒建築家もいたし、日本人も三人含まれていた。彼女たちの案は、カーバの北側の台地に流線形の広場を設け、その周囲にドミノ倒しのように三〇階建てくらいのビルを並べるというものだった。ところが、二〇一二年メッカは大きく変貌した。カーバ神殿の南側に高さ六〇〇メートルを超える超高層ホテルが屹立し、その頂部は時計塔となり、カーバ神殿を見下ろす。そして、ハラム・モスク周囲は、あちこちで工事が進行している。巨万の富をつぎ込んで、世界の建築界を騒がせるようなコンペをしながら、どうしてあたかもマンハッタンの超高層、しかも時計塔はビッグベンというスタイルが採用されたのだろう。確かに、超高層の大型ホテルは巡礼月には多くの宿泊客を迎えられるかもしれない。しかし、世界の中心としてのカーバ神殿を天空から見下ろすことは、イスラームの思想と合致するのだろうか。加えて、高層階に泊まる人、ここには泊まれない人、イスラーム本来の神の前に平等という思想からは遠く離れているように感じられる。

グローバル化する今日の、あるいは未来の世界において、何をイスラーム建築と規定することができるだろうか。先述したような国立のモスクを建設するといったような場合は、そのモスクをイスラーム建築とみなして差し支えないだろう。しかし、今日のイスラーム教徒の建築家の手になるものをすべてイスラーム建築と呼べるだろうか。あるいはまたイスラーム教徒が大半を占める地域に建てられる現代の世俗建築について、そのすべてをイスラーム建築とすることができるだろうか(図7－15)。

今日においては、イスラームの信仰という観点から、あるいはイスラーム教徒の側から、イスラームというアイデンティティーを表象する建築と規定されたものをイスラーム建築と呼ぶことが適当であろう。それには、イスラーム建築をイスラーム思想、あるいはその信仰から解き明かすことが、その理論的基盤として必要となる。

図7-14　ザハ・ハディド設計によるシャネルのモバイルアート・パビリオン(2008年)

図7-15　ドーハのイスラーム美術館(2008年)．中国系アメリカ人イオ・ミン・ペイ設計

イランの現代建築家ナーデル・アルダーランやオーストラリアで活躍するイスラーム建築史家サメル・アッカは、イスラーム神秘主義思想を参照しつつ建築史の解釈を試みている。またチュニジアの都市計画家べシーム・ハキームやマレーシアの建築史家ラスディは、預言者ムハンマドの言行録(ハディース)や慣習(スンナ)から、イスラーム都市やイスラーム建築の再解釈を行っている。こうした研究や再解釈の深まり

をとおして、これまでとは異なるイスラーム建築の再定義や新たなイスラーム建築史が切り開かれていく可能性があるだろう。

二　文化遺産としての歴史建築

保存修復

本書では、基本的に現存するものを対象に語ってきた。これらの古建築は、歴史を語る文化遺産として、国や都市によって保護されているものが多い。どんな構造の建物でも、建物を維持していくためにはメンテナンスが必要で、特に日本や、東南アジアの木造建築、あるいは西アジアの煉瓦造建築などは、石造建築に比べると比較的短期の修復が必要となる。それ故、建立が数百年前といっても、各時代に補われた部材が混在するのが常である。

イランでも文化財局によって、古建築の補修やタイルの張り替えなどが行われている。第四章でとりあげたスルターニーヤのドーム(図4-8)や、第五章でとりあげた王のモスクのドーム(図5-9)など、時々張り替え工事に出くわす。文化財局では、大学の建築科で修復を学んだ主任建築家が工事を統括する。彼らが学んだ修復学は、現地風に改訂されてはいるものの、基本は西欧で確立した学問であり、王政時代に本場イタリアで修復学を修めた年長者も多い。一方、実際の仕事は伝統的な技法をもつ工人たちが行う。工人教育も文化財局の一つの仕事に組み込まれる。親方のもとでの徒弟制度ではなく、職業学校として文化財局のもとに制度化されている。

それに伴って、文化財局様式ともいえる、過去の様式の統一的な複製も行われるようになる。本来イランでは、特に一九世紀の住宅建築など、町ごとにずいぶん違う趣味がみられるのに、修復を経るとどこの町でも同じようなモザイク・タイルの色や文様が使われる傾向がある。ペルシア湾岸地域の港市バンダレ・アッバースに、内陸部のヤズドにある一四世紀のモスクのファサードがそのまま使用された復古様式のモスクを見て、その強引な適用に驚いた。同じイランとはいえ、大きく風土の異なる湾岸地域と内陸部ではそれぞれ異なる建築文化が根づいてきた。

図7-16　ドバイのバスタキア地区

また、ドバイのバスタキア地区のような例もある(図7-16)。ドバイはアラブのオイル・マネーが流れ込み、八〇年代以降、世界の建築見本市の様相を呈しているが、とりわけ二〇〇〇年代には、人工島や世界一の超高層ビル、ブルジュ・ハリファをはじめ、新奇な建築が集合する都市となった。そのなかでバスタキア地区はうち捨てられていた古い建物群を現代の修復技術によって人工的に復元した地区である。そこに暮らす住民がいて、住生活の基盤として歴史都市の保存修復がなされたのではなく、テーマパークのように外からの訪問者に異国情緒を与える目的から、捨て去られていた旧市街が復元された。いくつかの機関が入居しているが、現在はこの地区に住民を募集しているという。

現存する古い建造物を調査し、手入れし、未来へと繋げていくことは重要だが、修復の方法、新たな建築に古い様式を採用する際など、古いイスラーム建築を所有する国々では、いまだ不具合が多いように感じる。日本でも建築教育に修復が組み込まれ、日本建築に即した保存理念が構築され、保存修景が街並みのレベルに定着するまでには、長い年月を要した。イスラームの歴史建築を有するこれらの国々は、いまだ独自の保存修復の理念と手法を生み出し確立していく途上にある。

世界遺産の功罪

一九七二年のユネスコ総会によって採択された世界遺産条約の下で、人類が守るべき遺産として、イスラーム圏の都市や建築も指定されることとなった。イスラーム建築の関連でいち早く一九七八年に指定されたのはセネガルの奴隷交易の跡を伝えるゴレ島で、ここには一棟のモスクが含まれる。イスラーム色が前面に打ち出されたものとしては、翌一九七九年のダマスカス、カイロ、チュニスの歴史都市とイスファハーンの王の広場の指定が最初である。それぞれの都市には、歴史的なモスクや著名な建造物も含まれるが、住宅や街路も含めた広域の都市が指定された。

一九八〇年以後のイスラームと関連する指定の動向を辿ってみたい。今なお多くのムスリムが居住する旧市街は、八一年に指定されたフェズ(図7－17)、シバーム(図1－14)、エルサレムなどで、四〇件を超える。それに比して、すでに本来の機能を失った城や宮殿あるいは都市遺跡は、二〇〇七年のイラク戦争後のサーマッラー、あるいは二〇〇三年の大地震の後に危機遺産に指定されたイランのバム（図7－18）を含め、二〇件余りである。宗教建築を抽出して指定したものは一二件で、モスクはトルコのディブリーの大モスク（図7－19）とデリーのクトゥブ・モスク（図3－31）など四件、聖者廟が二件、他はタージ・マハルなど為政者の墓建築である。メッカやメディナは指定されていない。

世界遺産に指定されることは、さまざまな功罪を生む。一九七〇年代から九〇年代にかけてイスラーム都市研究が盛んになった背景には、先述した広域の歴史地区を世界遺産に指定するために、イスラー

図7-17　フェズの街並み

図7-18　バムの遺跡

図7-19　ディブリーの大モスク（1228/9年）

図7-20　ザンジバルの街並み

ムに深く関わる著名な歴史都市において、欧米のコンサルタントや研究組織によって大規模調査が行われたという背景がある。

世界遺産に指定されると、歴史的建造物が修理され、観光開発が行われる。伝統産業が復興され、空洞化した旧市街の住宅はホテルやレストランに改装され、歴史都市の周囲には富を求めて人々が集まる。海外からも観光客が、古き面影や異文化を求めて集まる。一見ウィンウィンの解決のように思われるが、さまざまな問題も起きている。

ソ連からの独立を遂げたウズベキスタンは、数少ない外貨の収入源として観光を位置付け、ティムールの町サマルカンドの急激な観光開発を進めている。文化の交差する都市として世界遺産に指定された旧市街地では、ティムール時代の建造物に変容が生じている。一五世紀の初頭に世界最大と謳われたビービー・ハーヌム・モスク（図4－5）は、二〇世紀前半にはその崩壊した姿をみせていたが、今や状況は一転し、ドームやイーワーンが聳え、完成した当時の姿をみせる日も間近いと思わせる。ティムールの係累を葬るシャーヒ・ズィンダでは、数百年前の傷んだタイルが剝ぎ取られ、新たなタイルに置き換わる。ティムールが眠るグーリ・アミール廟の周囲は広場となり、住宅は民宿に改装される。町の中心広場レギスタン（図5－20）を囲む三つのマドラサは、宗教を否定したソ連時代に宗教学校から商業複合施設に転用され土産物屋が軒を並べる。修復は進んだが、行き過ぎた修復、宗教建築からの離脱、観光だけを念頭においた開発は軽薄に映る。都市に住む人の生活が本当に改善され、歴史都市としての誇りを抱けるのだろうか。

ハドラマウト地方のシバームは、日乾煉瓦造の摩天楼都市として、世界遺産に指定された（図1-14、6-22）。ハドラマウトには、数多くの伝統的集住地がある中で、とりわけ印象的な景観からシバームが指定されたのだが、世界遺産指定はハドラマウトの伝統的集住地に大きな格差をもたらした。シバームでは、海外からの援助で住宅が修復され、さまざまな社会開発も起こった。しかし、シバーム同様、伝統的景観をもつ他の町では、旧市街が住む人もなく空洞化が進み、メンテナンスもされない日乾煉瓦の住宅は、降雨によって次第に融けていくロウソクのようだ。

イスラーム教徒が多く住む都市では、前章で述べたように、二〇世紀前半まで比較的都市が安定的状況に置かれたため、旧市街が残っている。しかし、一九五〇年以降の急激な人口の変化による問題を抱え、今や瀕死の状況にある。これらを文化遺産として活用していくことは、限られた資源の有効利用、あるいは住民のアイデンティティーの面からも重要である。しかしながら、その処方箋は一筋縄ではいかない。世界にはさまざまな状況の国があること、産油国は別として、イスラーム教徒を抱える多くの国が財政困難な状況にあること、生活の中に伝統的側面が強いこと、それぞれの都市の価値観は違うことなどに充分な考慮を払いながら、都市の住民のための持続性を担保した保全をそれぞれの都市が目指さねばならない。

三　イスラーム建築史を問い直す

近代ヨーロッパの誕生とともに、ヨーロッパの他者として認識されたイスラーム教圏の建築造形を集成することによって、歴史性や地域性という文脈から切り離されたイスラーム風建築が生まれた。そしてそれらを逆の意味から裏打ちする役目を果たしたのが、一九世紀後半の大英帝国においてファーガソンが提案したサラセン建築という枠組みを契機に成立する「イスラーム建築史」であるといえるだろう。以降、非ヨーロッパ世界に広く展開されていたイスラーム教とイスラーム教徒に関わる建築の歴史が盛んに研究され、その結果、地域と時代によって異なる建築文化の多様性が明らかにされた。

一方、二〇世紀後半の非ヨーロッパ世界における国民国家の成立、民族主義の興隆をうけて、建築史研究もさまざまな展開を見せる。ロシア人による中央アジア地域のイスラーム建築研究、トルコ人によるトルコ共和国における建築史研究、中国人によるウイグル建築の研究など、二〇世紀後半にはそれぞれの地域ごとに大きな進展がみられる。さらに報告の少なかったイエメン、バルカン地域、インドネシア、東アフリカ、西アフリカ、東南アジアといった地域における建築文化の研究も加わりつつある。またイスラーム化以前の歴史への接近や、さらには近代建築も研究対象とするなど、対象とする時代幅も大きく拡大している。このようにして研究が進展してきたイスラーム建築史の一つの特徴は、長大な歴史と広大な地域が含まれるという点である。ただし、それぞれの研究は、より専門的に、ある時点ある地域を限って進められる傾向にある。

地域や時代によって細分化された研究の集大成はこれまでも試みられてきた。その際、王朝史に依拠した、あるいは今日の国民国家を視座に据えた建築史としてまとめられることが多い。しかし、モノとして残されている建造物が語るのは、そうした整序に従う歴史や展開とは限らない。むしろそうした枠組みを超え、風土、生態系の共通性、あるいは人、モノ、情報が移動する圏域などを枠組みとして考えるよう促されているように思える。その第一歩として、本書では、従来のイスラーム建築史研究を基盤としながら、建築文化は土地に固有であること、そして人、モノ、情報の移動によって変容を遂げることを前提として、ある刺激に対する衝突、折衷、変容という過程をそれぞれの時代、それぞれの地域で検討した。加えて、今までのイスラーム建築史を取り巻く周辺との関わりを問い直し、開かれた体系としてイスラーム建築の世界史を描いてみた。

このように考えると、イスラーム建築史という枠組みも、今一度、問い直されなくてはならないであろう。たしかにファーガソンの投げかけたサラセン建築という枠組みによってイスラーム教という共通性が育んだと考えられる建築文化の体系に関心が向けられるようになったのは事実である。しかし今日では、ヨーロッパから見たこうしたイスラーム建築史から離れ、周囲の建築史との関係性を考察し、建築文化の動態を広い視野から捉え直し、新たな枠組みを構築することが求められているのではないだろうか。そうした考察を進めるなかで、宗教を超えた地域や民族の建築文化の姿が浮かび上がるかもしれないし、あるいは宗教と建築の新たな関わり合いも見えてくるかもしれない。

そして、その先に、かつて一九世紀後半に著された世界建築史とは異なる、まったく新しいアプローチに立つ世界建築史が叙述される可能性が開かれるのかもしれない。そこに、非ムスリムであり、二一世紀の非ヨーロッパ世界に生き、長大な歴史と広大な地域に展開したイスラーム建築史を研究した者として、なにがしか寄与できることがあるのではないかと考えている。

あとがき

二〇〇一年のインド西部地震の後、日本のインド建築研究者が協力して「プロジェクト・グジャラート」を組織した。これは地震で崩壊したこの地方の文化遺産の修復・保全を軸とした復興を目指すもので、具体的にはまず、本書第三章で紹介したイブラヒム祠堂のあるバドレシュワルを主な対象として、その調査・研究・啓蒙・提案といった活動に取り組むことにした。イブラヒム祠堂は、一一五九年という、南アジアにおける最も古いインスクリプションをもつ現存のイスラーム建築である。このプロジェクトの現地調査によって、イブラヒム祠堂が建てられた一二世紀中頃には、ジャイナ教寺院を中心とした矩形の港市が営まれていたこと、また町の南西部にはイスラーム教徒のコミュニティーがあったことが判明した。その後、一八世紀に町は古い市壁の西へと移り、そこには第六章で紹介した東アフリカ交易に従事した人々の邸宅が、今も立ち並ぶ。

今日のバドレシュワルには、二七のサブカースト(コミュニティー内婚集団)が住み分けており、イスラーム教徒の家が三分の一弱を占める。インドではイスラーム教徒も細かなサブカーストに分かれているが、ここではスンナ派漁師(ヴァーゲル)が半分強、シーア派商人(コジャ)が六分の一を占め、その他イスラーム教徒だけで一二のサブカーストが確認される。

プロジェクトでは、歴史的建造物であるイブラヒム祠堂の修復に向けた活動とともに、町の活性化のために、ヒンドゥー教徒の邸宅を兼ねた寺院（ハヴェリ）の一つ、クリシュナ・ハヴェリを修復し、教育・女性支援などを目的とした多目的センターとして活用する案を作成した。さらに文化遺産への意識を高めてもらうために、町の歴史遺産地図を作製したり、有志を募って他の町への史跡巡りを企画するなど、住民を巻き込むことにも努めた。しかし当然のことながら修復工事には大きな費用がかかる。仲間とともに現地の役所や篤志家へ働きかけたが、いまだ修復には着手できていない。

実務は遅々として進展していないが、このプロジェクトをきっかけに、インド洋世界を動く人々や文化を学ぶことができた。スワヒリ沿岸のキルワから、タイのパタニにまで及ぶ広い地域の歴史的港市を観察することができた。そこには、イスラーム建築という一方的な切り口では見ることのできない、実に、多様な故郷、生業、宗教などのアイデンティティーが積層していた。

このプロジェクトに関わって多くのことを学ぶことができた。その一つが、「インド洋世界」を視座に据えることによって、「イスラーム世界」を、あるいは従前の「イスラーム建築」を相対化し、これまでとは異なる視点に立って建築史を考える必要を痛感することができたことである。建築文化とは、材料から考えても、住むという行為からも、風土や生態系と深く関係する。しかし、いわゆる風土や生態系の違いを超えて、人々は移動し、モノや情報も動き、それによって文化は変容する。このプロジェクトの経験から、インド洋という移動の舞台も、建築文化を見直す一つの単位となりうるのではないかと考えるようになった。と同時に、現代の世界において建築史家の果たすべき役割や意味はどこにあるかも深く考えさせられた。建造物の保存や保全を通して、それぞれの歴史との連関や連続性を考慮する必要性を訴えていくことも、その一つである。

もう一つの思いも本書に込めた。大上段に「イスラーム建築の世界史」と銘打ってはみたものの、世界に届くにはほど遠い。自身の目で確認した建造物も限られており、また世界各地で蓄積されつつある研究にも目配りが不十分であることも確かである。けれどもイスラーム建築史研究者としての筆者が今までに得た知見からできることは、イスラーム建築という枠組み自体を問い直し、現在の地点からの世界建築史への一歩を踏み出すことではないかと考えるようになった。もちろん広い世界、長い人類史を包摂するそうした企図は、一人の手に負えるものではない。多様多彩な建築史研究者たちが協働する可能性へ、さらには新しい世界建築史へと開かれた場を生みだすために、本書がささやかながら一つの契機となることを期待したい。そうした作業は、建築という局面における世界規模での交流の足跡を辿ることになるばかりではなく、歴史の見方や歴史学のアプローチを拡げていくことにも寄与するのではないか、その一方で、建築の未来のあるべき姿やあり方についても示唆するものは大きいのではないか、などと夢想している。

本書は、二〇〇八年五月一三日より六月三日まで、毎週火曜日の夜、計四回にわたって行われた岩波市民セミナー「イスラーム建築の世界史」の講義を核としたが、講義では触れられなかった一七五〇年以後の動向も含め、周辺の建築の動向をも加えた通史とした。

先述の「プロジェクト・グジャラート」は、その研究・調査・啓蒙活動に際して、当初は資金面の先行きが見えないままスタートしたのだが、幸いその後、鹿島学術振興財団、平和中島財団、トヨタ財団、なら・シルクロード博記念国際交流財団、日本学術振興会の助成をいただくことができた。この場を借りて記して感謝を申し上げたい。

各地での現地調査ではこれまで実に多くの方々にお世話になってきた。またイスラーム建築史のみならず広くイスラーム研究を通して、多くの人々の知己を得、諸分野からの刺戟も受けることができた。筆者を直接この分野に導いてくださった今は亡き荒松雄先生をはじめ、多くの先生方や先輩諸氏からいただいた温かいご指導ご教示に、衷心より深甚の感謝を申し上げる。本書の執筆に際しても先輩や友人から貴重な助言をいただき、写真も拝借させていただいた。あまりに多くの方々のご厚情に支えられており、お一人ずつお名前を挙げることはできないが、深い感謝の意を伝えたい。

最後に、聞きなれない地名や術語、図版を数多く使った本書を、岩波書店の富田武子さんと賀來みずさんは最後まで根気よく面倒見てくださった。早稲田大学イスラーム地域研究機構にお誘いいただきながら、完成をお見せすることができなかった佐藤次高先生の墓前に本書をささげたい。

深見奈緒子
1956年，群馬県生まれ．東京都立大学大学院工学研究科建築学専攻修士課程修了．博士(工学)．東京大学東洋文化研究所客員教授を経て現在，早稲田大学イスラーム地域研究機構研究院教授．専攻はイスラーム建築史，インド洋建築史．著書に『岩波講座 世界歴史』14巻「建築から見たイスラーム・環インド洋世界」(2000年)，『イスラーム建築の見かた』(東京堂出版，2003年)，『世界のイスラーム建築』(講談社現代新書，2005年)，『イスラム建築がおもしろい！』(彰国社，2010年)などがある．

イスラーム建築の世界史　岩波セミナーブックス S11

2013年7月25日　第1刷発行

著　者　深見奈緒子《ふかみなおこ》

発行者　岡本　厚

発行所　株式会社 岩波書店
〒101-8002 東京都千代田区一ツ橋 2-5-5
電話案内 03-5210-4000
http://www.iwanami.co.jp/

印刷・理想社　カバー・精興社　製本・松岳社

ISBN 978-4-00-028181-2　Printed in Japan

参考文献

〔イスラーム建築全般〕

Nader Ardalan and Laleh Bakhtiar, *The Sense of Unity : The Sufi Tradition in Persian Architecture*, University of Chicago Press, 1973

Richard Ettinghausen and Oleg Grabar, *Islamic Art and Architecture 650-1250*, Penguin Books, 1987

Richard Ettinghausen, Oleg Grabar and Marilyn Jenkins-Madina, *Islamic Art and Architecture 650-1250*, The Yale University Press, 2003

Sheila S. Blair and Jonathan M. Bloom, *The Art and Architecture of Islam, 1250-1800*, The Yale University Press, 1996

Andrew Petersen, *Dictionary of Islamic Architecture*, Routledge, 1996

後藤明『ビジュアル版イスラーム歴史物語』講談社，2001 年

深見奈緒子『イスラーム建築の見かた——聖なる意匠の歴史』東京堂出版，2003 年

小林一枝『『アラビアン・ナイト』の国の美術史』八坂書房，2004 年

深見奈緒子『世界のイスラーム建築』講談社現代新書，2005 年

Samer Akkach, *Cosmology and Architecture in Premodern Islam : An Architectural Reading of Mystical Ideas*, State University of New York Press, 2006

Jonathan M. Bloom and Sheila S. Blair, eds. *The Grove Encyclopedia of Islamic Art & Architecture : Three-volumes*, Oxford University Press, 2009

桝屋友子『すぐわかるイスラームの美術』東京美術，2009 年

深見奈緒子編『イスラム建築がおもしろい！』彰国社，2010 年

佐藤次高編『宗教の世界史 11 イスラームの歴史 1 ——イスラームの創始と展開』山川出版社，2010 年

Muqarnas vol.1-2, Yale University Press, 1983–84

Muqarnas vol.3-28, Brill, 1985–2011

〔その他の建築〕

熊本大学環地中海建築調査団レポート『続地中海建築——中近東・バルカン編』鹿島出版会，1973 年

中川武監修『世界宗教建築事典』東京堂出版，2001 年

布野修司編『アジア都市建築史』昭和堂，2003 年
グルッポ 7 『図説西洋建築史』彰国社，2005 年
佐藤達生『図説西洋建築の歴史——美と空間の系譜』河出書房新社，2005 年
木村崇，鈴木董，篠野志郎，早坂真理編『カフカース——二つの文明が交差する境界』彩流社，2006 年
篠野志郎『Out of the Frame——アルメニア共和国の建築と風土』彩流社，2007 年

〔**機能および要素**〕

Jonathan Bloom, *Minaret : Symbol of Islam,* Oxford University Press, 1989
Ars Orientalis : Pre-Modern Islamic Palaces, Vol.23, 1993
Issam El-Said, Islamic Art and Architecture : The System of Geometric Design, Garnet Pub., 1993
Martin Frishman and Hasan-Uddin Khan, eds. *The Mosque : History, Architectural Development and Regional Diversity*, Thames and Hudson, 1994
Robert Hillenbrand, *Islamic Architecture : Form, Function and Meaning*, Edinburgh University Press, 1994
Gülru Necipoğlu, *The Topkapi Scroll : Geometry and Ornament in Islamic Architecture*, Getty Center for the History of Art and the Humanities, 1995
Attilio Petruccioli, ed. *Gardens in the Time of the Great Muslim Empire*, Brill, 1997
Gerard Degeorge and Yves Porter, *The Art of the Islamic Tile*, Flammarion, 2002
Doris Behrens-Abouseif, *The Minarets of Cairo*, I. B. Tauris, 2010

〔**アフリカ**〕

P. S. Garlake, *The Early Islamic Architecture of the East African Coast*, Oxford University Press, 1966
Nnamdi Elleh, *African Architecture*, McGraw-Hill, 1997

〔**イラン**〕

Arthur Upham Pope and Phyllis Ackerman, eds. *A Survey of Persian Art 6 vols*, Macmillann, 1938-39
Donald Wilber, *Persian Gardens and Garden Pavilions*, C. E. Tuttle, 1962
アーサー・U・ポープ『ペルシア建築』(SD 選書 169) 石井昭訳，鹿島出版会，1981 年

〔**アナトリア**〕

Oktay Aslanapa, *Turkish Art and Architecture*, Faber & Faber, 1971

『Process Architecture 27 空間と伝統：トルコの建築』プロセスアーキテクチュア，1981 年

陣内秀信，谷水潤編『Process Architecture 93 トルコ都市巡礼』プロセスアーキテクチュア，1990 年

日高健一郎，谷水潤『建築巡礼――イスタンブール』丸善，1990 年

飯島英夫『トルコ・イスラム建築』冨山房インターナショナル，2010 年

篠野志郎『Stone Arks in Oblition――東アナトリアの歴史建築』彩流社，2011 年

〔**インド**〕

Percy Brown, *Indian Architecture : Islamic Period*, Taraporevala, 1956

Andreas Volwahsen, *Living Architecture : Islamic Indian*, Office du Livre, 1970

Elizabeth Schotten Merklinger, *Indian Islamic Architecure : The Deccan 1347-1686*, Warminster, 1981

George Michell, ed. *The Islamic Heritage of Bengal*, Unesco, 1984

Kamil Khan Mumtaz, *Architecture in Pakistan*, A Mimar Book, 1985

Christopher Tadgell, *The History of Architecture in India*, Phaidon Press, 1994

George Michell and Mark Zebrowski, *Architecture and Art of the Deccan Sultanates*（The New Cambridge History of India），Cambridge University Press, 1999

Catherine B. Asher and Cynthia Talbot, *India before Europe*, Cambridge University Press, 2006

Finbarr Barry Flood, *Piety and Politics in the Early Indian Mosque*, Oxford University Press, 2008

Finbarr Barry Flood, *Objects of Translation : Material Culture and Medieval "Hindu-Muslim" Encounter*, Princeton University Press, 2009

Helen Philon, ed. *Silent Splendour : Palaces of the Deccan*, Marg Publications, 2010

〔**中央アジア**〕

Edgar Knobloch, *Beyond the Oxus : Archaeology, Art and Architecture of Central Asia*, Ernest Benn Limited, 1972

Anette Gangler, Heinz Gaube and Attilio Petruccioli, *Bukhara*, Edition Axel Menges, 2004

Warwick Ball, *The Monuments of Afghanistan : History, Archaeology and Architecture*, I. B. Tauris, 2008

〔大シリア、イラク、エジプト〕

Tariq Jawad al-Janab, *Studies in Medieval Iraqi Architecture*, Ministry of Culture and Information, 1982

Michael Meinecke, *Patterns of Stylistic Changes in Islamic Architecture : Local Traditions versus Migrating Artists*, New York University Press, 1996

〔アンダルシア、マグリブ〕

Derek Hill, *Islamic Architecture in North Africa : A Photographic Survey*, Faber, 1976

Marianne Barrucand and Achim Bednorz, *Moorish Architecture in Andalusia*, Taschen, 1992

〔アラビア〕

Geoffrey King, *The Historical Mosques of Saudi Arabia*, Longman, 1986

Paolo M. Costa, *Historic Mosques and Shrines of Oman*, British Archaeological Reports, 2001

〔中国〕

劉定陵『新疆維吾爾族建築図案』人民美術出版社，1983

路秉杰，張広林『中国伊斯蘭教建築』上海三聯書店，2005

〔第 1 章〕

『特集 続地中海建築　SD 4 月臨時増刊　中近東・バルカン編』鹿島出版会，1973 年

James Allan ed., K. A. C. Creswell, *A Short Account of Early Muslim Architecture*, American University in Cairo Press, 1989

後藤明『メッカ イスラームの都市社会』中央公論社，1991 年

野町和嘉『カラー版 メッカ――聖地の素顔』岩波新書，2002 年

〔第 2 章〕

Jacob Lassner, *The Topography of Baghdad in the Early Middle Ages*, Wayne

State University Press, 1970

Robert Hamilton, *Walīd and his Friends : An Umayyad Tragedy*, Oxford University Press, 1988

Katherine Watson, *French Romanesque and Islam : Andalusian Elements in French Architectural Decoration c.1030-1180*, BAR International Series, 1989

Jerrilynn D. Dodds, *Architecture and Ideology in Early Medieval Spain*, The Pensnsylvania State University Press, 1989

Nezar. al Sayyad, *Cities and Caliphs*, Greenwood Press, 1991

Oleg Grabar, *Dome of the Rock*, Rizzoli 1996

Finbarr Barry Flood, *The Great Mosque of Damascus: Studies on the Meanings of an Umayyad Visual Culture*, Brill, 2000

Museum with no Frontiers, *The Umayyads : The Rise of Islamic Art*, Arab Institute for Research and Publishing, 2000

NHK「文明の道」プロジェクト『NHK スペシャル 文明の道 4――イスラムと十字軍』NHK 出版, 2004 年

Jonathan M. Bloom, *Arts of the City Victorious : Islamic Art and Architecture in Fatimid North Africa and Egypt*, Yale University Press, 2007

〔**第 3 章**〕

Eugenio Galdieri, *Esfahan: Masgid-i Gum'a*, IsMeo, 1984

Julian Raby, ed. *The Art of Syria and the Jazira 1100-1250*, Oxford University Press, 1985

Abbas Daneshvali, *Medieval Tomb Towers of Iran : An Iconographical Study*, Mazda Pub., 1986

Terry Allen, *A Classical Revival in Islamic Architecture*, Dr. Ludwig Reichert Verlag, 1986

Sheila S. Blair, *The Monumental Inscriptions from Early Islamic Iran and Transoxiana*, Muqarnas Supplement Brill, 1991

Robert Hillenbrand, ed. *Art of the Saljuqs in Iran and Anatolia : Symposium Proceedings*, Mazda Publishers, 1994

Yasser Tabaa, *Constructions of Power and Piety in Medieval Aleppo*, Pennsylvania State University Press, 1997

Yasser Tabaa, *The Transformation of Islamic Art during the Sunni Revival*, I. B. Tauris, 2001

〔第 4 章〕
G. Yazdani, *Mandū : The City of Joy*, Oxford University Press, 1929
Donald Wilber, *The Architecture of Islamic Iran : the Il Khānid Period*, Princeton University Press, 1955
G. Yazdani, *Bidar : Its History and Monuments*, Oxford Univ. Press, 1967.
von Ulrich Harb, *Ilkhanidische Stalaktitengewölbe : Beiträge zu Entwurf und Bautechni*, Reimer, 1978
Elizabeth Schotten Merklinger, *Indian Islamic Architecture : The Deccan 1347-1686*, Aris & Phillips, 1981
Bernard O'Kane, *Timurid Architecture in Khurasan*, Mazdâ Publishers, 1987
Lisa Golombek and Donald Wilber, *The Timurid Architecture of Iran and Turan*, Princeton University Press, 1988
荒松雄『中世インドのイスラム遺蹟——探査の記録』岩波書店，2003 年
Alka Patel, *Building Communities in Gujarāt : Architecture and Society during the Twelfth through Fourteenth Centuries*, Brill, 2004
Elizabeth Shotten Merklinger, *Sultanate Architecture of Pre-Mughal India*, Munshiram Monoharlal Publishers Pvt. Ltd., 2005
Deborah Howard, *Venice & the East : The Impact of the Islamic World on Venetian Architecture 1100-1500*, Yale University Press, 2006
Doris Abouseif, *Cairo of the Mamluks: A History of Architecture and Its Culture*, I. B. Tauris, 2007
Nasser Rabat, *Mamluk History : Through Architecture*, I. B. Tauris, 2010
Doris Behrens-Abouseif, ed. *The Arts of Mamluks in Egypt and Syria-Evolution and Impact*, Bonn University Press, 2012

〔第 5 章〕
Godfrey Goodwin, *A History of Ottoman Architecture*, Thames & Hudson, 1971
Henry Cousens, *Bījāpūr and Its Architectural Remains : With an Historical Outline of the Ādil Shāhi Dynasty*, Bharatiya Publishing House, 1976
Gülru Necipoğlu, *Architecture, Ceremonial, and Power : The Topkapi Palace in the Fifteenth and Sixteenth Centuries*, MIT Press, 1991
Ebba Koch, *Mughal Architecture : An Outline of Its History and Development (1526-1858)*, Prestel, 1991
Stephan P. Blake, *Shahjahanabad the Sovereign City in Mughal India 1639-1793*, Cambreidge University Press, 1991
Catherine B. Asher, *Architecture of Mughal India*, Camridge University Press,

1992
Sussan Babaie, *Safavid Palaces at Isfahan : Continuity and Change (1590-1666)*, New York University, 1993
中村恵三『フィッシャー・フォン・エルラッハ「歴史的建築の構想」注解』中央公論美術出版，1995 年
Stephen P. Blake, *Half the World : The Social Architecture of Safavid Isfahan, 1590-1722*, Mazda, 1999
ベルニエ『ムガル帝国誌(1)』関美奈子訳，岩波文庫，2001 年
ベルニエ『ムガル帝国誌(2)』倉田信子訳，岩波文庫，2001 年
Sheila R. Candy, ed. *Safavid Art and Architecture*, The British Museum Press, 2002
NHK「アジア古都物語」プロジェクト『NHK スペシャル イスファハン――オアシスの夢』NHK 出版，2002 年
Gülru Necipoğlu, *The Age of Sinan : Architectural Culture in the Ottoman Empire*, Reaktion Books, 2005
Ebba Koch, *The Complete Taj Mahal and the Riverfront Gardens of Agra*, Thames & Hudson, 2006
Sussan Babaie, *Isfahan and Its Palaces : Statecraft, Shi'ism and the Architecture of Conviviality in Early Modern Iran*, Edinburgh University Press, 2008
布野修司，山根周『ムガル都市――イスラーム都市の空間変容』京都大学学術出版会，2008 年

〔第 6 章〕

James Fergusson, *The Illustrated Handbook of Architecture*, John Murray, 1855
Banister Fletcher, *A History of Architecture upon the Comparative Method*, Batsford, 1896
Edmond Bosworth and Carole Hillenbrand, eds. *Qajar Iran, Political, Cultural, and Social Change 1800-1925*, Edinburgh University Press, 1983
Renata Holod and Ahmet Evin, eds. *Modern Turkish Architecture*, University of Pennsylvania Press, 1984
シュテファン・コッペルカム『幻想のオリエント』池内紀ほか訳，鹿島出版会，1991 年
Chahryar Adle and Bernard Hourcade,eds. *Téhéran : capitale bicentenaire*, Institut français de recherche en Iran, 1992
デイヴィド・ワトキン『建築史学の興隆』桐敷真次郎訳，中央公論美術出版，

1993年
The Aga Khan Trust for Culture Historic Cities Support Programme, *Zanzibar : A Plan for the Historic Stone Town*, The Gallery Publications, 1996
田澤拓也『ムスリム・ニッポン』小学館，1998年
Kenneth Frampton and Hasan-Uddin Khan, eds. *World Arhitecture : A Critical Mosaic 1900-2000 Vol.5 The Middle East*, Springer, 2000
富永智津子『ザンジバルの笛——東アフリカ・スワヒリ世界の歴史と文化』未来社，2001年
松原康介『モロッコの歴史都市 フェスの保全と近代化』学芸出版社，2008年
Nebahat Avcioğlu, *Turguerie and the Politics of Representation 1728-1876*, Ashgate, 2011

〔**第7章**〕
Nader Ardalan, *Sense of Unity : Tre Sufi Tradition in Persian Architecture,* University of Chicago Press, 1979
ラレ・バフティヤル『イメージの博物誌16　スーフィー——イスラムの神秘階梯』竹下政孝訳，平凡社，1982年
ベシーム・S・ハキーム『イスラーム都市——アラブのまちづくりの原理』佐藤次高監訳，第三書館，1990年
Renata Holod and Hasan-Uddin Khan, *The Mosque and the Modern World*, Thames and Hudson, 1997

図版出典

口絵 8, 10, 12, 19, 30, 31, 40　谷水潤撮影

口絵 23　布野修司撮影

口絵 29　小寺智津子撮影

1-1　Martin S. Briggs, *Muhammdan Architecture in Egypt and Palestine*, Da Capo Press, 1974

1-6, 5-61　グルッポ 7『図説西洋建築史』彰国社, 2005 年

1-7, 2-7, 2-22（上）, 2-38, 3-11, 3-14, 3-15, 3-22, 3-26, 3-27, 3-29, 4-23, 4-24, 5-2 〜 4, 5-41, 5-54, 6-3, 6-4, 6-21, 6-29, 7-19　谷水潤撮影

1-11, 6-9, 6-24　岡田保良撮影

1-12　Holger Hitgen, *Cultural Tourist Guide Marib*, Republic of Yemen, 2005

1-15　後藤明『ビジュアル版イスラーム歴史物語』講談社, 2001 年

1-16, 1-17　野町和嘉『カラー版 メッカ——聖地の素顔』岩波新書, 2002 年

1-19, 2-3, 2-6, 2-9, 2-21, 2-22（下）, 2-34, 2-36（上）, 2-42　James Allan eds. K. A. C. Creswell, *A Short Account of Early Muslim Architecture*, American University in Cairo Press, 1989

2-12, 2-43, 4-28　Marianne Barrucand and Achim Bednorz, *Moorish Architecture in Andalusia*, Taschen, 1992

2-23　桝屋友子撮影

2-24　錦田愛子撮影

2-32, 4-8（右）　Arthur Upham Pope and Phyllis Ackerman, eds. *A Survey of Persian Art 6 vols*, Macmillann, 1938-39

2-36（下）　Robert Hillenbrand, *Islamic Architecture : Form, Function and Meaning*, Edinburgh University Press, 1994

2-41　*Encyclopedia of Islam*, 2nd edition, Baghdad, 1954-2003, Brill

2-44, 3-8, 3-16, 3-17, 3-28, 3-35　Richard Ettinghausen, Oleg Grabar and Marilyn Jenkins-Madina, *Islamic Art and Architecture 650-1250*, The Yale University Press, 2003

2-48, 2-49, 2-57　中川武監修『世界宗教建築事典』東京堂出版, 2001 年

2-50　吉武隆一撮影

2-51　伊藤喜彦撮影

2-52　日本建築学会編『西洋建築史図集』彰国社, 1983 年

2-54, 4-48, 5-60　ジョン・モスグローヴ編集, 飯田喜四郎・小寺武久監訳

『フレッチャー世界建築の歴史』西村書店，1996年
2-55　Museum with No Frontiers, *The Umayyads-The Rise of Islamic Art*, Arab Institute for Research and Publishing, 2000
2-56, 2-63 ~ 65, 3-47, 3-49, 3-50　日本建築学会編『東洋建築史図集』彰国社，1995年
2-62, 4-13, 4-32　荒松雄撮影
3-19, 7-10　澤野眞一撮影
3-24, 7-5　Martin Frishman and Hasan-Uddin Khan, eds. *The Mosque : History, Architectural Development and Regional Diversity*, Thames and Hudson, 1994
3-37　富永智津子『スワヒリ都市の盛衰』(世界リブレット)山川出版社，2008年
3-40, 3-41　田中和幸撮影
3-42　Katherine Watson, *French Romanesque and Islam : Andalusian Elements in French Architectural Decoration c.1030-1180*, BAR International Series, 1989
3-43　陣内秀信撮影
3-44, 4-45　鈴木環撮影
3-46　山根周撮影
4-2, 4-12, 4-22, 4-26, 5-11, 5-17　Sheila S. Blair and Jonathan M. Bloom, *The Art and Architecture of Islam, 1250-1800*, The Yale University Press, 1996
4-7, 4-9(右)　Lisa Golombek and Donald Wilber, *The Timurid Architecture of Iran and Turan*, Princeton University Press, 1988
4-19　Doris Abouseif, *Cairo of the Mamluks: A History of Architecture and Its Culture*, I. B. Tauris, 2007
4-25, 5-5, 5-41(上)　Gülru Necipoğlu, *The Age of Sinan : Architectural Culture in the Ottoman Empire*, Reaktion Books, 2005
4-36　P. S. Garlake, *The Early Islamic Architecture of the East African Coast*, Oxford University Press, 1966
4-46　『Process Architecture 27 空間と伝統：トルコの建築』プロセスアーキテクチュア，1981年
5-14　Detlef Haberland, *Engelbert Kaempfer 1651-1716 A Biography*, The British Libray, 1996
5-38　Ebba Koch, *The Complete Taj Mahal and the Riverfront Gardens of Agra*, Thames & Hudson, 2006
5-46　Gülru Necipoğlu, *Architecture, Ceremonial, and Power : the Topkapi*

Palace in the Fifteenth and Sixteenth Centuries, MIT Press, 1991
5-47(上) Stephan P. Blake, *Shahjahanabad the Sovereign City in Mughal India 1639-1793*, Cambridge University Press, 1991
5-47(下) James Fergusson, *The Illustrated Handbook of Architecture*, John Murray, 1855
5-51, 5-62 中村恵三『フィッシャー・フォン・エルラッハ「歴史的建築の構想」注解』中央公論美術出版，1995 年
5-52 羽田正『シャルダン「イスファハーン誌」研究』東京大学東洋文化研究所報告，1996 年
5-53 Reha Guney, *Sinan – The Architect and his Works*, YEM Yayin, 1998
6-1, 6-2 シュテファン・コッペルカム『幻想のオリエント』池内紀ほか訳，鹿島出版会，1991 年
6-15 迎賓館『迎賓館』毎日新聞社，1975 年
6-17 タージ・アッサルタネ『ペルシア王宮物語——ハレムに育った王女』(東洋文庫 644)平凡社，1998 年
7-3 酒井洋一撮影
7-4 Lim Yong Long 撮影
7-6 野田仁撮影
7-12 柳谷あゆみ撮影
7-14 鮎川恵撮影
7-18 宮井清一撮影